LENGUAJE NO VERBAL

Las siguientes personas aportaron información para *Lenguaje no verbal* que se ha utilizado con su autorización: Anderson Carvalho, Jamie Mason Cohen, Janine Driver, Lillian Glass, Eric Goulard, Gregory Hartley, Danielle Libine, J. Paul Nadeau, Cathryn Naiker, Joe Navarro, Saskia Nelson, Allan Pease, Robert Phipps, Tonya Reiman, Eddy Robinson, Scott Rouse, Alyson Schafer, Victoria Stilwell, Kanan Tandi y Vanessa Van Edwards.

El extracto de la obra de Joe Navarro y Toni Sciarra Poynter *Personalidades peligrosas: Un criminólogo del FBI muestra cómo identificar a las personas malvadas ocultas entre nosotros* (México: Ediciones B, 2016) se ha reproducido con autorización.

Título original: Truth & Lies. What People Are Really Thinking
Traducido del inglés por Elsa Gómez Belastegui
Diseño de portada: Editorial Sirio, S.A.
Diseño y maquetación de interior: Toñi F. Castellón

EDITORIAL SIRIO, S.A.
C/ Rosa de los Vientos, 64
Pol. Ind. El Viso
29006-Málaga
España

www.editorialsirio.com
sirio@editorialsirio.com

I.S.B.N.: 978-84-17399-07-8
Depósito Legal: MA-1288-2018

Impreso en Imagraf Impresores, S. A.
c/ Nabucco, 14 D - Pol. Alameda
29006 - Málaga

Impreso en España

Puedes seguirnos en Facebook, Twitter, YouTube e Instagram.

MARK BOWDEN & TRACEY THOMSON

LENGUAJE NO VERBAL

Descubre todas las verdades y mentiras sobre lo que los demás piensan y nunca dicen

EDITORIAL SIRIO

Para Lex y Stella

Todo lo que vemos es una perspectiva, no la verdad.

–Erróneamente atribuido a Marco Aurelio
(de autor desconocido)

ÍNDICE

INTRODUCCIÓN

Todos recordamos ocasiones en que hemos creído intuir lo que alguien pensaba y ha resultado ser cierto. Asimismo, ha habido casos en que teníamos la certeza de conocer las intenciones de alguien y, después de ocurrido lo ocurrido, hemos descubierto lo absolutamente equivocados que estábamos. A veces, nos enteramos con desagradable sorpresa de que nos han mentido a conciencia y nos cuesta creer que no nos hayamos dado cuenta en ningún momento... hasta que ya era demasiado tarde. Lo más probable es que, fuera cual fuese el caso, hayamos confiado más de lo debido en que estábamos interpretando correctamente el lenguaje corporal de quien nos engañó.

Las noticias y las redes sociales nos inundan de «ciberanzuelos», artículos y guías sobre cómo interpretar el lenguaje corporal para que, en un instante, con solo mirar a alguien, podamos deducir fácilmente hasta sus pensamientos más recónditos. Por ejemplo, si mi interlocutor ha cruzado los brazos, obviamente es porque no le gusta lo que estoy diciendo; si ha girado los pies en otra dirección..., está claro, hay otra persona en la sala que le atrae más que yo; si se rasca la nariz, significa que miente muy mal.

El problema es que, si bien a veces es posible que una «lectura rápida» del lenguaje corporal de alguien desvele con exactitud lo que piensa de verdad, con demasiada frecuencia las lecturas e interpretaciones que hacemos son incorrectas en ese momento y sacamos conclusiones totalmente equivocadas. Con mucha suerte, las probabilidades que tenemos de acertar son de alrededor de un cincuenta por ciento.

No obstante, aquellos que por su larga experiencia son verdaderos expertos en leer e interpretar el lenguaje corporal han descubierto que, ateniéndose a unas pautas que han demostrado repetidamente su eficacia, pueden deducir con mucho más acierto lo que piensan los demás.

He aquí el relato de un hombre cuyo trabajo ha sido interpretar siempre bien lo que ve, en aras de la seguridad pública: examinar los comportamientos, formarse una opinión fundamentada y comprobar lo acertada que es para descubrir la verdad. Continúa leyendo y pregúntate si en una situación como esta, de notable tensión y en la que es mucho lo que está en juego, confiarías en tu actual habilidad para leer el lenguaje corporal y atrapar al asesino.

Nuestro colega y amigo Paul Nadeau es un ex inspector de policía con veinticinco años de experiencia en investigaciones, incluidas algunas de homicidio, y un experto examinador de polígrafo, es decir, un detector de mentiras profesional. El polígrafo, asegura, es un instrumento capaz de detectar «hasta el más leve cambio fisiológico que se produzca en el cuerpo, el tipo de cambios que provoca ponerse nervioso al dar una respuesta falsa a una pregunta clara». Su trabajo consistía en registrar y analizar la tensión que el individuo demostraba al responder a las preguntas a fin de determinar en cuáles podía haber mentido.

Paul comentó que, indudablemente, es posible que quienes acceden a someterse a una prueba poligráfica se encuentren ya en un estado de bastante ansiedad, sobre todo si la policía los considera sospechosos. Alguien que esté en su posición entiende que si al individuo al que se está interrogando se lo somete de inmediato al polígrafo, son muchas las posibilidades de obtener un resultado «falso positivo», es decir, podría parecer que miente aunque no sea el caso. Según nos contó: «Antes de conectar a ningún sospechoso al aparato, dedicaba un poco de tiempo a crear una atmósfera distendida que le permitiera tranquilizarse. Pero eso no era todo. Estaba también atento a cada movimiento del examinado. Tomaba instantáneas mentales detalladas de toda su actividad corporal, a fin de detectar cualquier cambio, sobre todo cuando empezábamos a hablar en tono informal sobre el asunto que se estaba investigando».

También nos habló de una situación de la vida real, un caso de homicidio en el que se había encontrado a un miembro de una banda callejera en territorio de una banda rival acuchillado, con tres heridas por arma blanca que le habían atravesado el corazón y provocado la muerte. La teoría era que la banda rival quería enviar con esto un mensaje muy claro: «No pongáis el pie en nuestro territorio ¡o ateneos a las consecuencias!». Eran sospechosos todos y cada uno de sus miembros. Como era de esperar, uno a uno negaron haber cometido el asesinato, y la policía les pidió que se sometieran a una prueba de polígrafo.

Era tarea de Paul entrevistar de uno en uno a la banda entera y realizarles un examen poligráfico; cualquiera de ellos podía ser el asesino, y todos negaban rotundamente estar implicados. Pero le llegó el turno al miembro número seis de la banda rival, que según explica Paul exhibía un lenguaje corporal arrogante y pendenciero: «Tenía el mentón levantado, desafiante. Me miraba con desdén, y ladeando la cabeza gruñó en tono amenazador que odiaba a todos los policías y no les tenía ningún respeto». De inmediato, Paul, todo un veterano de los interrogatorios y la detección de mentiras, para que el sospechoso se distendiera le confió que él sentía lo mismo por los agentes con los que trabajaba. La táctica surtió efecto: se ganó su simpatía y empezaron a hablar de asuntos triviales.

Una vez que se estableció entre ellos una charla más distendida y el miembro de la banda empezó a hablar de su familia y de sus novias, Paul se dio cuenta de que ahora mostraba abiertamente una sonrisa de verdad y habían desaparecido los ademanes aparentemente defensivos. Lo que consiguió de este modo fue tener una idea clara de cuál era, en aquella situación, el comportamiento normal del individuo cuando estaba relajado, para poder utilizarlo como referencia.

El momento clave en la interpretación del lenguaje corporal fue cuando Paul, tal como tenía calculado, le dio un giro brusco a la conversación y sacó el tema del homicidio: «De repente apartó los ojos, echó la cabeza hacia atrás y cruzó los brazos. Aunque decía "no" estar implicado, las respuestas verbales que daba eran incongruentes con lo que me transmitía ahora su lenguaje corporal [...] cuanto más le preguntaba sobre su participación, más se echaba hacia atrás en la silla, es decir, más molesto se sentía».

Este cambio extremo en el lenguaje corporal era cuanto Paul necesitaba ver para sospechar seriamente que aquel individuo era el culpable.

Para comprobar su teoría, le espetó a bocajarro: «Tú no tenías intención de *matarlo*. Solo querías darle una lección: "¡No vuelvas por aquí!". Porque, de lo contrario, estoy seguro de que no le habrías dado solo tres puñaladas. ¿No fue eso lo que ocurrió?».

El miembro de la banda dejó caer la cabeza entre las manos y se giró, tapándose la cara. Acto seguido confesó su culpa y posteriormente fue condenado en el juicio.

A Paul, tomar instantáneas mentales del comportamiento del individuo durante el interrogatorio, crear situaciones que pusieran de relieve cualquier cambio en el lenguaje corporal, evaluar además si las palabras del sospechoso eran congruentes con el lenguaje corporal que él veía y dedicar por último unos instantes a verificar su opinión lo convirtieron en un «detector de mentiras humano»: no le hizo falta el polígrafo.

Por supuesto, ese era su trabajo como miembro de las fuerzas del orden, un servicio esencial para garantizar la seguridad pública. Había aprendido a aplicar con extraordinaria pericia su sistema para interpretar acertadamente el lenguaje corporal.

¿No te resultaría de increíble utilidad poder emular la destreza de Paul para descubrir la verdad en tu día a día, sin tener que hacerte detective ni dar la impresión de que eres un interrogador? Por ejemplo, imagina ser capaz de entender, como hizo Paul, el significado del gruñido del sospechoso mientras ladeaba la cabeza, lo miraba con desdén y sacaba la barbilla, expresiones faciales todas ellas que indican arrogancia y desprecio, un enérgico sentimiento de estar «por encima» de Paul y los policías; saber luego cómo empatizar con ese individuo y crear las condiciones para que manifestase su forma básica de estar relajado en esa situación; instigar un cambio de la situación con la esperanza de que revelase un cambio en el lenguaje corporal y, finalmente, para comprobar los hallazgos y verificar su exactitud, suscitar manifestaciones de vergüenza e incluso de culpa. En fin, qué duda cabe de que te resultaría muy útil aprender a seguir estos pasos, en lugar de actuar basándote en una corazonada y reaccionar con precipitación al lenguaje corporal de tu interlocutor.

Alyson Schafer, experta en temas relacionados con la crianza y la educación infantiles, nos contó un caso que ilustra lo importante que es no dejarnos llevar por las reacciones automáticas a un comportamiento no verbal, abstenernos de hacer suposiciones equivocadas e incluso tal vez catastróficas basándonos en esas reacciones y, en su lugar, dedicar un poco de tiempo a investigar más a fondo las situaciones para descubrir la verdad.

Una tarde en que volvía a casa del colegio con su hija de ocho años por el mismo camino de siempre, Zoe empezó a comportarse «de una forma muy rara». «De repente se puso muy nerviosa. Estaba extremadamente alerta a todo; la veía inspeccionar a cada persona con la que nos cruzábamos». Alyson le preguntó si le pasaba algo, y ella respondió: «No, nada», pero le pareció que no decía la verdad.

Durante varios días, la vio comportarse repetidamente de aquella manera. Además, se dio cuenta de que Zoe se paraba cada poco a atarse los cordones de los zapatos. A cualquier padre o madre que tenga niños pequeños, la respuesta inicial de Alyson les resultará familiar: lo tomó por el comportamiento típico del niño que se entretiene con cualquier cosa con tal de demorar el momento de hacer lo que debe. Sin embargo, tomó la decisión de ignorar lo que había dado por sentado en un primer momento y también de hacer lo posible por no perder la paciencia. En lugar de decirle a su hija: «¡Date prisa!», decidió estar más receptiva e investigar con discreción aquel cambio de comportamiento tan evidente.

Aunque Zoe insistía en que no le ocurría nada, Alyson se dio cuenta de que cada vez que le daba esta respuesta miraba rápidamente hacia otro lado y seguía adelante. Empezó a resultarle obvio que el reiterado comportamiento evasivo de su hija significaba que sucedía algo.

En la siguiente ocasión en que la acompañó al colegio, no le preguntó con palabras si tenía algún problema, sino que empleó el lenguaje corporal para comunicarse con ella justo cuando estaba a punto de agacharse para volver a atarse los cordones: «La interrumpí acercando a ella la mano y haciendo revolotear los dedos mientras describía círculos en el aire sobre su pecho y su tripita [los sitios donde es frecuente sentir la ansiedad o la tensión] y le pregunté: "¿Quieres que desaparezca esta sensación?". De inmediato me miró a los ojos y me respondió: "¡Sí!"». Le dije que conocía a una mujer [una terapeuta] a la que podía contarle lo que sentía y que la ayudaría a librarse de aquellas sensaciones. Se puso muy contenta.

El relato de Alyson nos dejó intrigados, y le preguntamos cuál era el problema. Nos contó el incidente que había provocado en su hija aquel comportamiento inusual: «El día que empezó todo, íbamos camino del colegio por la mañana y, cuando estábamos llegando al semáforo para cruzar la calle, una mujer salió de su casa y se cayó de repente al suelo delante de nosotras, ¡y empezó a vomitar! Tenía unas llaves en la mano, señalaba hacia una casa y decía algo en un idioma que yo no entendía. Al instante le dije a Zoe que no se moviera de allí, tomé las llaves y abrí la puerta a la que me pareció que señalaba. Una vez dentro, empecé a dar gritos pidiendo ayuda. Resultó que su hija vivía en la casa. Salió corriendo conmigo para atender a su madre. Cuando la sentamos en casa y se recuperó un poco, nos dijo que nos fuéramos tranquilas, que ya había pasado todo».

Aunque Alyson se alegró de haber podido ayudar a una vecina y prácticamente olvidó el incidente, para su hija había sido enormemente traumático; haber visto a aquella mujer tan indispuesta, y el miedo y la impotencia que sintió en los segundos que estuvo sola con ella sin poder hacer nada, le habían provocado una respuesta de ansiedad aguda. El cambio de comportamiento reflejaba un súbito estado de alerta extrema para asegurarse de que nadie a su alrededor iba a ponerse de repente así de enfermo. ¿Y los cordones de los zapatos? Agacharse a atárselos era una estrategia para evitar pasar por delante de aquella casa. Demorarse hasta que el semáforo se pusiera en rojo las obligaba a recorrer la calle por la acera de enfrente.

A nosotros, este relato nos muestra la inteligencia de Alyson al dedicar un poco de tiempo a observar la situación; a dejar en suspenso su opinión inicial sobre el comportamiento de Zoe, en lugar de dar por hecho que la niña estaba pasando por una etapa perezosa y desobediente; a estar atenta a lo que sucedía en cada momento y, luego, a comprobar su teoría de que realmente sucedía algo, utilizando el lenguaje corporal para comunicarse de un modo más directo y eficaz.

¿Crees que serías capaz de emular las decisiones de Alyson, de dejar en suspenso tu opinión y, en lugar de tomar el camino más fácil, que es dejarte llevar por las reacciones automáticas, interesarte de verdad por los comportamientos que ves? ¿Cómo podemos aprender a ser así de observadores, reflexivos y objetivos en nuestro día a día, a fin de determinar si el comportamiento de los demás que nos afecta directamente va dirigido contra nosotros o es simplemente su forma normal de ser? En otras palabras, ¿cómo descubrimos cuál es el comportamiento normal de una persona, para saber cuándo está ocurriendo algo extraordinario o importante y cómo responder en consonancia, además de formarnos una opinión que esté más cerca de la verdad?

Cuando malinterpretamos las señales que nos comunica el lenguaje corporal, es muy posible que saquemos conclusiones equivocadas sobre los demás y sus intenciones, y tengamos por consiguiente bastantes probabilidades de sentirnos decepcionados o quizá de sufrir graves consecuencias.

El siguiente relato trata sobre lo que dice de nosotros el lenguaje corporal y cómo nos mostramos al mundo a través de las redes sociales, qué señales enviamos y cuánta verdad revelamos sobre nosotros por lo que se percibe en nuestros mensajes. Quién sabe, tal vez te suene familiar.

Cathryn Naiker es una humorista y autora de comedias que colabora con nuestra organización. Una tarde, decidió que había llegado el momento de inscribirse en una plataforma digital para encontrar pareja.

Como tenía un nuevo corte de pelo muy estiloso y quería lucir el cambio de imagen, se hizo una sesión de fotos, para la que se puso un vestido igual de chic y se preparó un falso cóctel, que sostenía en una mano. Con la tenue luz ambiental, parecía que estuviera pasándolo en grande en una fiesta. Se hizo incluso sacar una foto sentada en una bicicleta estática con el falso cóctel en la mano, que parecía querer decir «mírame, ¡estoy loca!», para presentar un perfil de chica de veintitantos años divertida en busca de amor y aventura.

Hecho esto, rellenó el largo cuestionario de la página web: «Había preguntas como: "¿Haces ejercicio?". La verdad es que no, pero ¡no quería que nadie pensara que era una vaga! Además, acababa de hacerme una foto montada en una bicicleta estática con mi vestido de fiesta y un cóctel en la mano... Así que, para equilibrarlo, decidí poner "a veces" y maquillar un poco algún que otro detalle».

Cuando terminó de crear un perfil atractivo en el que mostraba una versión de sí misma que le pareció que, en lo fundamental, realmente la representaba –aunque una versión que por supuesto reflejaba la imagen que *quería* dar–, empezó a establecer contacto con los candidatos más interesantes.

Al cabo de un tiempo Cathryn encontró a un tipo que podía ser lo que buscaba. Tenía su misma edad, y parecían gustarle las fiestas tanto como a ella. En una foto de su perfil se lo veía vestido de padrino en una boda, rodeando con los brazos a algunos miembros de la familia. «Su expresión reflejaba un carácter tranquilo: la sonrisa amable, ningún rasgo de tensión. Tenía un aspecto relajado, divertido, extravertido y de seguridad en sí mismo. Y en la descripción física decía que era "atlético". Al instante pensé: "¡Este es el hombre ideal para mí!"». Acordaron conocerse.

Cuando Cathryn vio a su pretendiente cara a cara, se quedó de piedra: «No se parecía en nada al de la foto..., ¡absolutamente en nada! Estaba más gordo, no solo de cuerpo, sino de cara también. Además, allí donde la foto del perfil mostraba una sonrisa agradable ahora había una mueca forzada que dejaba al descubierto una hilera de chapas del aparato de ortodoncia. Pero quizá lo más desconcertante fue que medía, como poco, ocho centímetros menos del "metro ochenta" bajo el que se había inscrito, ¡lo cual significaba que era mucho más bajo que yo! Tenía un aspecto aceptable –añadió, pero admitió que se sintió decepcionada–. No es que me importara tanto que fuera más bajo, o más achaparrado. Me sentí engañada, fue eso lo que me confundió».

Bien, entendemos que pudo haber falseado un poco su imagen, pero ¿y su carácter?, le preguntamos. ¿Era un tipo afable y divertido, el alma de la fiesta, como había imaginado Cathryn por sus fotografías? «Tuve que darle conversación todo el rato. Era cualquier cosa menos extravertido..., muchísimo menos sociable de lo que las fotografías me habían dado a entender».

Le preguntamos si había acertado en alguna de las predicciones que había hecho sobre él basándose en las fotografías de su perfil. «¡Pues, sí! Presentí que le gustaba estar con la familia, pero ¡no me imaginaba hasta qué punto! Durante la cita, cuando conseguía hacerle hablar –lo cual no ocurría a menudo–, solo se refería a su familia. ¡Mencionaba a un miembro o a otro hablara de lo que hablase! Daba la impresión de que no pensaba en otra cosa. Un poco raro. Y acerté también en lo de "relajado". Cuando consiguió ponerse cómodo, ¡se quedó en estado semicomatoso! Al final de la cita, estaba desplomado en la silla, lo cual le restaba todavía más energía... y altura. Viéndolo así, nada indicaba que en la vida real tuviera la menor seguridad en sí mismo».

Por supuesto, Cathryn se da cuenta de la ironía de la situación: a pesar de sus buenas intenciones, ni él ni ella eran en realidad lo que habían anunciado en sus perfiles, sino que los dos habían intentado mostrar su cara más atractiva. El problema es que Cathryn, como habríamos hecho muchos, se tomó al pie de la letra lo que aquel tipo había elegido incluir en su perfil; tal vez aquella fotografía de la boda capturó los únicos momentos de su vida en que había sido el alma de alguna fiesta. Y dado que tampoco ella había sido del todo sincera con las fotografías de su perfil, admitió que no sería de extrañar que también él se hubiera hecho una idea equivocada de ella, sin otra cosa en la que basar sus expectativas que aquel pequeño fragmento de vida que había publicado en Internet.

Ambas partes se quedaron decepcionadas.

Hay muchas probabilidades de que se falsee la realidad en este tipo de situaciones, y el consiguiente desengaño, aunque palpable, quizá no debería extrañarnos tanto, dado lo intrincado que es rellenar el cuestionario del perfil. «¿Qué imagen habría debido dar y qué habría debido decir: "Soy Cathryn, y busco al amor de mi vida. Aquí estoy en la cama comiéndome una *pizza*, ¿te apetece una cita?"?».

Como en el caso de Cathryn, leer el lenguaje corporal, ya sea en persona o en Internet, significa formarnos una opinión a partir de una pequeña fracción de datos, que además a menudo están ya corrompidos incluso antes de que tengamos ocasión de interpretarlos, o malinterpretarlos. No es raro, por tanto, que cuando no aprovechamos la oportunidad de contemplarlos con sentido crítico en su momento, de observar todos los detalles posibles y comprobar la veracidad de nuestras suposiciones, sea fácil y probable que cometamos lamentables errores de juicio basados en presentimientos, prejuicios y predisposiciones innatas que condicionan lo que pensamos de los demás, y que las sensaciones que en su momento parecían tan acertadas acaben demostrando con frecuencia ser del todo incorrectas.

Leer el lenguaje corporal e interpretarlo bien, y luego actuar basándonos en esa interpretación, indudablemente puede tener consecuencias muy positivas: en el caso de Paul, supuso atrapar al asesino; en la situación de Alyson, ayudar a alguien importantísimo para ella. Ahora bien, las consecuencias negativas de malinterpretar lo que vemos pueden tener también un efecto en nosotros: desde la decepción porque la persona con la que nos hemos citado no sea quien imaginábamos que sería, hasta sentimientos duraderos de fracaso, angustia y remordimiento resultantes de no haber visto algo como en verdad era: «¿Cómo pude no ver venir la ruptura/que iban a despedirme del trabajo/esa disputa familiar?».

Este libro te permitirá experimentar la energía revitalizadora que se deriva de interpretar correctamente lo que ocurre a tu alrededor.

Tanto si prefieres ir pasando páginas y leer secciones concretas como estudiar solo ciertos capítulos que sean de tu interés, o leer el libro en orden de principio a fin, aprenderás a aplicar una metodología con la que podrás observar y asignar significado al lenguaje corporal y que te acercará a descubrir la verdad de cualquier situación. Este libro ofrece un procedimiento claro que te resultará fácil poner en práctica, técnicas que te ayudarán a responder a estas preguntas fundamentales: ¿cómo puedo determinar con más exactitud lo que la gente piensa, siente y quiere de mí por su comunicación no verbal? ¿Cómo puedo comprobar lo acertadas que son mis suposiciones? ¿Cómo puedo utilizar el poder que me da este conocimiento para tener el mayor control posible sobre mis actos?

A lo largo de estas páginas te presentamos lo que para la mayoría será una forma radicalmente nueva de entender el significado del lenguaje corporal. Aprenderás un procedimiento muy eficaz para formarte opiniones sobre lo que significa el comportamiento de los demás y comprobar si son ciertas, un procedimiento que podrás aplicar a todo tipo de situaciones. Ponlo en práctica, y te ayudará a llegar al fondo de lo que la gente piensa realmente y a descubrir la verdad y las mentiras de lo que oyes y ves.

PRIMERA PARTE

AUTÉNTICOS ENGAÑOS

¡Eres como un libro abierto!

—Todos nosotros

Imagina un mundo donde nadie *te* pudiera engañar. Piensa en el poder que te daría ser capaz de detectar hasta los pensamientos más íntimos y recónditos de tu interlocutor independientemente de lo que te esté diciendo. Vivir una vida en la que tuvieras siempre a la vista la verdad de todo. Sin mensajes entre líneas. Sin conversaciones encubiertas. Sin que nunca se te ocultara nada. Sin misterios. Sin equivocaciones. Sin desastres. Qué posibilidad tan maravillosa...

Pero sabemos que todo esto es pura fantasía. ¿Es posible que ya te estén mintiendo cada vez que muerdes el anzuelo y clicas en el enlace al enésimo artículo que promete enseñarte a discernir lo que realmente les pasa por la cabeza a los demás?

Para poder interpretar lo que alguien está pensando realmente mediante un análisis de su lenguaje corporal, primero hay verdades que necesitas conocer.

1

MENTIRAS DEL LENGUAJE CORPORAL

Vamos a empezar por contarte la verdad más total y absoluta sobre la lectura del lenguaje corporal y a revelarte a la vez su mayor mentira: el lenguaje corporal no se puede leer.

La comunicación no verbal o lenguaje corporal en vivo es un sistema de comunicación humano, a pesar de no ser técnicamente un lenguaje en el sentido en que el diccionario define la palabra, como lo son el inglés, el griego, el yoruba, el clisteno o el mandarín. Carece de muchas de las características más importantes del lenguaje hablado; entre otras, la comunicación no verbal en vivo no se presta al desplazamiento, es decir, a la capacidad que tiene el lenguaje hablado para describir algo que no esté presente o que no lo esté en este preciso momento. No podemos utilizar la comunicación no verbal para describir con claridad un concepto como la democracia, ni podemos esperar que nos diga que el gato del vecino lleva desaparecido desde el pasado martes.

Además, la comunicación no verbal en vivo no permite la *reflexividad*, esto es, la capacidad del lenguaje para hablar sobre sí mismo; sería una empresa imposible asentir a un asentimiento futuro y que los demás captaran que es una señal de asentimiento al asentimiento por venir.

El lenguaje corporal es el sistema de comunicación basado en los comportamientos suscitados en respuesta al entorno, y por tanto su experiencia e interpretación pueden variar de un país a otro y entre diferentes culturas e individuos. Esos comportamientos no verbales son indudablemente capaces de comunicar nuestros sentimientos e intenciones en cada momento, pero además, aunque el lenguaje corporal es una respuesta física a un entorno muy complejo, tiene también la facultad de influir en él.

Quizá pienses: «Un momento, ¿y qué me decís de todos esos libros, artículos, vídeos y documentales que hablan sobre la lectura del lenguaje corporal?». No cabe duda de que hay excelentes libros, experimentos, investigaciones y artículos de erudición sobre el tema, así como charlas y documentales en Internet. Sin embargo, lo mismo en el ciberespacio que fuera de él, se ha difundido la idea de que la comunicación no verbal es *igual* que un idioma, a fin de simplificarla y que la podamos entender cuando tenemos que decidir cómo responder al comportamiento de los demás.

Bien, es cierto que esta forma reduccionista de abordar las complejidades y los innumerables matices del lenguaje corporal puede ayudarnos a entender los motivos que se ocultan tras una extensísima y complicada diversidad de señales no verbales. Aplicándola, a veces acertamos: los motivos en los que se fundamentan algunas acciones físicas resultan ser exactamente los que habíamos deducido; por tanto, se podría decir que la simplicidad cumple su función cuando tomamos las decisiones correctas. El problema es que esa misma simplificación nos lleva muchas veces a sacar conclusiones equivocadas: cuando juzgamos el lenguaje corporal de nuestro interlocutor convencidos de que es realmente un idioma y se atiene por consiguiente a unas reglas de traducibilidad constantes, podemos acabar haciéndonos un verdadero lío.

En el cibermundo este problema no solo no desaparece, sino que se agrava. En Internet, donde pasamos más tiempo cada día, la probabilidad de que las múltiples ideas y consejos se confundan es aún mayor. La prisa y la superficialidad con que abordamos en muchas ocasiones las ideas en Internet favorecen que los complejos significados que, en el mundo real, entraña la comunicación no verbal queden reducidos a un simple «ciberanzuelo» de ayuda instantánea y solución rápida.

En ese mundo nuestro de Internet, la tecnología pone en nuestras manos el poder de jugar con los límites de lo que el lenguaje corporal es capaz de transmitir en la vida ordinaria. Gracias a las fotos y los vídeos, un momento o secuencia de signos de lenguaje corporal pueden existir en un sinfín de contextos futuros y dar así la impresión de poseer el atributo del desplazamiento. Las plataformas de redes sociales como Facebook nos permiten volver a publicar imágenes nuestras de años atrás y hacer nuevos comentarios sobre ellas. Aunque pueda parecer que el momento de lenguaje corporal tenga lugar ahora, de hecho tuvo lugar horas, días, semanas o décadas antes. Como las imágenes que publicamos están siempre expuestas a interpretaciones, no es de extrañar que tengamos muchísimo interés en controlar cómo se interpretan, es decir, en dirigir la mirada del espectador para que nos vea como nos gustaría que se nos viese. Y esto es así ya se trate de la fotografía de nuestro perfil *online*, un vídeo compartido en Snapchat, nuestro canal de YouTube o nuestra marca personal o la de la empresa.

Como espectadores, nos esforzamos por descubrir el significado de las imágenes que vemos de los demás, y como creadores de imágenes nuestras, intentamos controlar cómo nos va a ver en el presente y en el futuro el cibermundo global. No es de extrañar por consiguiente que nos atraigan tanto las ideas generales, sencillas de entender y poco detalladas sobre los significados del lenguaje corporal, ya que nos permiten encajarnos y encajar a los demás rápidamente en clasificaciones y categorías muy simples. Además, es posible que a menudo no distingamos entre los significados del lenguaje corporal que vemos en persona y en Internet. Los mezclamos y los confundimos, lo cual puede llevarnos a hacer conjeturas poco afortunadas.

Principalmente, la forma popular de entender el lenguaje corporal, conforme al concepto simplista de traducibilidad, sigue el razonamiento de «si ocurre esto, entonces aquello». Se crean así una serie de reglas absolutas sobre el significado de los gestos, como las que todos hemos oído una y otra vez. Por ejemplo: «Tiene los brazos cruzados; significa que está cerrado a lo que le digo»; «Se ha tocado la nariz; sin duda está mintiendo» o «Ha cruzado la pierna hacia mí; quiere decir que le gusto mucho».

Aunque sin duda hay veces en que estas apreciaciones e interpretaciones demuestran ser ciertas, lo que generalmente no se tiene en cuenta es la influencia de un factor tan esencial como es *el contexto*, la situación concreta en la que está teniendo lugar la comunicación. Es decir, ¿cuánto afecta el contexto a las acciones no verbales que presenciamos y mediatiza, por consiguiente, lo que interpretamos que alguien está pensando?

Vamos a examinar con más detalle, por ejemplo, el gesto de los brazos cruzados y su traducción popular más aceptada: que esa persona está cerrada a nosotros. Oímos la regla y nos parece que tiene sentido. Cruzar los brazos crea una barrera; el cuerpo adopta una postura defensiva y se aísla, nos mantiene consciente o inconscientemente a distancia y nos impide llegar a él.

En general, hemos aceptado sin reservas la interpretación fácil de que cruzar los brazos significa que nuestro interlocutor no está receptivo. Es fácil entender que esta idea tan simple de «si ocurre esto, entonces aquello» cobrara impulso y se incorporara al folclore, y adquiriera finalmente el carácter autoritativo de «hecho» y «verdad» tácita. La pieza clave que hemos olvidado es mencionar el contexto, en el que esta interpretación puede, o no, ser acertada.

El contexto es un elemento crítico en la interpretación del lenguaje corporal. Volviendo al ejemplo anterior, el gesto de cruzar los brazos puede atender a una multitud de razones dependientes del contexto que nada tienen que ver con que nuestro interlocutor esté cerrado a nosotros o a nuestras ideas. Tal vez hace frío y ha cruzado los brazos para protegerse de él, o es media tarde, está cansado y lleva los brazos en una posición tensa y elevada para mantenerse alerta. Quizá alguien está solo en un bar de solteros, se siente vulnerable y está abrazándose para darse ánimos. O puede ser que esté en una reunión de trabajo importante y, para concentrarse, detenga toda actividad de las manos y los brazos a fin de dirigir la energía y la atención a pensar. Es decir, aunque la intención de esa persona sea tener el control de la situación y ponga una barrera a los estímulos que considere inoportunos, y pueda *parecer* que está cerrada, cabe la posibilidad de que en realidad –esto es simplemente lo que queremos subrayar– no esté cerrada a nosotros o a nuestro discurso en ese momento.

Todos tendemos a interpretar las situaciones de acuerdo con nuestro marco de referencia, como expresión de nuestra perspectiva egocéntrica. En palabras de Aaron T. Beck, considerado el fundador de la terapia cognitiva conductual, cuando estamos bajo presión o percibimos una posible situación de riesgo, como ocurre con frecuencia mientras salvamos las dificultades de la vida cotidiana, el pensamiento egocéntrico se acentúa y, «olvidándonos de que son múltiples los factores que influyen en el comportamiento de las personas, nos fijamos solo en aquel que nos afecta personalmente».[1] En otras palabras, solemos fijarnos solo en un aspecto de lo que observamos en el otro, exagerarlo y sacar una conclusión, potencialmente equivocada, sobre cuáles son sus intenciones. Nos tomamos su comportamiento como una afrenta personal, lo sea o no.

Debemos recordar también que hacer deducciones simplistas de la interrelación con los demás no es una forma fiable de conocer la realidad de las comunicaciones diarias; en un contexto distinto, el significado que tenía un gesto en la última interacción no será necesariamente el mismo que tenga en la siguiente, aunque sea idéntico. Solo porque alguien cruce los brazos, deduzcas que está cerrado a ti y resulte ser cierto en esa determinada ocasión, no quiere decir que la próxima vez que veas a esa persona o a otra cruzar los brazos signifique lo mismo. Lo que la última vez fue una suposición acertada puede no serlo la siguiente.

La complejidad del comportamiento humano exige que utilicemos un instrumental de mayor precisión, que nos permita observar con más detalle y sacar conclusiones acertadas cuando interpretamos el lenguaje corporal. Debemos adoptar un método más inteligente.

2

PENSAR CON EFICIENCIA

Cuando las cosas se complican, lo último que deberíamos hacer es crear un sistema complicado para resolverlas; pero tampoco nos será del todo útil hacer una lista de reglas demasiado simplistas o generales para que nos ayude a formarnos una opinión.

Por eso, hemos creado un método sencillo pero de singular eficacia para reconocer e interpretar el lenguaje corporal que solo exige prestar plena atención y utilizar el pensamiento crítico. Si sigues nuestro sistema, aprenderás a pensar con inteligencia y rapidez cada vez que evalúes el lenguaje corporal de alguien, sea cual sea la situación. Sacarás conclusiones más acertadas, elaborarás una «teoría de la mente» más atinada –es decir, serás capaz de atribuir a los demás, y atribuirte personalmente, estados mentales (sentimientos, intenciones, creencias, etcétera) y reconocer que pueden variar– y como resultado de todo ello te acercarás más a menudo a la verdad.

Este procedimiento para evaluar con inteligencia las señales no verbales se basa en última instancia en dos premisas básicas muy simples, una sobre el lenguaje corporal y otra sobre nuestro cerebro: la primera es que todo lenguaje corporal es una demostración de poder o una respuesta a una demostración de poder; la segunda, que por la lectura del lenguaje corporal, el cerebro no sabe nada a ciencia cierta sobre los verdaderos pensamientos e intenciones de alguien; simplemente hace conjeturas y en consonancia con ellas emite un veredicto.

EL LENGUAJE CORPORAL COMO DEMOSTRACIÓN DE PODER

Por *poder* nos referimos a cualquier manifestación de fuerza, ya sea física, psicológica, ambiental, sociológica o del tipo que fuere.

Cada gesto, movimiento, seña o sonido que hacemos es una respuesta, consciente o inconsciente, al ambiente general interior y exterior. Esas respuestas gestuales, el «lenguaje corporal», se manifiestan en todo: desde la forma de estar de pie, de sentarnos, de sonreír o de fruncir el ceño hasta la posición que adoptan la cabeza, las manos, los hombros, el torso, las piernas y los pies. Todos los gestos y combinaciones de gestos indican cuáles son nuestras respuestas emocionales, cognitivas y físicas más íntimas al poder que percibimos en el entorno, ya se trate del poder de otros individuos, de la comunidad, del medio físico o de nuestros estados internos, físico o emocional. El lenguaje corporal que manifestamos puede informar a los demás, darles noticia o indicios de cómo es nuestra intersección con ese poder momento a momento, que suele ser una montaña rusa de sensaciones sucesivas: calma, resentimiento, temor, alegría, rabia, tristeza, etcétera. Además, nuestro lenguaje corporal puede mostrar qué queremos en relación con ese poder: si deseamos controlarlo o lo aceptamos sin más. Consciente o inconscientemente, exteriorizamos nuestros sentimientos y deseos, y esas manifestaciones tienen a su vez un efecto en el entorno.

Por tanto, nuestro comportamiento físico revela la interacción constante del poder: entre nosotros, y todo cuanto nos rodea y hay en nosotros. Nuestros actos conscientes e inconscientes nos mantienen en un equilibrio de poder dentro de nuestro mundo por nuestra seguridad, comodidad y placer, además de por nuestras esperanzas, sueños y creencias.

Todo lo que hacemos influye en este juego de poder.

¿Recuerdas el relato de Paul y cómo reaccionó el asesino inicialmente al poder institucional de la ley? Mostró desdén e insumisión a ese poder emitiendo señales no verbales que revelaban desprecio. Y Paul, al reconocer la verdad que había detrás de ellas, se ganó su confianza haciendo ver que estaba de su parte y compartía su desprecio por el poder; se inclinó hacia él para demostrar interés y cercanía y crear «intimidad».

Piensa ahora en el relato de Alyson. El acto de Zoe de atarse los cordones de los zapatos refleja su poder para controlar el entorno: parándose, conseguía evitar el escenario de la crisis anterior y reducir al mínimo las probabilidades de que se repitiera el suceso. Alyson reaccionó a las manifestaciones no verbales de su hija estableciendo en el momento una comunicación sincera y directa con un despliegue de movimientos que eran reflejo de las sensaciones de ansiedad de la niña, y diciéndole además que era posible controlar el poder que tenían sobre ella aquellos sentimientos desagradables.

En el relato de Cathryn, ambas partes intentan alardear de su relación con el poder, y se juzgan luego la una a la otra en cuanto desaparece la lente color de rosa que había sido la plataforma digital de citas. Él había utilizado la imagen de padrino para expresar prestigio y presumir de su poder y estatus dentro de su grupo social. La foto de ella exhibía, además de su buena salud, su negativa a someterse al poder del conformismo social, sentada en la bicicleta estática en aquella pose de traviesa despreocupación con un cóctel en la mano. Ni Cathryn ni su posible galán habían tenido posibilidad de analizar en tiempo real las manifestaciones de poder del otro, o, lo que es lo mismo, de comprobar inmediatamente si había algo de cierto detrás de las señales. Quizá, por tanto, no sea de extrañar que a Cathryn le decepcionara ver la falta de coherencia entre el pretendiente sentado frente a ella y la poderosa personalidad virtual que había proyectado: transmitía señales notablemente menos carismáticas en la vida real. Es limitado lo que podemos mostrar cuando la imagen que nos representa está inmovilizada en un instante fotográfico. Solo podemos ofrecer algunas piezas estáticas del rompecabezas.

Cuánto poder tenemos, cómo lo exhibimos en nuestro lenguaje corporal y cómo perciben los demás nuestro comportamiento son elementos que influyen en nuestra forma de pensar, en cómo evaluamos y percibimos a la persona que somos y a nuestras sociedades, en qué nos afecta, en nuestra motivación y forma de ser e incluso en nuestro funcionamiento físico más básico. Y en ello intervienen tanto lo innato como lo adquirido. La sensación que cada uno tenemos de nuestro poder está dictada por la comunidad y la cultura, nuestras experiencias y conceptos, nuestro cuerpo y todas las diferencias que surgen entre ellos y que intentamos conciliar a diario. Y todo está moderado por la estabilidad o inestabilidad de nuestro entorno, nuestras necesidades y expectativas cambiantes y los demás individuos y culturas con los que nos relacionamos.

El sentido de poder nos es esencial. Literal y emocionalmente, nos mueve.

EL CEREBRO Y SUS CONJETURAS

Somos incapaces de saber con seguridad lo que alguien está pensando. No podemos leerle la mente. Ni podemos traducir tampoco con certeza los gestos de los demás para saber lo que de verdad sienten. Pero podemos observar sus comportamientos y elaborar una teoría sobre ellos, y luego hacer conjeturas sobre sus significados, a partir de los cuales nos formaremos una opinión.

Quizá te parezca que esto contradice las nociones más extendidas sobre el proceso del pensamiento humano. La mayoría tenemos la idea de que, siendo el cerebro la máquina más prodigiosa de la naturaleza, si introducimos en él la información precisa, obtendremos a cambio la respuesta correcta. ¡Alta calidad de entrada, alta calidad de salida! ¿Dónde está el problema?

La idea de que el cerebro funciona exactamente igual que una máquina no es nueva. Los griegos de la Antigüedad compararon la mente con un sistema hidráulico, una idea que se difundió durante varios miles de años plasmada en los «humores», un sistema de fluidos corporales entre los que debía haber el equilibrio y la presión justos para que pudiéramos pensar con claridad. En la época de la Ilustración, René Descartes popularizó la idea de que el pensamiento era producto de un sistema similar a las complicadas marchas de los autómatas que con tanto ingenio se construyeron en aquel periodo. En el siglo XIX, con la llegada de la electricidad, los pensadores de la época compararon el cerebro con un simple sistema de telegrafía eléctrica. Después, los psicólogos del siglo XX teorizaron que su funcionamiento era similar al de las primeras computadoras electromecánicas de la época: el cerebro físico se correspondía con el *hardware* fijo y nuestros pensamientos, con las tarjetas perforadas de introducción de datos, precursoras del *software*, que lo manipulaban. Siguiendo en la misma línea, a medida que ha ido avanzando la capacidad digital, ha avanzado también la metáfora digital del cerebro. Hoy en día, la mayoría de los entendidos coincidirían en que, como los dispositivos electrónicos de bolsillo, nuestro cerebro tiene bancos de memoria donde se almacena la información y a los que podemos acceder para reaccionar correctamente. La mayoría cree que nuestro comportamiento es el resultado de cómo procesa los datos el *hardware* de la mente, programado con un sistema inalterable y que contiene además un elemento de mayor plasticidad que puede reprogramarse, borrarse o corromperse, igual que una unidad de memoria.

Aquí es donde el razonamiento falla:

A = los ordenadores son capaces de comportarse con lo que parece una inteligencia semejante a la del cerebro humano. ¡Correcto!
B = los ordenadores son procesadores de información. ¡Correcto!

Luego:

C = el cerebro humano inteligente procesa la información exactamente igual que un ordenador. ¡Incorrecto!

Una teoría más moderna postula que el cerebro no es un procesador de información que se limita a almacenar conocimientos en la memoria y a recuperar luego una selección de datos para dar la respuesta apropiada porque, indefectiblemente, «si *a*, entonces *b*». No somos simples autómatas. La intensidad del estímulo necesario para provocar una respuesta varía de un día a otro, de un momento a otro. El detonante de ayer puede no tener hoy ningún efecto, o tener un efecto mayor, o justo el mismo. El cerebro no está lleno de miles de millones de interruptores electrónicos de encendido o apagado como lo está un complejo chip de ordenador; por el contrario, tiene cientos de billones de módulos sensibles a los procesos químicos y que requieren niveles distintos de estimulación en cada momento para emitir otro estímulo potencial.

La teoría actual es que el cerebro interpreta el mundo por medio de los sentidos y luego se comporta en consonancia con predicciones basadas en principios muy simples. Después, puede cambiar las predicciones siguientes basándose en los éxitos y fracasos resultantes de las anteriores. En definitiva, el cerebro aprende. Es verdad que hoy por hoy nadie sabe a ciencia cierta cómo consigue hacer todo eso. Pero, indudablemente, ningún ordenador se acerca todavía a tener los sentidos, reflejos y mecanismos de aprendizaje con los que cuenta el cerebro humano.

3

CUIDADO CON LAS CONJETURAS

Cuando intentamos traducir, o «leer», el lenguaje corporal, las deducciones que hacemos del comportamiento, los sentimientos y las intenciones de los demás se basan en lo que nos parece más probable que signifique, es decir, en meras conjeturas que hacemos consciente o inconscientemente desde la posición condicionada que ocupemos en el mundo en ese momento. Nos formamos una teoría sobre los demás y su relación con los poderes en juego, y luego respondemos, consciente o inconscientemente, con una exhibición de lenguaje corporal que revela u oculta nuestra propia relación con el poder. Y todo esto, muchas veces, en un abrir y cerrar de ojos.

Las interpretaciones que hacemos de estas señales de poder son muy personales, ya que se basan en la particular posición física y cultural que ocupamos en el mundo cuando experimentamos los hechos. No es que tu cerebro tenga su singular serie completa de instrumentos con los que interpretar la información, ya que todos compartimos ciertas respuestas universales a determinados comportamientos. Lo que diferencia el modo en que cada uno de nosotros desciframos las señales es la particular toma fotográfica que efectuemos –la perspectiva, el ángulo o la inclinación– sumada al estado de ánimo del momento.

Cada vez que crees conocer los pensamientos, sentimientos e intenciones más íntimos de alguien por la lectura de su lenguaje corporal, en realidad estás haciendo conjeturas sobre el poder que esa persona puede tener en relación contigo basándote en las señales que revela u oculta su respuesta a ese poder –bien el poder que de hecho tiene o cree tener o bien el poder que cree captar en el ambiente, y eso te incluye a ti–. Los dos calculáis los riesgos y recompensas que pueden derivarse de ese poder, y los dos respondéis de la forma que más conviene a vuestros respectivos intereses.

Si prestas más atención a los detalles, cuando empiezas a formarte una opinión; si tomas en consideración las influencias del contexto y los principios en los que te basas para juzgar de ese modo el comportamiento de alguien, y si, para completar el proceso de análisis, estás más atento a ti mismo, descifrarás con más acierto el lenguaje corporal de los demás y podrás utilizar el tuyo de un modo más constructivo en cada momento. Adquirirás unos conocimientos, destreza, seguridad y competencia que te permitirán analizar las señales no verbales y los comportamientos de los que te rodean incluso, y quizá especialmente, cuando estés bajo presión.

4

SCAN:* UN EXAMEN PARA DESCUBRIR LA VERDAD

Así que este es el sistema de pensamiento crítico que te proponemos, una fórmula que vas a aprender y a dominar en cuanto empieces a aplicarla a los estudios de caso que leerás en estas páginas. Es un procedimiento sencillo que consta de cuatro pasos:

S: deja en **Suspenso** la opinión inicial y haz un estudio más descriptivo.
C: ten en cuenta el **Contexto**.
A: pregúntate «¿Y **Además**?».
N: fórmate una **Nueva** opinión y compruébala.

Podrás recordar con facilidad la fórmula utilizando como recurso nemotécnico el acrónimo **SCAN**.

---

* El término equivalente en castellano sería 'escanear' (es decir, pasar por el escáner). Al tratarse de un acróstico mnemotécnico, mantenemos el término original en inglés.

S: DEJA EN SUSPENSO LA OPINIÓN INICIAL Y HAZ UN ESTUDIO MÁS DESCRIPTIVO

Tienes una impresión de lo que está ocurriendo en una situación dada, y en lugar de dejarte llevar por ella, la dejas en suspenso y prestas toda tu atención en ese momento; das un paso atrás y examinas con la mayor perspicacia posible todos los detalles que percibas: lo que está haciendo el otro, las señales de lenguaje corporal más destacadas que manifiesta, qué sensación te transmiten, cómo te hace sentir la respuesta que quisiste dar inicialmente... Este examen detallado –la descripción del momento– hace que intervenga el pensamiento crítico y te aleja de los juicios irreflexivos y las conjeturas equivocadas.

C: TEN EN CUENTA EL CONTEXTO

¿Dónde estás? ¿En qué momento? ¿Con quién? ¿Cuál es la situación? ¿Cuáles son los antecedentes? Piensa en las circunstancias que rodean la situación y en sus condiciones internas: físicas, psicológicas, digitales y sociales.

A: PREGÚNTATE: «¿Y ADEMÁS?»

Expande el pensamiento y profundiza en ti para descubrir otros contextos en los que ese comportamiento pudiera manifestarse. Considera detalles e hipótesis verosímiles preguntándote qué más sabes o puedes aportar a la situación.

N: FÓRMATE UNA NUEVA OPINIÓN Y COMPRUÉBALA

Redefine la opinión inicial que te habías formado o sustitúyela por una teoría de la mente más fundamentada. Comprueba si tiene sentido tu nueva idea sobre la situación, o la antigua en caso de que hayas vuelto a ella.

Vamos a aplicar la fórmula **SCAN** para explorar el lenguaje corporal en tres de los ámbitos de relación más importantes en los que solemos juzgar lo que los demás sienten hacia nosotros y sus intenciones:

- Las citas amorosas.
- Los amigos y la familia.
- El mundo laboral.

Estas tres áreas suelen definir las relaciones más importantes que mantenemos, las que más impacto tienen en nuestra vida y sin las que nos es difícil vivir.

Empezaremos cada uno de los siguientes capítulos describiendo, dentro de cada una de estas categorías principales, situaciones comunes a las que todos podemos remitirnos así como las figuraciones y conjeturas típicas que nos hacemos sobre lo que están pensando los demás cuando «leemos» su lenguaje corporal.

Exploraremos momentos de relación cara a cara y también situaciones del mundo digital. Evaluaremos un paisaje humano diverso y nos fijaremos en qué elementos de nuestro comportamiento nos unen como humanos, ya que, en el nivel no verbal, siempre es más lo que nos vincula como seres humanos que lo que nos diferencia.

Expondremos señales no verbales que tienen el poder de hacernos sacar conclusiones inmediatas y las examinaremos a fondo, teniendo en cuenta asimismo cuál es nuestro comportamiento en ese momento y hasta qué punto puede condicionar las conjeturas que hagamos.

Cada capítulo incluye una dosis de datos o teoría científicos que nos ayudan a explicar cómo y por qué hacemos esas conjeturas, las respuestas que damos, especulaciones populares y también aportaciones y sugerencias de otros expertos en los campos del lenguaje corporal, el comportamiento y la cultura. Todo ello te servirá para comprender con más exactitud por qué podría alguien causar cierta impresión en determinado momento, y, teniendo en cuenta tu propio estado emocional y el contexto, lo acertada o desacertada que es tu opinión sobre los pensamientos que motivan su lenguaje corporal, lo cual significa que aprenderás a pensar de una forma más detallada, completa y objetiva sobre lo que esté ocurriendo.

Por último, te ofreceremos estrategias para comprobar en tiempo real la validez de la nueva opinión, más madurada, y te propondremos posibles tácticas para responder a la situación, ya sea en el mundo físico o en el digital, que te darán una posición de ventaja.

En definitiva, este método eminentemente práctico, basado en los descubrimientos más modernos de la ciencia y de los expertos, te permitirá leer y utilizar con inteligencia el lenguaje corporal, tanto cara a cara como en el mundo digital. Estás a punto de convertirte en alguien capaz de diferenciar, confiando en su propio criterio, la verdad de las mentiras.

SEGUNDA PARTE

LAS CITAS AMOROSAS

¿En qué piensas?

–Todos en una tercera cita

Los rituales y prácticas de cortejo humanos están entre los más complejos y sofisticados del reino animal. A la par que aumenta exponencialmente nuestra capacidad para estar presentes, tanto en vivo como a través de múltiples medios y plataformas, aumentan también las posibilidades de comunicarnos en los distintos ámbitos, y enviar y recibir señales y signos en un intento por encontrar pareja puede ser cada día más complicado y confuso. Tratar de deducir la verdad o las mentiras de cada situación por las señales no verbales que nos encontramos en vivo o en Internet, más aún cuando su significado no es el mismo para todos, está muy lejos de ser una tarea sencilla. Quizá no sea de extrañar por tanto que la destreza o torpeza con que organizamos e interpretamos la multitud de comportamientos no verbales que acompañan a nuestros rituales de cortejo puedan hacernos ganar la partida o crearnos auténticos problemas.

Muchas otras especies del reino animal hacen lo que los humanos en ocasiones llamamos coloquialmente *enrollarse*: se juntan, procrean y ahí acaba todo. Pocas especies tienen lazos sociales que unan a la pareja en una relación de almas gemelas hasta que la muerte las separe, o al menos durante cierto tiempo. De modo que si los humanos queremos en algún momento construir de verdad una relación duradera, planear a largo plazo, es muy importante que la comunicación en torno a esos rituales de cortejo y unión amorosa sea la correcta, pues, en definitiva, tanto si las decisiones que tomamos son las correctas como si no, posiblemente sus consecuencias nos afecten durante muchos años o afecten incluso a las generaciones por venir. Estamos en situación de alto riesgo, emocional, social y genético.

Dediquemos un momento a comparar nuestros rituales de cortejo con los de otras especies. La realidad es que tienen algunas similitudes, que vale la pena señalar ya que muchas de nuestras ideas y teorías sobre el significado del lenguaje corporal se fundamentan en nuestros orígenes y en cómo hemos evolucionado. Veamos, por ejemplo, qué tenemos en común con las especies de las que venimos en lo referente a las demostraciones de poder, puesto que es un elemento importante en estos rituales.

Muchos animales, los humanos incluidos, se sirven del color, el tamaño, el movimiento, el sonido y el olor para atraer al sexo opuesto, y los emiten con un derroche de intensidad o ritmo que los hace sobresalir de su entorno. Por ejemplo, muchas especies lucen vistosos colores para destacar, haciendo alarde así de fortaleza e incluso de estatus social: dada la intensidad de estas señales y las capacidades físicas necesarias para exhibirlas, con ellas hacen también ostentación de salud; y dado el gasto de tiempo, esfuerzo, energía y calorías –de recursos, en una palabra– que conllevan, exhibirlas pondrá además de manifiesto el poder de su rango social. En respuesta a ese poder, el resto del grupo suele mostrar sumisión, por el solo hecho de permitir que dicha ostentación tenga lugar. En el caso de ciertas especies y comunidades, las exhibiciones puntuales de dominancia benefician en última instancia a todos los miembros del grupo, pues dejan clara la posición que ocupa cada uno de ellos en la jerarquía. No obstante, en el reino animal estas exhibiciones pueden suponer un riesgo, ya que cabe la posibilidad de que atraigan asimismo a competidores y depredadores.

Aunque los rituales humanos parezcan a veces muy similares a los de otras especies, pueden establecerse importantes distinciones debido a nuestras avanzadas facultades cerebrales, a las diferencias de panorama social, del grado de riesgo que entrañan y de las metas y objetivos desde el primer momento. Si los rituales animales de apareamiento duran a menudo solo unos instantes y se producen en una época concreta del año, para los seres humanos que queremos atraer con nuestra imagen a una potencial pareja, el esfuerzo puede durar desde minutos hasta años, dependiendo de cómo, cuándo y dónde lo hagamos, y también de cuál sea la meta que deseamos conseguir. Al lenguaje corporal del cortejo, la seducción y la conexión amorosa, nosotros le añadimos una u otra capa de matices según si intentamos atraer a alguien con quien pasar la noche o encontrar una pareja para toda la vida.

Curiosamente, algunas de las señales de lenguaje corporal que utilizamos para hacer alarde de poder y atraer a un compañero o compañera tanto en los animales como en los humanos son también señales que se utilizan para atemorizar al contrario. Es decir, cuando sacamos pecho para demostrar poder, ¿lo hacemos a la vez para atraer a una pareja, para advertir a los posibles contrincantes o con ambos fines? Y si ese lenguaje corporal va dirigido a ti, ¿cómo sabes si representas para el otro una posible pareja o una amenaza?

Esta parte del libro te explica una serie de situaciones identificables en el ámbito de las conexiones amorosas y el juego de poder que entrañan y que queda plasmado en el lenguaje corporal. Destruiremos algunos mitos sobre el lenguaje corporal de las citas amorosas e indagaremos en el poder, la verdad y las mentiras que pueden dejar traslucir nuestras señales no verbales. Y te ayudaremos a pensar con más claridad en las señales que envías para darte una ventaja no verbal en el juego de los encuentros amorosos, a través de Internet y cara a cara.

5

¡NO ME QUITA OJO!

Estás en un bar con tu amigo. Es noche de solteros. Los dos buscáis a la persona adecuada, o quizá a la persona adecuada para este momento. En medio de la multitud, te encuentras con unos ojos que te miran desde el fondo del local. Notas que tiene la mirada puesta en ti y a la vez se pasa la mano por el cabello. Aparta la mirada, luego te vuelve a mirar, con el cabello aún enredado entre los dedos. Has oído decir que si alguien se toca el pelo mientras te mira quiere decir que con toda seguridad le pareces atractivo y está coqueteando contigo. Te vuelves hacia tu amigo y le anuncias: «¡Allí hay alguien que no me quita ojo!».

¿Te ha ocurrido alguna vez? ¿Cómo de acertada o desacertada fue la impresión que tuviste en aquel momento? ¿Cómo se pueden evaluar la verdad y las mentiras sobre si alguien se ha fijado de verdad en ti? Antes de lanzarte de cabeza, párate un momento y utiliza el sentido crítico para estudiar paso a paso lo que el lenguaje corporal te está diciendo sobre la situación.

Apliquemos el modelo de pensamiento crítico SCAN empezando por el primer paso: S – deja en suspenso la opinión inicial. Dicho de otro modo, deja de lado por un momento la primera impresión de que esa persona no te quita ojo y está coqueteando contigo. Siempre podrás volver a ella. Dejarla en suspenso para plantearte otras opciones no significa que esa opinión inicial esté equivocada. Ni significa tampoco que sea correcta. Se trata simplemente de que des un paso atrás y por un instante la contemples solo como una posibilidad.

Hagamos, además, **un estudio más descriptivo** de lo que está sucediendo y tengamos en cuenta las señales secundarias.

En primer lugar, vamos a fijarnos en la principal señal de lenguaje corporal en esta situación y a examinar cómo consigue demostrar poder, para que puedas entender por qué has llegado a la conclusión de que a esa persona le gustas.

Nos referimos a tocarse el cabello: la persona que piensas que no te quita ojo te hace creer que se siente sexualmente atraída hacia ti, y su forma de mostrarte que está disponible es jugar con su cabello. Hemos oído decir hasta la saciedad, tanto que parece ser de dominio público, que si alguien que está cerca de ti empieza a tocarse el cabello, significa que le gustas. Pero ¿es verdad?

El cabello y las formas de lucirlo son un medio universal utilizado por ambos sexos y en todas las culturas para demostrar buena salud, pues es una exhibición inconsciente de fortaleza genética o de una dieta altamente nutritiva, lo cual indica además lo poderosos que somos. Lucir cierto estilo de cabello puede tener carácter tribal; a veces identifica a un grupo social, a veces es signo de rango social dentro del grupo, por el volumen o la altura del peinado (que confiere más altura). En el contexto social, el peinado es igualmente muestra de prestigio por el coste económico que representa, como lo son las mechas, un estiloso corte de pelo, los postizos sofisticados y las extensiones.

El peinado puede ser, visto desde la distancia, un rasgo distintivo de una determinada tribu, o del rango dentro de esa tribu. ¿Cuántas veces has distinguido a un amigo en medio de la multitud por su peinado, corte o color de pelo, o has supuesto que alguien, por cómo lleva el pelo, podría tener tendencias parecidas a las tuyas? Y a la inversa, ¿no has sentido alguna vez que no podrías congeniar con alguien por cómo va peinado? Todo esto estaría incluido en el apartado de señalización tribal.

El cabello tiene un poderoso efecto incitador para los seres humanos y es una de las señales más fácilmente identificables a la hora de determinar si alguien podría ser una buena pareja. Tocarse el cabello es un enérgico indicador inconsciente que atrae a los demás, una especie de mensaje que transmitimos para que los demás se fijen en nosotros. Un estudio que realizó en Internet la cadena de lencería Adore Me quiso ver si variaban las ventas cuando la misma modelo anunciaba la ropa interior en diferentes posturas. El estudio reveló que cuando se la fotografiaba con la mano en el cabello, las ventas del producto se duplicaban. La postura de la mano en la cadera –tan popular entre las chicas que posan en Instagram intentando hacer que sus brazos parezcan más largos y esbeltos– no tuvo resultados ni remotamente parecidos a los de tocarse el cabello ni aunque la prenda se ofreciera con descuento.[1]

Tocarse el cabello puede equipararse a menudo al acto de arreglarse las plumas o acicalarse, un comportamiento tan característico en todo el reino animal. Cuando vemos a alguien que nos atrae, automáticamente respondemos arreglándonos el cabello para competir con los rivales. El gesto atrae la atención y es un alarde de la fuerza implícita en la buena salud. Si el cabello aumenta de volumen, aumenta también de hecho nuestro tamaño y, por tanto, en algunos casos, el estatus que los demás perciben en nosotros. Algunos productos para el cabello son capaces incluso de crear un aspecto erizado, que advierte a los competidores que se mantengan a distancia de las púas pseudovenenosas.

Así que, a primera vista, si alguien que está cerca de ti se toca el pelo, ¡parece que estás de suerte!

Pero ¿qué más vemos en esta escena?

Selección del objetivo: recuerda que tu mirada se encontró con la de esa persona. Los humanos dirigimos la mirada hacia aquello que hemos seleccionado como objetivo. A diferencia de otros mamíferos, el blanco de nuestros ojos es claramente visible, por lo cual es fácil distinguir a distancia hacia dónde mira alguien. En este caso, parece que podrías ser tú el objetivo de la señal que envía esa persona al tocarse el cabello. La ves apartar la mirada, luego mirarte de nuevo, insistiendo en la señal. Algunos estudios han revelado que los seres humanos necesitamos captar al menos ocho miradas intermitentes para darnos cuenta de que alguien nos ha elegido como objetivo de su interés. ¡Eh, quién sabe!, tal vez pasaras por alto las siete anteriores. ¡Indudablemente se diría que la cosa pinta bien!

Mírale el blanco de los ojos

Hay más de seiscientas especies y subespecies de primates en el planeta, y aunque los humanos tenemos en común con algunas de ellas la esclerótica, o un blanco de los ojos visible, el blanco de nuestros ojos nos ofrece una enorme ventaja. La esclerótica humana es más blanca y constituye una parte del ojo más visible en nosotros que en otros primates. Como todo lo demás en el proceso evolutivo, se trata de una ventaja en un aspecto concreto: al tener una esclerótica más visible, incluso los movimientos oculares más sutiles pueden detectarse con facilidad a cierta distancia. Esto hace que sea más fácil detectar las emociones y las intenciones, y saber hacia dónde van dirigidas la mirada y la atención de alguien. Todos estos elementos aumentan nuestras posibilidades de cooperación y supervivencia. Nuestros antepasados desarrollaron estos rasgos, y aquellos que tuvieron más aptitudes para cooperar se los transmitieron a sus descendientes. Debido a ello, es instintivo en los seres humanos seguirnos unos a otros la dirección de la mirada cuando simplemente los ojos lo indican; en su mayoría, los demás primates necesitan girar en redondo la cabeza para recibir el estímulo y seguir la dirección de un objetivo.[2]

Avancemos al segundo paso de SCAN: C – ten en cuenta el contexto. Ahora es cuando todo se vuelve un poco más complejo. Estás en un bar en noche de solteros. Está abarrotado. Es más que probable que quienes están a tu alrededor tengan la esperanza de ligar con alguien. Teniendo esto en cuenta, las probabilidades de que esa persona se fijara precisamente en ti son ahora menores. ¿Quién estaba a tu lado? ¿Tu amigo? ¿Había alguien más? ¿Iba dirigido realmente a ti ese gesto de coqueteo, o es posible que se tratara de lo que cabría llamar una «finta», un ademán engañosamente dirigido hacia ti con la intención de atraer la atención de alguien que no eres tú? La pregunta es: ¿está esa persona flirteando *en tu dirección*, intencionadamente o no, como alarde de poder? ¿Quiere demostrar que alguien se ha fijado en ella para captar de ese modo el interés y el deseo de *otro individuo*, crear en torno a sí un clima de competición y darse importancia?

Estudiemos ahora el tercer paso en el proceso SCAN: A – pregúntate: «¿Y además?». Un buen punto de partida es estar atentos al papel que desempeñamos nosotros y reflexionar sobre él y sobre cómo influye en la situación. Podemos preguntarnos qué sentimientos y prejuicios podrían estar contribuyendo a ella, es decir, qué deseos nuestros estamos proyectando en los demás. Por ejemplo, dedica un momento a pensar en cuál es tu grado de confianza en ti mismo en estos momentos: si crees que tienes un aspecto estupendo, que vas bien vestido o que te has esmerado en ponerte guapo para la ocasión, es más probable que cuentes con resultar atractivo. ¿Es posible que esa confianza en ti mismo te haya hecho considerarte un elemento de alto valor en el bar? ¿Entraste sintiéndote confiado y seguro? ¿Consideras que el ambiente presenta poco riesgo (por tus niveles potencialmente altos de testosterona, da igual que seas hombre o mujer)? Tal vez has tenido un día fabuloso en el trabajo y sientes que la suerte te acompaña. O quizá no te sientas tan seguro pero estés desesperado por encontrar pareja y por que se fijen en ti y te admiren, en cuyo caso esperarás o estarás predispuesto a creer que la señal va dirigida a ti.

¿Y cómo poner en práctica el cuarto paso del proceso SCAN: N – formarte una nueva opinión y comprobar si es eso lo que la persona piensa de ti?

Son muchas las señales que indican que las circunstancias son las ideales para que ese gesto de coqueteo vaya dirigido a ti... o a otra persona del bar. Pero ¿a quién va dirigido realmente?

Dicen que los opuestos se atraen, pero los estudios revelan que es más probable que nos atraiga alguien que sea similar a nosotros en diversos aspectos.[3] La realidad, por consiguiente, es que con frecuencia nos gustan aquellos que se parecen a nosotros. Es más probable que haya compatibilidad a largo plazo con alguien con quien tengamos semejanza.

Sabiendo que las posibilidades de que alguien se sienta atraído por ti serán mayores cuanto más os parezcáis, puedes mirar a la persona que crees que no te quita ojo y ver si se asemeja a ti en algún sentido. ¿O se parece más a otra persona del bar, quizá al amigo con el que has venido? De ser cierto esto último, es posible que el elegido sea él.

Ahora echa un vistazo a tu alrededor para ver quién más podría parecerse a la persona que está enviando señales o que parece ser de alto valor, es decir, el hombre o la mujer que goza de otras valiosas oportunidades de atraer y conectar en el terreno amoroso gracias al estatus, la altura, el aspecto, la calidad del peinado o la indumentaria que exhibe. Si no eres tú, tal vez el objetivo sea tu amigo, o puede que alguien que no tenga nada que ver con vosotros.

Esta es una buena forma de comprobar la validez de tu opinión y si la suerte está de tu parte: prueba a distanciarte un poco, a alejarte físicamente de tu amigo o de la persona que consideras valiosa, quizá incluso a situarte en otra parte de la sala, y comprueba si las señales siguen dirigidas hacia ti. ¿Continúas recibiendo esas miradas y esas insinuaciones de la mano que juega con el cabello? Si es así, la próxima vez que tus ojos se encuentren con los suyos, prueba a sostenerle delicadamente la mirada. Si os quedáis mirándoos a los ojos, es señal de que puede estar interesada en ti; si notas que sus ojos se deslizan y te recorren el cuerpo, es posible que ese sea el foco de su interés. Pero si te sostiene la mirada, o te mira a los labios, posiblemente quiera decir que tu suposición inicial era correcta. Si te devuelve la mirada, podrías probar a sonreírle para ver si también te devuelve la sonrisa. Sonreír es una forma muy eficaz de comprobar si las señales iban dirigidas a ti y de sentir que son sinceras.

Ahora bien, ¿de qué tipo de sonrisa estamos hablando? Porque podríamos clasificar las sonrisas en categorías muy diversas. Hay sonrisas que enmascaran sentimientos negativos como el miedo, la tristeza, la ira o el desprecio; sonrisas cuya intención es suavizar una situación de riesgo, como serían la sonrisa abochornada, la apaciguadora y la que dice «ya te avisé que podía pasar»; hay sonrisas de aceptación, de conformidad o avenencia; la sonrisa maliciosa del que disfruta con el mal ajeno; sonrisas de disfrute que nacen de un sentimiento negativo, cuando uno se complace con el desprecio, con el miedo o con la tristeza; sonrisas expectantes para mostrar que esperamos que ocurra algo bueno; sonrisas descaradamente falsas como la «sonrisa Pan Am», que, al parecer, las asistentes de vuelo de esta aerolínea ya desaparecida dirigían a los pasajeros, y que durante años se ha utilizado como ejemplo de una sonrisa artificial de cortesía, o sonrisas coquetas y recatadas, como la enigmática sonrisa de la Mona Lisa. Podemos encontrar todas estas sonrisas y muchas más en distintas personas y culturas en una diversidad de contextos.

Hay una sonrisa, la sonrisa Duchenne, que se menciona muchas veces en este libro. Toma su nombre del neurólogo del siglo XIX Guillaume Duchenne de Boulogne, que codificó numerosos tipos de sonrisa y otras expresiones faciales. La sonrisa Duchenne es universal y está conectada con el sentimiento de placer o verdadera felicidad. Es resultado de la contracción voluntaria e involuntaria de dos músculos: cigomático mayor (que eleva las comisuras de los labios al contraer los carrillos) y orbicular de los ojos (que los estrecha, lo cual en combinación con la contracción de los carrillos produce arrugas alrededor de los ojos). Si no participa el orbicular de los ojos, no es una verdadera sonrisa de alegría.

En este contexto, te sugerimos que esboces una suave sonrisa Duchenne para indicar cuánto te complace la situación. Si la otra parte te devuelve una sonrisa similar, podría querer decir que está igualmente abierta a ti, dados todos los demás factores que hemos señalado.

La siguiente prueba es acortar las distancias. Ha llegado el momento de dar el paso. Recuerda que, como en el resto del reino animal, el cortejo entre humanos no está totalmente exento de riesgos, de modo que podrías sentir cierto nerviosismo asociado con él. Qué duda cabe de que estás compitiendo con otros posibles pretendientes de tu entorno. De momento, has hecho la prueba de sostener la mirada y de enviar una sonrisa, además de haber investigado un poco la situación general, y por tanto puedes confiar más en que tu suposición inicial es correcta.

¡Eh, pero yo no tengo pelo!

Teniendo en cuenta que para los treinta y cinco años a dos tercios de los hombres estadounidenses se les ha caído el cabello y, para los cincuenta, el ochenta y cinco por ciento lo han perdido al leer sobre todas las señales sexuales y de estatus relacionadas con él es posible que muchos estéis empezando a preocuparos un poco. Tranquilos. En un estudio que llevó a cabo Albert T. Mannes en la Universidad de Pensilvania,[4] un grupo de jóvenes con una media de edad de veinte años (un sesenta por ciento de los cuales eran mujeres y un cuarenta por ciento varones) consideraron a los hombres calvos un trece por ciento más fuertes, altos y con mayor potencial de liderazgo que a los que aún conservaban todo su cabello o habían empezado a perderlo. Así que, si estás totalmente calvo, aunque hayas perdido la oportunidad de enviar por medio del pelo esas señales tan deseables sobre tu salud genética, puede que hayas ganado otras, que tienen que ver con el prestigio social y el atractivo general en las circunstancias adecuadas.

SCAN rápido

S: **dejar en suspenso** la opinión basada en la reacción instintiva a una señal de atracción, como es coquetear con el cabello, te da la posibilidad de hacer un estudio más descriptivo de la escena y de preguntarte con espíritu crítico cuánta verdad hay realmente en lo que ves.

C: al tener en cuenta el **contexto** del bar de solteros abarrotado en el que has captado esas señales de lenguaje corporal, puedes considerar con más calma las probabilidades reales de que esas señales signifiquen lo que en principio habías imaginado (es decir, una indicación de flirteo, y si va dirigida a ti).

A: preguntarte qué puedes tomar **además** en consideración significa incluir tu estado de ánimo y examinar si la sensación que tienes de ti mismo influye quizá en lo que crees que otros piensan o sienten.

N: tu **nueva** opinión tal vez no esté muy alejada de la impresión instintiva inicial, pero ahora cuentas con una táctica poco arriesgada (una sonrisa y acortar las distancias) para poner a prueba una posición que has estudiado desde distintos ángulos, que influirá en el entorno y que tal vez provoque una respuesta y una transferencia del poder.

6

JUEGA A HACERSE LA DIFÍCIL

Estás en una fiesta con varios amigos y amigas, una de las cuales hace poco que ha empezado a relacionarse con tu grupo habitual, y caes en la cuenta de que esa persona te atrae bastante y de que quizá flota en el aire una nota de romanticismo. Notas que te mira repetidamente, que te sostiene la mirada, y te llega una chispa de lo que podría ser una «química» muy fuerte. A veces parece incluso que os conecta por un instante una súbita corriente de deseo. Y sin embargo, un momento después, tienes la sensación de que te ignora; aparta la mirada, dirige la atención a otra parte y te da la espalda; no te hace ningún caso y se coloca a una distancia que denota indiferencia o neutralidad. No acabas de entender lo que sucede. Un instante parece que coquetea contigo y al instante siguiente, ni te mira. Estás bastante confundido y eso te hace sentirte un poco inseguro, pero no has perdido el optimismo. «¡Ya! –piensas–. ¡Se cree irresistible. ¡Y lo es! Debe de estar haciéndose la difícil».

Antes de seguir avanzando en esa dirección y de invertir más tiempo en lo que piensas que podría ser una noche inolvidable, o incluso una fabulosa relación duradera, te conviene examinar si esa persona se inclina más a tu favor que en contra.

¿Cuáles son en este caso las señales más claras que te han hecho suponer que podría estar haciéndose la difícil? Otra señal de coqueteo: mirarte y luego apartar la mirada.

Quizá realmente esté dirigiéndote una señal de coqueteo, pero esa sucesión de movimientos podría ser con la misma facilidad una señal de desdén. Por tanto, ¿qué poder se está exhibiendo aquí y a qué poder estás respondiendo? Es el momento de empezar el proceso **SCAN: deja en suspenso tu opinión** y examina si la suposición de que «está haciéndose la difícil» tiene alguna probabilidad de ser cierta o es tal vez una mentira que te estás contando.

A continuación **haz un estudio más descriptivo** de la señal de coqueteo que captas, de la relación con el poder que demuestra y del valor que crea para ambas partes. La señal de coqueteo es en este caso una mirada dirigida a ti, seguida de una clara retirada, es decir, primero muestra que le interesas y luego, al parecer, traslada el interés a algo distinto, o quién sabe si el interés inicial era solo un juego para pasar el rato. Como en la situación que analizábamos en el capítulo anterior, recibes una mirada clara y enérgica; con ella, la persona te comunica que te ha elegido como objetivo y que te considera potencialmente valioso. Ambas partes, en este caso, ganan en principio el juego de poder, puesto que aumenta el poder de ambas.

Sin embargo, la otra cara de la moneda, el giro de cabeza, denota desdén; parece que esa persona te esté quitando ahora el poder que te había dado. Las señales capaces de estimular sentimientos de flirteo y atracción contienen algunos elementos idénticos a los que pueden apreciarse en las señales capaces de estimular sentimientos de indiferencia o de sentirse rechazado. El poder del acercamiento/alejamiento simultáneos implícito en estas señales crea una fuerza enfrentada de atracción/repulsión que cabría definirse como alotrópica: dos formas diferentes de la misma propiedad que existen en el mismo medio físico. Desde tu punto de vista, esa persona vacila entre dos extremos; está abierta y luego se cierra.

Cuando retira la señal de interesarse por ti y gira la cabeza, el juego de poder podría ser cualquiera de estos:

1. «Pensé que podías ser de interés, y por eso te miré, pero resulta que no, así que no me interesas» (y por eso aparto la mirada). En este caso la persona que te miró conserva todo el poder y el estatus, y tu situación no es precisamente la más deseable, después de todo.
2. «Me pillaste mirándote, y ahora tienes poder porque sabes que pienso que eres de interés; pero para controlar el poder y conservar mi alto estatus, aparto la mirada». Esta es la situación que tú imaginabas: se está haciendo la difícil.
3. «Quería darte poder asegurándome de que me veías mirarte, y ahora aparto la mirada». Además, te muestra el cuello, lo cual indica vulnerabilidad por su parte y te concede más poder, al crear y ofrecerte una situación de bajo riesgo: una señal de estar disponible, una atmósfera exenta de peligro, una invitación a acercarte.

Consideremos ahora cualquier otra señal que puedas observar: ¿juega con el pelo?, ¿se toca el cuello? Si es así, quizá muestre la axila y exhiba también la muñeca. Estos gestos dejan escapar feromonas, que pueden indicar desde dominación hasta disponibilidad. Exponer puntos vulnerables del cuerpo es a veces señal de sumisión. Lo mismo los hombres que las mujeres suelen hacerlo por un impulso subconsciente cuando están con alguien a quien quieren atraer. ¿Notas algún tipo de exposición de la zona abdominal? Esto significaría exponer el centro de gravedad y los delicados órganos situados en es región, lo que podría indicar nuevamente o vulnerabilidad o dominación.

El poder del rechazo

Un grupo de psicólogos de distintas partes de Estados Unidos han demostrado que el rechazo psicológico y el dolor físico son similares no solo por el malestar que ambos causan, sino por cómo los vive el cuerpo. Les pidieron a sus pacientes que compararan el dolor del rechazo con los dolores físicos que hubieran experimentado, y era frecuente que las mujeres equipararan la intensidad del dolor emocional con la del parto natural o incluso la quimioterapia.[1] En ambos casos, era posible que el médico considerara oportuno administrar algún opiáceo para aliviar el dolor. ¿Cuántas veces nos hemos automedicado para sobreponernos a un rechazo, si hemos tenido que arreglárnoslas solos? Cuando se les pidió que evaluaran el rechazo frente a otras experiencias emocionales dolorosas, como el desengaño, la frustración o el miedo, ninguna de ellas tenía comparación con el dolor experimentado al sufrir un rechazo. No es de extrañar que consideremos de alto riesgo esos juegos de poder que pueden acabar haciendo que se nos rechace. Tener el corazón roto no es tanto una metáfora como una experiencia literal de dolor.

Pero ¿por qué? Los seres humanos somos animales sociales. Ser rechazado por nuestro grupo social en el pasado prehistórico podía significar, e incluso podría significar ahora, perder la posibilidad de conseguir alimento, protección y pareja con la que procrear, todo lo cual hace muy difícil la supervivencia. En nuestro pasado prehistórico, el ostracismo habría sido semejante a recibir una sentencia de muerte. Tan terribles eran sus consecuencias que nuestro cerebro desarrolló un sistema de alerta precoz que, con un dolor agudo, nos alertara del peligro a la más mínima señal de rechazo social que captáramos.

Las exploraciones del cerebro muestran que las zonas cerebrales que se activan cuando sufrimos un rechazo son las mismas que cuando sentimos dolor físico. Algunos psicólogos creen que el poder del rechazo crea en algunos individuos una dependencia de los opiáceos, que utilizan para sobrellevar el dolor de haber sido rechazados, o abandonados, por su grupo social.

Da un paso más en el proceso **SCAN** y toma en consideración el **contexto**: ¿te parece que esta nueva amiga se siente a gusto en la fiesta? ¿Conoce a los demás invitados, te parece que se divierte, que está relajada? ¿Sonríe, parece que lo está pasando bien?

Y ¿qué me dices del contexto social? ¿Qué lugar ocupas tú en este grupo? ¿Se te considera valioso y tienes poder en tu círculo social? Si lo tienes, si eres un líder en este contexto, quizá sea normal que todo el mundo te mire a ti en concreto –es lo que solemos hacer: mirar al líder esperando alguna señal de cómo debemos comportarnos– y la persona en cuestión sencillamente haga lo mismo que ve hacer a los demás.

Por otra parte, ¿qué puedes deducir de sus gestos de coqueteo en el marco de su lenguaje corporal general o normal? Busquemos un marco de referencia.

Establecer un marco de referencia, una técnica de uso común en la detección de mentiras, consiste simplemente en recoger detalles útiles sobre cómo acostumbra alguien a reaccionar en condiciones normales a hechos normales, es decir, cómo se comporta alguien cuando no tiene una razón especial o extraordinaria que le haga actuar de otra manera. Suele ser tarea de los detectives y de los expertos en lenguaje corporal observar las señales no verbales de una persona para detectar si está mintiendo, o tal vez si se siente atraída hacia nosotros o hacia alguien distinto. Ahora bien, no todo el mundo se comporta de la misma manera en esas circunstancias. Por eso, establecer un marco de referencia en el comportamiento de alguien, o determinar su patrón de comportamiento «regular», nos permite observar cuándo y cómo cambia su forma de comportarse.

Para establecer rápidamente un marco de referencia en esta situación, averigua si esa persona tiene el mismo comportamiento, es decir, si coquetea también, con algún otro invitado, o quizá con todos los invitados. Si tiene un interés particular por ti, es posible que te mire más a menudo que a los demás componentes del grupo, pero si hace lo mismo con todo el mundo, ese es entonces su marco de referencia, tal vez porque es su forma compulsiva de comportarse o tal vez porque tú eres una de las muchas opciones que se le presentan esta noche. Determina qué porcentaje de sus miradas van dirigidas a ti para dilucidar si estás en una posición de ventaja. La persona a la que le gustes tendrá mayor contacto visual contigo que con los demás.

Si resulta claro que su comportamiento va dirigido expresamente a ti, sigue con el proceso **SCAN** y pregúntate qué está sucediendo **además**. Veamos lo que dicen sobre esto algunas teorías psicológicas y del comportamiento.

Numerosos estudios y experimentos muestran que, en ciertas circunstancias, puede ser una ventaja «hacernos los interesantes» cuando intentamos atraer a una pareja;[2] e indudablemente, Internet está repleto de artículos y guías sobre cómo ponerlo en práctica para conseguir nuestro objetivo, ya sea en persona o a través de mensajes de texto. Hacerse el difícil o el interesante está contemplado en la narrativa, tanto erudita como romántica, sobre las distintas fases del cortejo; es lo que le da gracia a la persecución, y en parte lo que le da emoción al relato.

Buena parte de la ventaja que se le atribuye a este juego se basa en la idea de que quien se hace el difícil muestra así su posibilidad de elegir, y por tanto su poder; es decir, está jugando con su posibilidad, o poder, de elegirte a ti o a otro. Esto concuerda con la teoría del intercambio social, que propone (en este caso) que cómo elegimos pareja depende de una combinación de factores, entre ellos juventud, belleza, posición social, amabilidad, creatividad, sentido del humor y estatus económico, con los que creamos un índice combinado a la hora de sopesar la idoneidad de alguien a primera vista. De modo que esta persona que se hace la difícil, a la vez que potencialmente sopesa lo apetecible que le pareces, aumenta con ese juego su valor para ti como posible pareja, ya que con él hace un alarde de su poder en ese momento y marco social.

También podemos considerar aquí la teoría de la personalidad, en la que Carl Jung postula la idea de que nuestras parejas acaban siendo una barrera o una máscara entre nosotros y el resto del mundo, y esto tiene una influencia decisiva en cómo las seleccionamos, lo cual a su vez está basado en cuánto mejorarán esas parejas nuestra imagen de nosotros mismos y nuestra autoestima.

A la vista de todo esto, tu **nueva opinión** al finalizar el proceso **SCAN** es que, de momento, todo es posible, y no puedes tener la seguridad de que esa persona esté jugando a hacerse la difícil. Tan posible es que se plantee acabar la noche contigo como con alguien distinto, o que el planteamiento sea otro. Lo que resulta obvio es que ha captado tu atención y lo sabe, puesto que no manifiesta ningún miedo a ser rechazada cuando aparta su mirada de ti periódicamente. Cabe la posibilidad también de que esté estudiándote y quiera ver si intentas atraer su atención cuando tiene la mirada puesta en otra parte, y calcular de este modo cuánto poder tiene sobre ti. Su comportamiento, aunque parece ambiguo, tiene el potencial de aumentar el deseo en ambas partes.

Ahora veamos cómo obtener información con una **prueba** que puede ayudarnos a saber lo que esa persona está pensando: nuestra reacción instintiva cuando alguien que nos interesa juega a hacerse el difícil no tiene por qué ser necesariamente darnos por vencidos y buscar a alguien que haga lo imposible por atraer nuestra atención. No pierdes nada por **comprobar** qué poder y valor tienes en este intercambio de coqueteos y cuánto poder puedes ejercer, sin correr ningún riesgo, para llevar el flirteo un paso más lejos.

Avanzar de inmediato, sin sopesar todas las señales, es arriesgado y bien podría terminar en rechazo, lo cual, como hemos visto, para ti podría ser catastrófico. Pero si la persona que te ha lanzado la mirada ha expuesto verdaderamente a tu mirada una zona del cuerpo tan vulnerable como es el cuello, con ello intenta decirte básicamente que el riesgo de rechazo es escaso. Y no olvides que apartar la mirada y exponer la vulnerabilidad del cuello libera feromonas, sustancias químicas capaces de comunicarnos una información sobre la compatibilidad genética y la orientación y disponibilidad sexuales que captamos a nivel inconsciente y también físico. Las feromonas pueden intervenir decisivamente en que elijamos las parejas que elegimos.

Una forma de saber si la persona en cuestión está interesada por ti es mantener con ella un contacto visual ligeramente prolongado y ver qué les sucede a sus pupilas. Las pupilas de alguien a quien le interesas tenderán a dilatarse en tu presencia. Según indican los estudios, por lo general las pupilas se dilatan cuando miramos algo que nos gusta, que nos estimula o que nos excita y nos atrae; es más, nuestro cerebro está programado para reconocer esa dilatación cuando la vemos en las pupilas de alguien y sentirse atraído por ella.

MITOS DEL LENGUAJE CORPORAL

¡Mirar fijamente es de mala educación!

Mirar fijamente puede resultar un tanto agresivo, pero en ocasiones transmite de hecho todo lo contrario. Sostener una mirada prolongada puede despertar atracción. Cuando miras a alguien a los ojos detenidamente, el cuerpo libera las hormonas responsables de la atracción y el placer, siempre que el comportamiento que acompaña a la mirada sea favorable.[3]

Por tanto, suponiendo que esa persona haya vuelto a lanzarte una mirada, y a continuación haya girado la cabeza, la próxima vez que lo haga mírala a los ojos con más intensidad. Presta atención: ¿qué tamaño tienen las pupilas? En caso de que estén dilatadas, el riesgo de sufrir un rechazo si das el siguiente paso se reduce enormemente.

Señales poco costosas

¿Has recibido alguna vez un potente mensaje no verbal de alguien que ha arriesgado muy poco al enviártelo? Es a lo que llamamos señales poco costosas. No son exclusivas del ser humano; hay otras especies que también las manifiestan, y en todos los casos suelen tener efectos catastróficos tanto para el emisor como para el receptor.

Por ejemplo, una abeja indica a sus compañeras que hay comida cerca. Las abejas responden a la indicación y al llegar al lugar no encuentran comida. El enjambre, después de haber malgastado considerables recursos por una indicación falsa, probablemente mate a la abeja que dio esa señal: dado lo poco que le costó a una abeja enviar a toda una multitud en una misión infructuosa, lo mejor es eliminarla por el bien de la colmena. Deberíamos estar muy atentos a señales enérgicas que podrían tener tal vez consecuencias similares para nosotros, sobre todo cuando sospechamos que el riesgo y el coste son mínimos para quien nos envía la señal.

En el ámbito publicitario, estaríamos hablando del perpetuo letrero de «¡Liquidación por cierre!» que usa esa tienda de muebles carísimos para seducirte, aunque misteriosamente nunca cierra. Sería el «ciberanzuelo» de Internet que promete ofrecernos un relato irresistible y que sin embargo nos conduce a un anuncio de una fruta milagrosa para perder grasa. Y es, asimismo, el caso del político que en los debates previos a las elecciones hace promesas de cambio y luego da un giro de ciento ochenta grados una vez que toma posesión de su cargo.

Es muy fácil enviar señales poco costosas, y también lo es dejarnos seducir por ellas, sobre todo en Internet, y pueden ser una tomadura de pelo y ponernos en una situación comprometida. Piensa en lo sencillísimo que es en los entornos virtuales enviar mensajes, respuestas y emoticonos de flirteo cuando no se está mirando al otro cara a cara. ¿Hay más pretendientes potenciales que flirteen contigo en Internet que en persona? En Internet, a veces el riesgo social es prácticamente nulo, ya que nadie nos ve. Las señales no verbales que se utilizan en la Red y en vivo son las mismas, pero en el ciberespacio no puede examinarlas en vivo el grupo social del emisor, ni existe por tanto la oportunidad de analizarlas y obtener información inmediata: bajo riesgo = bajo coste. Si crees que puedes estar siendo el receptor de una señal poco costosa, cabe la posibilidad de que seas el objetivo de una mera práctica de flirteo, que podría hacerte sentir que han estado jugando contigo sin la menor consideración. Y por supuesto tenemos que estar muy alerta a las señales poco costosas que tienen el potencial de hacernos daño de verdad: señales que se nos envían a propósito para engañarnos.

SCAN rápido

S: si **dejas en suspenso** la opinión inicial, basada en la reacción instintiva a las señales aparentemente contradictorias que te envía esa persona (te mira a los ojos y luego aparta la mirada), puedes contrarrestar por unos instantes el potente efecto que tienen en ti estas señales enfrentadas de acercamiento/alejamiento.

C: luego, tomando como **contexto** su comportamiento normal dentro del contexto social en sentido más amplio, puedes reevaluar con más precisión las señales. Ahora eres más consciente de cómo afecta el contexto a la evaluación que hagas del comportamiento.

A: preguntarte qué conceptos del campo de la psicología y el estudio del comportamiento puedes tomar **además** en consideración te permite explorar el significado y las posibles ventajas de jugar a hacerse el difícil y te da también la posibilidad de contrastar tus ideas con otros modelos de pensamiento. Esto, una vez más, te hace estar más atento y ser más consciente.

N: tu **nueva** opinión expande la suposición inicial de que esa persona está jugando a hacerse la difícil y da cabida a otras posibilidades; te hace entender también que posiblemente otros estén atentos a ti e intenten verificar sus suposiciones tanto como tú intentas verificar las tuyas.

7

LE DOY PENA

Hace poco has conocido a alguien –una amiga de una amiga– que te ha hecho perder la cabeza. Es tan deslumbrante que das por hecho que tendrá pareja, o al menos cantidad de citas con gente como ella, es decir, fabulosa pero totalmente fuera de tu alcance. Es una persona de alto estatus, viste con gusto y hace siempre comentarios ingeniosos en el momento oportuno. Aunque te atrae mucho, no quieres que ni ella ni ninguno de tus amigos sepa la verdad. Corres el riesgo de quedar como un tonto si se descubre lo que sientes, ya que por supuesto no tienes ni la menor esperanza de gustarle como ella te gusta a ti.

Una noche organizas una pequeña reunión. La persona de tus sueños acude y te presta muchísima atención durante la velada. Das por supuesto que es tan amable solo porque probablemente tenga que irse a otra fiesta en cualquier momento, pero para tu sorpresa se pasa la noche entera a tu lado con actitud de lo más solícita: te mira, te sonríe, te ríe los chistes e incluso se acerca a ti y te toca el brazo varias veces, delante de todos tus amigos. Te sientes de maravilla. Luego te preguntas si no estará jugando contigo, y de repente caes en la cuenta de que lo más probable es que haya mostrado ese comportamiento por caridad, porque le das pena.

Vamos a aplicar el proceso **SCAN** a la situación. Primero, **deja en suspenso tu opinión** y **haz un estudio más descriptivo** para evaluar exactamente qué podría estar ocurriendo.

Fíjate en la señal decisiva por la que has llegado a esa conclusión: la demostración pública de afecto (el poder de la persona que se ha acercado a ti y te ha tocado el brazo en el marco de la reunión). Bien, aunque puede ser verdad que le das lástima, también podría ser que le gustaras.

Sentir el poder de esa demostración pública de afecto te ha sorprendido y halagado por unos instantes; sin embargo, caes finalmente en un pensamiento negativo al respecto porque tienes un sentimiento muy arraigado de lo poco que vales. No te puedes creer que a esa persona le gustes. Das por hecho que no tienes ninguna posibilidad con ella, y cuando ella muestra una respuesta positiva hacia ti, no solo no es suficiente para hacerte cambiar de idea sino que te catapulta a la decepción por no sentirte digno de sus atenciones. En lugar de sentir que quizá le intereses de verdad, te dejas arrastrar por el habitual sentimiento de ineptitud y llegas a la conclusión de que le das pena.

¿Qué te hace suponer eso?

Las expresiones faciales de tristeza son bastante claras y universales. En esta situación, las señales de lenguaje corporal que podrían indicar que tu suposición es correcta serían signos que comunicaran tristeza por ti y que, por consiguiente, pudieran sugerir que a esa persona le das lástima. Le notarías los párpados caídos y un descenso de las comisuras de los labios, la mirada perdida y los ojos posiblemente húmedos, las cejas casi juntas en el centro o caídas en los extremos o la cabeza ladeada. Si viste manifestarse cualquiera de estas señales, es posible que después de todo no te falte razón. Sin embargo, parecen ser más las indicaciones de que esa persona quizá se sienta atraída hacia ti:

Esta amiga de una amiga suele pasar bastante tiempo últimamente con tu grupo habitual de amigos.

☑ **Alineamiento social.** Tiene ya muchos intereses en común con tus amigos y contigo, luego es más probable que le gustes que lo contrario.

Es fabulosa y te sientes atraído por ella.

☑ **Afinidades.** Debe de tener algunas cualidades fundamentales por las que deseas estar en su compañía.

Organizas una pequeña reunión. Tu genial «ojalá fuera más que una amiga» acude.

☑ **Proximidad.** También en este caso, compartís una serie de valores e intereses y resulta de lo más natural que tengáis cosas de las que hablar.

Estaba a tu lado, mirándote y sonriéndote.

☑ **Selección del objetivo.** Ya hemos estudiado esta señal de lenguaje corporal en los dos capítulos anteriores.

Te reía los chistes.

☑ **Empatía.** Una vez más, le resultaba fácil empatizar con tus experiencias y tu perspectiva del mundo.

Te tocó repetidamente el brazo con la mano... delante de tus amigos.

☑ **Señales de titularidad.** Atribuirse derechos de propiedad sobre alguien tocándolo delante del grupo.

Todo esto parece indicar que, en definitiva, tienes bastantes puntos a tu favor y que tu suposición inicial estaba por tanto equivocada.

¿En qué **contexto** está ocurriendo todo para que te provoque una sensación tan negativa? Al fin y al cabo, estás en un ambiente divertido y en tu casa, lo cual te da la ventaja de encontrarte en territorio conocido. ¿Es posible que interfiera algún otro elemento, una lente determinada a través de la cual observas la situación y que quizá distorsiona cómo la interpretas? ¿Estás deprimido? ¿De mal humor? Y ¿cómo ha sido últimamente tu vida amorosa? ¿Podría ser que tu pasado de relaciones fallidas esté condicionando tu perspectiva de la situación actual y haya anulado cualquier otro posible ángulo de visión? ¿Acabas de vivir una ruptura, has tenido una experiencia traumática, has recibido malas noticias? ¿Hay algo que te haga sentirte deprimido en general? ¿Te sucede algo que pueda estar impidiéndote percibir las cosas objetivamente?

Lo más importante en cualquier circunstancia es la manera de valorar las señales relacionadas con nosotros que vemos a nuestro alrededor. Tendemos a situarlas en nuestro propio contexto emocional, que puede invalidar por completo y con frecuencia distorsionar cualquier señal que, si la miramos objetivamente, dice algo muy distinto. Una buena forma de intentar abrirnos paso a través de nuestra ofuscación es proyectar las interacciones en un contexto diferente, es decir, fingir que observas la misma interacción pero esta vez entre la persona que te gusta y otro de los invitados. ¿Seguiría dándote la misma impresión: que ese otro invitado inspira pena?

Examinemos el contexto social: si reflexionas con sentido crítico sobre el valor que tienes en tu grupo de amigos, ¿crees que vales menos que los demás? Si acostumbras a infravalorarte, es posible que ninguna señal ni conjunto de señales sean lo bastante claros como para convencerte de que a alguien le gustas. Pero si fuera verdad que eres tan poco merecedor de atención, ¿por qué habría decidido nadie ir a tu fiesta? Y la gente acudió, de eso no hay duda, y tienes amigos, así que debes de valer más y tener más poder de lo que supones. Aunque también cabe la posibilidad, siguiendo tu hilo de pensamiento, de que tus amigos se den cuenta de lo inseguro que eres y, por empatía y amabilidad, quieran hacerte sentir mejor en cuanto al lugar que ocupas en el grupo y por eso te den intencionadamente señales que demuestren que vales más de lo que crees.

Pregúntate si **además** de lo que has descrito hasta ahora has visto algo en tus amigos que pueda indicar que te tienen lástima.

Aparte de las expresiones faciales de pena, puedes observar también el tamaño de la pupila, que podría ser indicador de tristeza. Una expresión facial suele parecernos más triste cuando el tamaño de la pupila disminuye.[1] Dado que nuestros ojos se convierten en espejo de las pupilas de nuestro interlocutor, es posible que las nuestras también se reduzcan cuando vemos una cara triste, de pupilas pequeñas. Curiosamente, no se produce un efecto paralelo cuando miramos expresiones neutrales, alegres o enfadadas. Cuanto más reflejan nuestras pupilas las de nuestro interlocutor, mayor es nuestro grado de empatía.

Veamos ahora cómo **comprobar** y valorar si debes aferrarte a la idea de que esa persona te tiene lástima o adoptar una posición distinta y emitir una nueva opinión sobre lo que piensa.

Si estás bajo de ánimos, o incluso te sientes un poco deprimido o inseguro, quizás lo que ves en ella es un simple reflejo, o sencillamente está siendo amable contigo por empatía. Aquí tienes por tanto la prueba de bajo riesgo: respira hondo, haz acopio de energías y dibuja una ancha sonrisa Duchenne con la boca y los ojos, en lugar de intentar encubrir la tristeza sonriendo solo con la boca.

En contra de lo que comúnmente se cree, los estudios revelan que, en condiciones normales, somos capaces de hacer una simulación muy convincente de una sonrisa sincera.[2] Muéstrate exultante y optimista y comprueba si te dedican la misma atención que antes. Y ahora intenta apreciar si sus pupilas se dilatan cuando te mira. Probablemente no sienta lástima por ti si tu comportamiento no demuestra que te das lástima a ti mismo. Y si la siente, una vez que tu actitud y tu comportamiento general sean más positivos, pensará que ha cumplido su misión: te ha animado; o, si realmente le gustas, te verá más receptivo a su atención.

MITOS DEL LENGUAJE CORPORAL

Las pupilas dilatadas son señal de deseo sexual

¿Cuántas veces has oído decir que si alguien tiene las pupilas dilatadas cuando te mira significa que se siente atraído hacia ti? ¿Es cierto? Nuestros ojos se dilatan de modo natural para dejar entrar más luz, pero la dilatación se produce también en respuesta a lo que pensamos y sentimos en el momento. Cuando algo nos interesa, se nos dilatan las pupilas. Los músculos del iris están dirigidos por el sistema nervioso autónomo, que se encarga de las acciones involuntarias reflejas, y por tanto es difícil que podamos controlar conscientemente la dilatación de la pupila, por ejemplo, cuando estamos cerca de algo que deseamos. Las pupilas grandes tienden a atraernos porque nos dicen que esa persona tiene cierto interés en nosotros, y por tanto es menos arriesgado dar un paso.

Sin embargo, a lo largo de los siglos se han encontrado en las distintas culturas formas de hacer que las pupilas se dilaten o parezcan más grandes aunque no sea en respuesta a un estímulo natural. Hoy en día se usan lápices de ojos o lentillas para conseguirlo. En el pasado, se utilizaba extracto de belladona para dilatar las pupilas y tener un aspecto más atractivo. La atropina contenida en la belladona, o solano mayor, es un anticolinérgico que bloquea los efectos de la acetilcolina, el neurotransmisor que secretan las células del sistema nervioso parasimpático. Lo que esto significa en definitiva es que la pupila no puede contraerse y por tanto se relaja en estado de dilatación. En la actualidad ha dejado ya de utilizarse este método, pero la cafeína y los medicamentos descongestionantes, fáciles de conseguir, pueden producir el mismo efecto. Por supuesto, habrá quienes por el contrario intenten esconder la atracción que sienten. Sería el caso del jugador de póquer que usa gafas de sol para ocultar la fascinación que le provoca la combinación de cartas que tiene en la mano mientras miente sobre su valor a los demás jugadores o juega de farol. O podría ser el del legendario comerciante chino de jade que se oculta tras unas gafas de cristales tintados para no delatar su regocijo ante la transacción que se le presenta. Así pues, aunque no es un secreto que las pupilas dilatadas pueden indicar deseo, hay formas de crear o contrarrestar el efecto. Todo esto significa que, en el ámbito del lenguaje corporal, no deberíamos pensar que unas pupilas dilatadas son señal inequívoca de atracción sexual.

SCAN rápido

S: dejar en suspenso tu opinión te permite examinar lo que sientes respecto a la demostración pública de afecto y reconocer que tu línea de razonamiento ha condicionado la conclusión inicial de que la persona solo siente lástima por ti. De este modo te das además la oportunidad de considerar en conjunto los indicios visuales así como otros estímulos no visuales que recibes. El contacto físico puede tener un efecto muy importante, vaya acompañado o no de señales visuales.

C: examinar el **contexto** social, y sobre todo el emocional, te da la posibilidad de tener en cuenta qué sentimientos y estados de ánimo has vivido últimamente y hasta qué punto se han apoderado de la situación y están distorsionando la interpretación que haces del lenguaje corporal y creando las condiciones idóneas para hacerte sacar conclusiones equivocadas. Podemos ver más allá de esa percepción condicionada si proyectamos la interacción en un contexto diferente.

A: la información puede variar cuando los ojos miran atentamente y cuando se retiran. Pregúntate qué detalles ves **además** cuando te acercas.

N: cambiar intencionadamente la forma de estar o la actitud física durante un momento es una magnífica forma de comprobar si los demás cambian en respuesta a ello y si podría ser acertada una **nueva** opinión.

8

SE HA ESFUMADO SIN DECIR NADA

Estás esperando a la persona con la que acabas de empezar una relación. Hace un par de días quedasteis en veros hoy pero no ha llegado aún. La has llamado varias veces a lo largo del día para confirmar la cita pero no te ha contestado. Llevas más de una hora esperándola y no recibes respuesta suya por ninguno de los canales de comunicación que usáis habitualmente, incluidos aquellos que te permiten ver que ha leído el mensaje: «¿Dónde estás? ¿Sigue en pie la cita de esta noche?». De repente tienes una sensación espantosa: «¿Qué le pasa? ¿Me ha plantado? O peor aún, ¿se ha esfumado sin decir nada?».

Vamos a aplicar el proceso **SCAN** a la situación **dejando en suspenso la opinión inicial y haciendo un estudio más descriptivo** de lo que está aconteciendo. Lo que te hace suponer eso es una señal de lenguaje corporal que parece simple y obvia, pero cuyo poder suele pasarse por alto en muchas conversaciones y estudios sobre la comunicación no verbal. Es el indicio más revelador de que alguien ha decidido cortar brusca y desconsideradamente la relación: de repente ha desaparecido por completo.

«El fantasma en la máquina»

La sensación de que a alguien le resultamos indiferente puede ser más dolorosa que la que nos provocaría que nos odiara. *Ghosting*, que alguien se convierta de repente en una especie de fantasma, es el término inglés que se utiliza para referirse a situaciones en las que alguien a quien crees que le importas, ya sea un amigo o la persona con la que mantienes una relación amorosa, desaparece súbitamente sin dar ninguna explicación: ni llamadas, ni correos electrónicos, ni siquiera un mensaje de texto. No es que esta maniobra no verbal sea nueva; siempre ha habido quien ha desaparecido de la vida de los demás de un momento para otro sin decir nada. Es solo que en el mundo digital de nuestro tiempo desaparecer es mucho más fácil que nunca, de entrada por lo sencillo que es establecer contacto hoy en día. En las relaciones sentimentales que se establecen en Internet no hay un sentimiento de lealtad hacia ningún pretendiente en concreto ni se tiene en realidad la sensación de que pueda tener repercusiones negativas en el ámbito de las redes sociales faltarle al respeto a alguien. Es igual de fácil entrar que salir. Quedan muchos más pretendientes allí donde encontramos el último.

Ahora bien, dejando a un lado esa facilidad para entrar o salir que ofrece este contexto, los efectos emocionales en torno a la interacción humana siguen siendo los mismos: incluso aunque la relación haya surgido de un instante para otro y casi por azar, si eres tú al que dejan plantado y el que inesperadamente no vuelve a recibir respuesta, lo que sientes no es más fácil de digerir. No sabes cómo reaccionar, porque en realidad desconoces lo que ha sucedido, y ni siquiera tienes ninguna garantía de que nadie vaya a recibir tu reacción. Estás en una posición ambigua que puede ser muy dolorosa. Mantener la conexión con los demás es tan importante para nuestra supervivencia que el cerebro ha desarrollado un sistema de monitorización que rastrea el entorno en busca de indicios que nos ayuden a responder en situaciones de interacción social. Al esfumarnos sin mediar palabra, básicamente dejamos sin pistas a alguien en quien antes habíamos invertido un capital social, lo cual puede dejarle un sentimiento de impotencia y de falta de control. Desaparecer de la vida de alguien como si nunca hubiéramos existido puede considerarse un comportamiento irresponsable y, en algunos casos extremos, una forma de crueldad emocional. Es posible que el repentino «fantasma» no tenga el valor o la madurez necesarios para lidiar con el malestar que le producen sus emociones o las tuyas, que no se dé cuenta de los efectos de su comportamiento o, peor aún, que le dé igual. Podrías incluso estar envuelto en un juego de poder muy cruel.[1]

Pero antes de dar por supuesto que estás metido en una situación de abuso o que te han plantado, vamos a examinar el hecho en un **contexto** más extenso de interacciones pasadas, tanto tuyas en general como con esa persona, para ver si estaría justificado darle un margen de confianza y revisar la suposición de que ha desaparecido para siempre.

No se presenta a la cita, y empiezas a tener un mal presentimiento. ¿Tienes una sensación de *déjà vu*? ¿Te ha ocurrido antes algo parecido con otras parejas? De ser así, es posible que, como «el escarmentado se vuelve espabilado», estés dando automáticamente por hecho que también esta vez te han dejado plantado, y sin siquiera un mensaje de texto. Podría haber muchas razones por las que no se ha puesto en contacto contigo: el teléfono móvil se le ha perdido o no funciona, la reunión a la que tenía que asistir se ha demorado, venía desde lejos conduciendo y no podía usar el teléfono o ha podido surgir cualquier clase de emergencia. Si en el pasado has tenido la experiencia de que alguien se haya esfumado de tu vida sin dar ninguna explicación, es posible que tus temores hayan entrado en escena y estés sacando una conclusión equivocada.

Ahora bien, si esta situación ya se ha dado anteriormente en esta relación, ¿hubo entonces una razón de peso, como que en el sitio donde trabaja fuera difícil establecer contacto (por ser, por ejemplo, un hospital o algún medio de transporte) o hubiera un corte de la señal telefónica, que pueda servir de precedente?

Preguntémonos qué podemos tomar en consideración **además**. Cuando dos personas se atraen, pueden actuar de muchas maneras distintas para retener el poder en la relación (reírse del otro, ignorarlo, molestarlo insistentemente); en definitiva, sin embargo, si de verdad se gustan, siempre encontrarán la manera de reencontrarse, de participar en lo que quiera que esté haciendo la otra parte y mostrarse respeto mutuo. En otras palabras, si a alguien le interesas, encontrará la manera de presentarse y participar en la interacción, sea la que sea. Verás a esa persona asomar cerca de ti, ya sea en el mundo físico o en el virtual. Esto es algo en lo que ni siquiera pensamos al principio, pero si te paras, verás que estar presente o no, aunque sea algo que damos por hecho, es el aspecto que más impacto físico tiene en una relación.

La distancia a la que nos situamos físicamente unos de otros, es decir, la cantidad de espacio que sentimos la necesidad de dejar entre nosotros y los demás, se denomina *proxémica* en términos de lenguaje corporal y es una de las varias subcategorías de la comunicación no verbal, entre las que están la háptica (tacto), la kinesiología (movimiento corporal), la vocálica (paralenguaje) y la cronémica (estructuración del tiempo).

El antropólogo Edward T. Hall desarrolló el concepto de proxémica describiendo la distancia relativa entre los seres humanos en cuatro áreas distintas: los espacios íntimo, personal, social y público.

Distancia íntima para abrazarse, tocarse o hablarse en susurros:
Fase próxima: menos de 15 cm
Fase lejana: de 15 a 46 cm

Distancia personal para interacciones entre buenos amigos o familiares:
Fase próxima: de 46 a 76 cm
Fase lejana: de 76 a 122 cm

Distancia social para interacciones entre conocidos:
Fase próxima: de 1,2 a 2,1 m
Fase lejana: de 2,1 a 3,7 m

Distancia pública utilizada para hablar en público:
Fase próxima: de 3,7 a 7,6 m
Fase lejana: más de 7,6 m

Las dos primeras zonas, la íntima y la personal, describen la zona que rodea a una persona que consideramos «nuestra», y a menudo ambas se incluyen en la categoría más general de *espacio personal*, que popularizó el antropólogo Robert Sommer en 1969. El trabajo de Hall fue innovador por la importancia que concedía a cómo entienden y utilizan a nivel psicológico las distintas culturas el espacio que nos rodea. Descubrió que la mayoría de la gente y de las culturas valoran el espacio personal y se sienten incómodas, enfadadas, ultrajadas o ansiosas cuando alguien lo invade. Permitir que alguien entre en nuestro espacio personal o entrar en el de otra persona es una señal no verbal manifiesta de lo fuerte que consideramos nuestra relación; de cuánto poder nos parece natural tener o nos vemos obligados a asumir en esa relación; de qué barreras son por tanto las apropiadas y, a la inversa, de lo bienvenidos o no que somos cuando nos acercamos a alguien y tratamos de intimar más.

Las zonas íntima y personal están reservadas por lo general a los amigos íntimos, los amantes, los hijos y los miembros cercanos de la familia. La zona social próxima se utiliza para conversar con los amigos, para charlar con los socios y para debates de grupo, y la zona social lejana se deja para los extraños, grupos recién formados y personas a las que acabamos de conocer. La zona pública se usa para discursos, conferencias y en el teatro; básicamente, la distancia pública se reserva para situaciones en las que nos encontramos ante un público numeroso.[2]

Lo que Hall no menciona, sin embargo, es que alguien pueda estar tan lejos que no se encuentre a distancia detectable. Utilizando su idea y su algoritmo lineal, cuanto más alejados estamos unos de otros, más débiles son la conexión emocional que tenemos con los demás o la reacción que nos provocan, y menos poder tienen sobre nosotros. Pero la distancia no necesariamente reduce el poder íntimo o social de alguien, solo porque no podamos verlo u oírlo; en algunos casos, de hecho, la distancia puede aumentar el poder que alguien tiene sobre nosotros. Dice el refrán que *la ausencia es al amor lo que el viento a la llama*, y es cierto que a veces puede tener un mayor poder emocional que la cercanía. Todo depende en buena medida de cómo decidamos responder a esa ausencia: si albergando la esperanza de poder seguir intimando con esa persona, si tratando de establecer un simple contacto cordial o si aceptando su comportamiento y haciendo lo mismo, y admitiendo por tanto el fin de la relación. Y si todavía no estamos seguros de lo que está ocurriendo –porque puede ser bastante desconcertante que alguien se esfume sin decir nada– o de lo que queremos que ocurra a continuación, podemos **comprobar** la validez de nuestra opinión inicial, y también de la **nueva**, sin arriesgar demasiado.

Es posible que esa persona te esté poniendo a prueba: puede que intencionadamente (o no) quiera comprobar lo capaz que eres de aceptar un comportamiento errático y de reponerte de él, o lo comprometido que estás con la relación. El caso es que, incluso aunque no consientas esas señales de manipulación y decidas no seguirle el juego a esa persona y abandonar, dejarla, desde su punto de vista podrías continuar siendo un objetivo por conseguir. Desde una perspectiva no verbal, no dispones de ninguna de las señales habituales a las que responder, ya que ese ser que se ha desvanecido se ha llevado consigo todo gesto, contacto físico, postura, expresión facial, contacto visual, indumentaria, cabello y cualidad, ritmo y entonación de la voz. Eso sí, lo que no ha podido quitarte son *el tiempo, el contexto y el entorno*, de modo que aún puedes establecer unos criterios basados en estos factores.

Tienes distintas opciones: puedes ejercer poder dándole a la persona ausente un límite de tiempo para responder (digamos, cinco minutos) o diciéndole, por el contrario, que se tome todo el tiempo que necesite y preguntándole cuánto calcula que será, con lo cual das tu aprobación a que sea ella la que controle el tiempo. También puedes adquirir poder eligiendo definir el contexto en el que ha tenido lugar su ausencia y decirle: «Supongo que no has podido venir porque estabas muy ocupada». Por último, puedes dirigir la comunicación por un medio diferente del que hayáis utilizado hasta el momento. Por ejemplo, deja de intentar localizarla repetidamente con el teléfono móvil y envíale un correo electrónico muy claro: «Nos vemos en tu casa dentro de un rato», con lo cual habrás dictado el momento y el lugar; y luego preséntate físicamente en su casa. Cada una de estas opciones tiene por supuesto posibles ventajas e inconvenientes. En realidad, podrías incluso mentirle cuando le dices que vas a presentarte en su casa dentro de unos minutos, solo para apremiarla y conseguir una respuesta. Pero al menos todo esto te da la opción de ejercer poder en lugar de que se te dé por muerto, con tristeza o sin ella.

SCAN rápido

S: la ausencia de alguien puede hacer que te formes una opinión categórica sobre su actuación y las intenciones que tiene contigo, y quizá necesites **dejarla en suspenso** para averiguar la verdad.

C: las experiencias del pasado, reciente o lejano, crean un **contexto** muy sólido en el que juzgas a los demás.

A: **además,** pregúntate siempre si las explicaciones expertas sobre lenguaje no verbal que has leído siguen siendo válidas en la situación que analizas. La línea de razonamiento que era acertada ayer no tiene por qué serlo hoy necesariamente.

N: aunque dejes en suspenso tu suposición inicial, puedes recuperarla después y comprobar su validez a la vez que compruebas la de tu **nueva** opinión.

9

¡ES UN PSICÓPATA!

Durante meses, todo fue mejor aún de lo que imaginabas. Tu nuevo amor era absolutamente encantador y tú estabas loca por él. Recibías tanta atención y tanto cariño que a veces resultaba casi abrumador. Sencillamente, no quería separarse de ti. Decía que lo eras todo para él. Pensabas que estabas enamorada. Piensas que él debía de estarlo también.

Luego, inesperadamente, desaparece. Pasan días hasta que vuelves a tener noticia de él, hasta que vuelve a ponerse en contacto contigo. Cuando le preguntas por esa desaparición súbita, te cuenta una historia disparatada y difícil de creer, pero el lenguaje corporal que la acompaña parece indicar que está siendo totalmente sincero. Te mira a los ojos y te habla con calma y aparente franqueza. El contraste entre la imagen que da y lo que dice te resulta extraño y te inquieta. Cuando empiezas a hacerle preguntas, ves que el lenguaje corporal se vuelve errático y te da la impresión de que airado: su cuerpo de repente parece más grande, como si ocupara más espacio, y clava los ojos en ti con intensidad. Supones que está mintiendo y pones fin a la relación.

Pero no se da tan fácilmente por vencido; vuelve a ti una y otra vez e insiste en que está convencido de que estás hecha solo para él. Siempre ha sido un tipo carismático, y vuelve a acariciarte, a ser dulce y encantador, hasta que sacas a relucir los detalles de su desaparición. Entonces vuelve a darte la misma explicación descabellada, y empiezas ya a tener una sensación un poco agobiante, sientes que te acecha, que te controla, y te resulta de hecho bastante intimidador. La discordancia entre su forma de comportarse en unos momentos y en otros es extrema y más que desconcertante; te da la impresión de que intenta manipularte, y te da miedo. Sientes una opresión en la boca del estómago y cierta impotencia mientras te dices: «¡Es un psicópata!».

¿Estás equivocada de parte a parte?

¿Qué diferencia hay entre oscilar un poco entre un comportamiento y otro, como veíamos en el capítulo seis cuando hablábamos de jugar a hacerse el difícil, y unos cambios de comportamiento peligrosos que te hacen lanzarte a los brazos de alguien un instante y tenerle miedo al instante siguiente? ¿Cuándo podemos saber con seguridad que alguien está siendo manipulador y que hemos de tener mucho cuidado?

Normalmente, llegados a este punto aplicaríamos el proceso **SCAN** y **dejaríamos en suspenso la opinión inicial**. Pues bien, en esta situación, teniendo en cuenta que este tipo te da miedo, ¡no lo vamos a hacer!

MITOS DEL LENGUAJE CORPORAL

Pruebas falsas que parecen reales

¿Alguna vez has leído que el miedo no es más que una ilusión? Te diré que hay sentimientos viscerales como el miedo cuya función es salvarnos la vida. Todos sabemos que a veces los miedos son infundados; pero en lo tocante a las relaciones humanas y al fuerte sentimiento instintivo de estar en peligro, no prestarles atención puede tener consecuencias muy graves, incluso mortales. No te recomiendo que te juegues la vida por confiar en alguna de esas frases tan ingeniosas que circulan por Facebook e Instagram. Darles un «me gusta» no significa que a partir de ese momento estés inmunizado contra ninguna situación que tenga el potencial de hacerte daño.

Decimos muy a la ligera que alguien es un «psicópata». Se ha convertido en un término genérico de uso común que aplicamos lo mismo a un simple comportamiento humano inofensivo que a la enajenación mental más peligrosa.

Pero dado que en este caso temes por tu seguridad, vamos a pensar que utilizas la palabra en su verdadero sentido. De hecho, en cualquier situación en la que temas por tu seguridad, debes prestar atención siempre a tu instinto por encima de todo.

Hay un listado de evaluación que se utiliza en general para diagnosticar la psicopatía, denominado Escala de Evaluación de Psicopatía – Revisada, que creó en los años setenta del pasado siglo el psicólogo canadiense Robert D. Hare. La lista de verificación intenta determinar si el potencial psicópata utiliza a los demás de un modo egoísta e insensible, o incluso cruel, sin sufrir remordimientos, y si demuestra un comportamiento crónico inestable, antisocial y aberrante.[1] Basándonos en los parámetros de esta lista de evaluación, si el instinto te dice que el individuo que tienes delante da la impresión de ser un psicópata, la realidad es que podría tratarse de alguien insensible y aberrante que actúe sin remordimientos, lo que significa que tú y quien haya a tu lado podríais estar en grave peligro. Y de todos modos, aunque descubras que se trata solo de un individuo fundamentalmente egoísta, al que quizá podría atribuírsele un grado muy bajo de psicopatía y que por tanto no representa realmente un peligro físico para ti y los tuyos, puede que a pesar de todo siga sin ser demasiado agradable estar a su lado.

Indudablemente, una evaluación psiquiátrica de esta naturaleza debería realizarla, en condiciones científicamente controladas, un profesional clínico cualificado y experimentado. Sin embargo, hay algunas pruebas bastantes eficaces que puedes hacer para evaluar si es válida la impresión que tienes sobre alguien y que pueden justificar que te mantengas firme en tu opinión.

Un buen amigo nuestro, y uno de los mayores expertos en lenguaje corporal que conocemos, Joe Navarro, fue durante veinticinco años agente especial del FBI, donde formó parte del Programa de Análisis del Comportamiento de la División de Seguridad Nacional. En su libro *Personalidades peligrosas: un criminólogo del FBI muestra cómo identificar a las personas malvadas ocultas entre nosotros*, escrito en colaboración con Toni Sciarra Poynter,[2] presenta consejos muy útiles para descubrir si alguien de nuestro entorno próximo podría ser lo que llama una «personalidad peligrosa». Navarro habló con cientos de individuos que habían sido víctimas de depredadores sociales y que hicieron descripciones detalladas, recogidas en el libro prácticamente en sus propias palabras (no en lenguaje clínico), de las características y los actos de sus maltratadores. Si varias de las siguientes palabras aluden a tu experiencia, por cómo actúa alguien contigo o cómo te hace sentir, Navarro recomienda que pidas ayuda o pongas distancia:

> Acosador, agresivo, amoral, antisocial, arrogante, artificioso, astuto, beligerante, bravucón, calculador, carismático, controlador, corrupto, cruel, dañino, degenerado, delincuente, depravado, desagradable, desalmado, desconsiderado, deshonesto, despiadado, despreciativo, destructivo, displicente, egocéntrico, egoísta, embaucador, embustero, encantador, engañoso, estafador, explotador, falso, frío, grosero, hipócrita, impávido, impostor, impulsivo, incorregible, indecente, indiferente, indolente, inmoral, inquietante, insensible, intimidador, intrigante, irresponsable, malvado, manipulador, mentiroso, mezquino, obsceno, ofensivo, parásito, peligroso, perspicaz, poco fiable, posesivo, rebelde, repulsivo, retorcido, sádico, sanguijuela, sin remordimientos, superficial, temerario, temperamental, timador, tramposo, vago, vil, violento.

Bien, está claro que algunos de estos calificativos podrían aplicársenos a cualquiera de nosotros en algunos momentos, y, de hecho, unos cuantos como *carismático*, *encantador* o *perspicaz* definen características que además nos resultan atractivas. Y obviamente, que alguien muestre solo uno o dos de estos comportamientos no significa que tenga una «personalidad dañina». Pero como afirma Navarro: «Cuando una persona muestra una cantidad sustancial de los comportamientos que se citan en esta lista, lo más probable es que nos encontremos ante un depredador social».

Vamos a situar el relato anterior en el **contexto** de esta lista seleccionando unos cuantos calificativos que definían lo que percibías estando con esta persona: *encantador*, *abrumador*, *inquietante*, *ausente*, *perdidamente enamorado*, *intimidador*. ¿No notas algo interesante? Cuando analizamos el comportamiento, verbal o no verbal, y su significado, uno de los aspectos que destacan es el contraste. Suele ser el contraste –las diferencias patentes entre las señales que apreciamos en un mismo fotograma– lo que nos confunde y nos pone sobre aviso mucho más que ninguna de las señales en sí. Por ejemplo, en nuestro relato, si esa persona hubiera sido encantadora, no tendrías por qué haberte alarmado; sin embargo, lo que ves en ella es un cambio: de ser encantadora pasa a ser intimidadora, de ser abrumadoramente atenta a estar ausente y de estar perdidamente enamorada a inquietarte.

Nuestro cerebro primitivo se pone sobre aviso ante cualquier tipo de contraste, pues los contrastes indican una atmósfera de potencial inestabilidad, y por tanto inhóspita. Podemos apreciar también la cualidad extrema de los comportamientos en sí: *extraño*, *larga ausencia*, *explicaciones disparatadas*, *carismático*, *solo para él*, *no se da por vencido*, *da miedo*.

Para decidir si debemos tratar de resolver una situación o evitarla, el cerebro primitivo busca posibles extremos en cualquier circunstancia, ya que los extremos tienen el potencial de actuar en nuestra contra y podrían poner en peligro nuestra supervivencia. Todo esto por supuesto da miedo.

Si tienes una relación de pareja o de cualquier otro tipo con alguien así, necesitas buscar asesoramiento para protegerte de los traumas mentales o psicológicos; y obviamente, si hay alguna clase de violencia, y con frecuencia la hay, tienes que buscar ayuda o incluso un sitio donde estés a salvo. ¿Qué necesitas saber **además**? Nada. No necesitas preguntar nada. No necesitas formarte una **nueva** opinión sobre lo que está sucediendo. A nada que extrememos los comportamientos actuales, la situación en la que estás parece muy poco segura, y con eso basta.

Pero ¿cuál es el siguiente paso? *Conseguir ayuda*, de alguien en quien confíes. Podría ser un amigo, un miembro de la familia, un colega o alguien de tu comunidad con quien te sientas en todo momento tranquila y protegida. Es importante que evites poner a prueba a la persona que te hace sentirte insegura o contarle cómo te sientes a fin de hacerle reflexionar y obtener una respuesta que te tranquilice. Recuerda: ya has puesto fin a la relación. Es de otras personas de quienes te interesa obtener ahora información sobre cómo mantenerte a distancia.

¿DEBERÍAS CONCEDERLE EL BENEFICIO DE LA DUDA?

He aquí otra explicación de nuestro querido amigo **Joe Navarro**, que sabe bien lo que dice, y que esperamos que tengas presente por tu bien y el de tus seres queridos. Si en algún momento relees alguna parte del libro, procura que sea esta, ya que podría salvarte la vida o salvársela a alguien que de verdad te importe:

> Es frecuente que alguien nos diga: «Venga, no seas tan crítico», y la mayor parte de las veces tienen razón; a pesar de ello, deberíamos estar muy atentos al comportamiento de los demás para descubrir lo que de verdad están transmitiendo (comunicando). Porque lo cierto es que nuestro cuerpo comunica con mucha precisión lo que sentimos, pensamos, deseamos, pretendemos y tememos. Hay ocasiones en que no deberíamos abstenernos de hacer un juicio, y es cuando el cuerpo nos habla con inquietud, incertidumbre, aprensión, ansiedad, alarma o miedo. En esos momentos debemos escuchar atentamente lo que percibimos.
>
> Nuestro cerebro procesa sobre todo a nivel subconsciente el mundo que nos rodea, y por eso capta cosas que la atención cognitiva no es capaz de advertir (que alguien nos sigue, una puerta abierta que no debería estarlo, etcétera). Habrá veces en que notemos una tensión en el estómago, se nos pongan los pelos de punta o algo dentro nos diga que tengamos cuidado, que hay algo sospechoso, que no nos acerquemos a cierto individuo, que nos mantengamos a distancia, que estamos en peligro. Este es el sistema de alarma del que hablaba Gavin de Becker en *El valor del miedo*.* Los años que pasé en el FBI hablando con víctimas y siendo testigo presencial de graves delitos me enseñaron a no dejar nunca de escuchar esos mensajes del cuerpo: tienen la función de salvarte la vida.

* Gavin de Becker. *El valor del miedo*. Barcelona: Ediciones Urano, 1998. (N. de la T.)

SCAN rápido

S: **dejar en suspenso** la primera impresión no es siempre lo más adecuado. Cuando estés en una situación que podría entrañar peligro, fíate de tu instinto.

C: el miedo tiene la función de salvarte la vida en un **contexto** de peligro.

A: cuando tengas miedo en una situación potencialmente peligrosa, no hay nada que debas saber **además** de lo que sientes.

N: cuando esté en peligro tu seguridad, no esperes a formarte una **nueva** opinión. Por el contrario, responde de un modo que te aleje de ese peligro potencial. Pide ayuda a cualquiera en quien creas que puedes confiar, y lo antes posible.

10

ES ELLA LA QUE LLEVA LAS RIENDAS

Tu amigo lleva un año en una relación monógama. No conoces demasiado a su pareja –nadie ha sabido mucho de ellos desde que empezaron a salir juntos– pero todo el grupo de amigos coincide en que les va muy bien. Varios de vosotros decidís organizar esa comida que lleváis tanto tiempo posponiendo y quedáis con la feliz pareja en un restaurante bastante acogedor que acaban de abrir. Te quedas sorprendido al ver llegar a tu amigo y su pareja con un aspecto..., cómo decirlo, como si fueran la misma persona: con una indumentaria parecida, incluso con un corte de pelo casi igual. Vas a sentarte al lado de tu amigo, pero hay un poco de barullo y su pareja acaba sentándose entre los dos, creando una especie de muro entre vosotros que os impide tener el menor contacto. Llega el camarero, tu amigo pide, su pareja tose para aclararse la garganta y tu amigo de repente pide un plato distinto. ¿Coincidencia? Hacia el final de la comida, te inclinas hacia él y empiezas a proponerle que quedéis un día para hacer algo los dos solos, cuando bruscamente su pareja se levanta para marcharse y tu amigo se levanta de un salto igual de súbitamente para unírsele. «¡Qué barbaridad! –piensas mirando a su pareja–. ¡Ella es claramente la que lleva las riendas!».

Te da la impresión de que tu amigo tiene una pareja que es la que ordena y manda, o, en otras palabras, de que está física y mentalmente en manos de una controladora. ¿Necesitas concertar una cita con tu amigo para hablarle de lo controladora y dominante que te ha parecido su pareja? Espera un momento. Vamos a aplicarle a la situación el proceso **SCAN** y a **dejar en suspenso** esa opinión y **hacer un estudio más descriptivo** de lo que has visto.

Echemos un vistazo a la señal no verbal que te hizo llegar a esa conclusión: su pareja se levantó bruscamente para marcharse.

Ponerse en pie de repente cuando todos los demás están sentados es una señal no verbal muy fuerte. Quien se ha puesto en pie está por encima de los demás, y en particular de su pareja, que está sentada a su lado, y hace así alarde de su altura, una clásica señal de lenguaje corporal que indica dominancia o agresividad territorial. Son señales que manifiestan también otras especies en el reino animal. Charles Darwin fue de los primeros en sugerir que los machos de muchas especies de mamíferos tal vez tuvieran mayor tamaño que las hembras porque representaba una ventaja en las disputas por aparearse.[1] Hasta aquí, la suposición de que la pareja de tu amigo parece una persona dominante podría ser acertada.

¿Qué otra manifestación del lenguaje corporal ves en esta situación? Cuando intentas sentarte al lado de tu amigo, su pareja interfiere físicamente sentándose entre los dos, con lo cual os separa y os impide todo contacto visual y táctil. ¿Y qué hay del detalle de que a la hora de pedir la comida se haya aclarado la garganta y al instante tu amigo haya cambiado de idea y haya pedido un plato distinto del que había pedido en principio? Toser para aclararse la garganta es a menudo muestra de dominancia en otros primates, entre ellos los chimpancés;[2] podría ser un intento de interrumpir, anular, cuestionar o hacer que los demás sean más conscientes de nuestra presencia, como parece ser el caso. Ahora tenemos más pruebas de que hay sin duda alguien muy controlador que lleva las riendas.

Tener control sobre la comida, la bebida, el espacio personal y la forma de vestirse y de moverse son señales que posiblemente podrían apuntar a la presencia de un elemento controlador narcisista en la relación, que hace que tu amigo quede anulado y esté sometido a una persona manifiestamente egoísta y que reclama atención y estatus.

Lo cierto es que el personaje narcisista y presuntuoso suele hacer demostraciones de un alto grado de agresividad y dominancia que coinciden con las señales de lenguaje corporal de este relato. Tiende a dar una imagen de persona segura y poco sensible a las necesidades físicas de los demás. Debido a la importancia extrema que concede a sus particulares necesidades territoriales, no es capaz realmente de considerar que su pareja sea una persona enteramente distinta y separada de ella. Esto se pone de manifiesto en el intento de controlar cómo viste, cómo se mueve y adónde va exactamente. Necesita ocuparse de todo, porque a sus ojos su pareja es poco fiable, irresponsable o incompetente.

Fuerte y poderoso

En el habla popular, los términos *narciso*, *narcisismo* y *narcisista* denotan una absurda vanidad y se aplican a aquellos cuyas ambiciones y aspiraciones superan con mucho a sus talentos evidentes. Cada vez más, empleamos estos términos para definir a individuos pagados de sí mismos independientemente

de que sus logros sean en verdad espectaculares. Quienes tienen éxito en la vida no siempre son modestos, pero tampoco son necesariamente pretenciosos. Mohamed Ali se vanagloriaba de ser el mejor, pero no mentía. ¡Lo era!
El requisito principal para ser narcisista en sentido clínico es el envanecimiento, una presuntuosa sensación de uno mismo, pero a la vez un error de cálculo sobre las propias capacidades y potencial grandeza. Es quizá la diferencia entre ser optimista y no ser realista en absoluto. Además, el narcisista está tan convencido de su grandiosidad que espera que los demás reconozcan de inmediato la superioridad de sus cualidades. Se sentirán de maravilla en ambientes en los que la fantasía no se cuestione.[3]
Por último, el narcisista es incapaz de reconocer cuándo su enaltecimiento impide que los demás se sientan cómodos. A Mohamed Ali nunca se le escapó que su envanecimiento enfadaba de verdad a sus oponentes.

Veamos ahora en qué **contexto** se presentan estas señales.

La situación que estamos examinando tiene lugar en un restaurante de moda recién inaugurado, en el que el personal intenta sentar a un nutrido grupo de comensales alrededor de una mesa. En este caso, que hayas acabado separado de tu amigo podría deberse más a problemas de espacio que al juego de poder que atribuyes a su pareja.

¿Y qué hay del contexto social? Tu amigo ha estado ausente del grupo desde que empezó a salir con su pareja, que no forma parte de vuestro grupo íntimo –vuestra tribu– y que, por el momento, es una recién llegada. El auténtico poder social es el de la tribu, y lo que tus amigos íntimos y tú apreciáis en el comportamiento de la pareja podría ser tal vez una respuesta a ese poder colectivo. La pareja de vuestro amigo está empezando a conocer, o posiblemente intentando gustar, a los amigos más íntimos y queridos de su compañero. Esto quiere decir que podría haber de fondo una mezcla de ansiedad e incertidumbre, no solo en la pareja, sino en todos los que estáis sentados a la mesa, ya que inconscientemente todos tratáis de evaluar dónde encaja ahora en el orden social. Visto en este contexto, las enérgicas señales de control no verbales pueden interpretarse de otro modo; por ejemplo, su acto de aclararse la garganta puede indicar nerviosismo, incertidumbre, fingimiento o sencillamente que algo se le ha atascado en la garganta. Levantarse de repente para marcharse podría ser igualmente una reacción a la ansiedad social, y el hecho de haberse sentado entre tu amigo y tú, un gesto para controlar el impacto que pueda tener en ella el poder social del grupo.

«Vocabulario chimpancé»

La tos que emplean los chimpancés como amenaza, o lo que la distinguida primatóloga Jane Goodall llamó «el ladrido suave», es una especie de gruñido emitido con la boca ligeramente abierta. Se trata de un sonido espontáneo que solo se produce bajo determinadas condiciones emocionales, es decir, los primates no pueden forzarlo a capricho. Se atiene a un orden jerárquico y lo dirigen los individuos de rango superior a los de rango inferior. Denota un ligero enfado y actúa a modo de advertencia leve para impedir que un subordinado se acerque demasiado a un chimpancé de rango superior o haga algo que el emisor del sonido desaprueba, como intentar quitarle la comida.

Pregúntate qué ves **además**. ¿Qué podemos decir sobre la similitud de la indumentaria y el corte de pelo? La pareja llega con un aspecto que los hace parecer casi gemelos. ¿Es este el elemento decisivo, la prueba de que sin lugar a dudas tu amigo tiene una pareja narcisista que es una controladora nata? ¿O podría ser un simple caso de reflejo mutuo, algo muy común en las relaciones de pareja que puede durar cierto tiempo?

Imitar las maneras del otro, un elemento básico del lenguaje corporal, es un síntoma de vibración límbica conjunta. La «resonancia» límbica se produce cuando las conexiones neuronales de nuestro sistema límbico –la parte del cerebro que es característica de los mamíferos sociales y que rige algunas de nuestras emociones y relaciones– se alinean con las de otra persona. Los gatos, los perros, los elefantes y los seres humanos, entre muchos otros mamíferos, tienen un sistema límbico con distintas capacidades en cada caso. Otras especies, sin embargo, como la mayoría de las serpientes y los lagartos, no. Los animales que poseen sistema límbico viven en grupo y cuidan de sus crías; los que no lo poseen llevan una vida más solitaria y en algunos casos abandonan a sus crías o incluso se las comen. Si en algún lugar vemos a un puñado de serpientes juntas, posiblemente sea porque es ahí donde está la comida o por razones de sexo.

Entre las madres y sus hijos recién nacidos hay una conexión que provoca una respuesta límbica automática, lo mismo que entre los amantes y los amigos íntimos. Son relaciones que nos obligan, tanto inconsciente como conscientemente, a ceder en parte el deseo de autonomía y diferenciación y a entrar con facilidad en una profunda conexión neuroquímica entre sistemas límbicos. Y como esa asimilación límbica difumina la frontera entre quien creemos ser y quien creemos que es el otro, empezamos a actuar de un modo más parecido, es decir, nos volvemos espejo mutuo de las acciones, comportamientos, puntos de vista, emociones, patrones respiratorios, expresiones faciales y señales de lenguaje corporal.

Ese reflejo puede durar un segundo o toda la vida. De hecho, quizá la incomodidad que sientes en esta situación podría ser debida a que estás captando y reflejando los sentimientos de incomodidad y ansiedad que se están comunicando a través de las señales más evidentes que presencias durante la comida.

Así que, después de tener en cuenta toda esta información, ¿cómo puedes **comprobar** la validez de cualquier **nueva opinión** sobre lo que está sucediendo y obtener nuevos datos sobre aquello que lo motiva? Una vez que tu amigo se ha ido, dispones de tiempo y espacio, y por tanto la manera más fácil de comprobar la verdad de cualquier opinión es intentar quedar con él, los dos solos, y ver si su pareja interfiere o interviene. Pregúntales al resto de tus amigos que han estado presentes en la comida; igual ellos saben algo que tú ignoras y bien pueden tranquilizarte o bien convencerte de que necesitas intervenir. Otra estrategia que puedes emplear si aún no estás seguro es la siguiente: la próxima vez que quedes con tu amigo y su media naranja, utiliza un lenguaje corporal que la haga sentirse cómoda. Cuida de que los gestos de las manos y el torso indiquen receptividad. Sonríe y asiente suavemente con la cabeza cuando esté hablando. Habla en tono franco y afectuoso. Todo esto hará no solo que te sientas más tranquilo y abierto, sino que, en caso de que hubiera ansiedad por su parte, se tranquilice y se muestre más abierta también. Y si nada de esto hace que la pareja de tu amigo se abra a ti y deje de intentar controlarlo, tal vez haya llegado el momento de que tengas una conversación seria con él.

MITOS DEL LENGUAJE CORPORAL

Los* selfies *son narcisistas

¿No es cierto que todas esas estrellas que publican de continuo sus *selfies* demuestran sencillamente su narcisismo? ¿Es síntoma de narcisismo la actual moda de los *selfies* que arrasa en las redes sociales y que utilizamos para mostrar a los demás el lado más atractivo y envidiable de nuestra vida? Veamos, es posible que cualquier trastorno de la personalidad, como sería el narcisismo, tenga que rayar realmente en los límites de lo que se considera un comportamiento social aceptable para que lo califiquemos de insano. Y si la realidad es que todos nos hacemos *selfies* con el teléfono móvil, eso significa que este es un comportamiento socialmente aceptable en la actualidad, y no un comportamiento aberrante. Cabría argumentar por tanto que no podemos asegurar que nuestros amigos sean unos narcisistas solo porque publiquen de tanto en tanto un *selfie*. Y tiene todavía mucho menos fundamento opinar que las famosas –cuyo trabajo puede depender en buena medida de que publiquen a diario fotografías deslumbrantes– son narcisistas, en lugar de artistas y personajes públicos. Para descifrar si un comportamiento se sale de lo ordinario, el contexto es imprescindible. Solo porque parezca que alguien está obsesionado con los *selfies* no significa necesariamente que esté obsesionado con su persona.

SCAN rápido

S: deja en suspenso las opiniones basadas en una serie de movimientos físicos muy obvios que tal vez condicionan seriamente la impresión que obtienes de alguien o lo que crees que piensa de ti; en este caso, una marcada dominancia.

C: entiende que quienes no forman parte de tu grupo íntimo de amigos tienen que encontrar la manera de adaptarse al poder que emana de él, y tal vez reaccionen a ese poder de un modo que a ti te resulte incómodo o extraño. A veces tu grupo es un **contexto** de fuerte carga emocional en el que puede desequilibrarse el comportamiento de quien llega de fuera.

A: pregúntate siempre qué puede estar ocurriendo **además,** que pueda atribuirse a un simple reflejo o imitación inconsciente. Algunos comportamientos sociales son un simple proceso de asimilación y adaptación; no tienen que ver con los individuos, sino con los grupos sociales.

N: puedes comprobar fácilmente si son acertadas las **nuevas** opiniones consultando a alguien que conozca de cerca la situación, para ver si ha llegado a conclusiones similares o totalmente distintas.

11

¡ESTO LO VOY A PAGAR MUY CARO!

Llevas saliendo con la misma persona desde hace un tiempo, y hasta el momento no se podría pedir más. Estáis en fase de luna de miel. Cada día os sentís más a gusto juntos; vais aprendiendo los agradables hábitos, idiosincrasias, gustos y aversiones del otro, lo que a cada uno os alegra y os entristece. Todo va bien.

Tenéis una cita y llegas tarde, no solo unos minutos, sino casi una hora. Tus excusas: te has quedado sin batería, no podías llamar, el metro se ha parado y no tenías forma de salir, todo lo cual es verdad. Tienes una razón de peso para tu tardanza. Llegas deshaciéndote en disculpas. Para tu sorpresa, tu pareja te sonríe y parece entenderlo todo; se la ve tranquila, relajada. Igual hasta un poco *demasiado* tranquila, casi serena. Le preguntas si no está enfadada y te dice que no. Piensas que esta es potencialmente una bomba de relojería que explotará cuando menos lo esperes. A pesar de la tranquilidad aparente que denota su lenguaje corporal, piensas: «¡Esto lo voy a pagar muy caro!».

¿Qué hay en ese comportamiento que te haga llegar a la conclusión de que es cuestión de tiempo que vayas a encontrarte con la cólera de esa persona en toda su magnitud? Vamos a **poner en suspenso esa opinión** y a **hacer un estudio más descriptivo** de lo que ves en estas circunstancias.

La señal que te pone sobre aviso es su lenguaje corporal de tranquilidad, que está en franca contradicción con la demostración de enfado que tú esperabas, es decir, con la que te parecía la reacción normal. No te fías de esa reacción de calma, y la conclusión que sacas es que está reprimiendo la ira. Pero ¿puedes demostrarlo? ¿Cómo se detecta la ira reprimida? Por su propia naturaleza, la ira reprimida no se exteriorizará en términos de lenguaje corporal como una serie de señales coléricas, enérgicas y manifiestas ni como una conducta agresiva: un puñetazo en la mesa, un grito, una inflexión de la voz que denote gravedad o un pataleo. Sin embargo, quizá seas capaz de detectar algunas «microexpresiones», breves expresiones faciales involuntarias que muestren lo que de verdad siente. Entre las microexpresiones de ira que podrían asomar están las líneas verticales en el entrecejo, juntar las cejas, tensión en los párpados inferiores, tirantez y estrechamiento de los labios, una mirada fija, una dilatación de las aletas de la nariz y una mandíbula inferior prominente, lo que significa que las tres áreas faciales intervienen en el gesto.[1]

Lo cierto es que no son muchos los que, por más que lo intenten, cuentan con la práctica o la preparación suficientes para poder detectar conscientemente esos reveladores instantes sutiles de lenguaje corporal en el momento. Aun así, es posible que los hayas captado a nivel inconsciente, y sea eso lo que te hace desconfiar de la apariencia y las palabras de calma que manifiesta tu pareja y sospechar que, por el contrario, en cualquier momento podría desatar su cólera contra ti.

Si estás esperando que se produzca un estallido de ira, otras señales similares a las de la ira pero que nada tienen que ver con ella –por ejemplo, expresiones faciales que podrían indicar preocupación o intranquilidad, como entrecerrar los ojos, fruncir el ceño y estirar los labios–podrían hacerte pensar que el volcán está a punto de entrar en erupción.[2] Pero ¿es así?

Miremos el **contexto**. Lleváis un tiempo saliendo, pero la relación es todavía relativamente nueva. No tienes un marco de referencia que te permita saber cómo reacciona normalmente esta persona en una situación como esta. No obstante, tú has introducido la expectativa de una respuesta colérica, y por tanto has creado un contexto que exige de tu acompañante una demostración de ira.

MITOS DEL LENGUAJE CORPORAL

El lenguaje corporal lo dice todo

El noventa y tres por ciento de la comunicación que mantenemos es no verbal. Tal vez pienses: «Estupendo». Esto significa que puedes decirle a alguien palabras que has repetido miles de veces y tu lenguaje corporal se encargará del pesado trabajo de transmitir el significado que quieres darles. Bueno, no exactamente. El estudio ya clásico que llevó a cabo el doctor Albert Mehrabian concluye que «el impacto total de un mensaje se basa en un siete por ciento en las palabras empleadas, un treinta y ocho por ciento en el tono, timbre y volumen de voz y el ritmo del discurso y un cincuenta y cinco por ciento en las expresiones faciales, los gestos de las manos, la postura y otras formas de lenguaje corporal».[3]

Mehrabian nunca manifestó que pudiéramos ver una película en un idioma extranjero y, por la observación del lenguaje corporal, adivinar el noventa y tres por ciento de su contenido, ni quiere dar a entender que las palabras no tengan importancia a la hora de transmitir un significado. Su estudio estaba centrado en la comunicación de las emociones, concretamente el gusto y la aversión. El aspecto no verbal de la comunicación no transmitirá el noventa y tres por ciento del mensaje, pero inspirará en el espectador teorías sobre los posibles sentimientos e intenciones que informan el sentido del contenido hablado. Quien lo escuche evaluará la mayor parte del contenido emocional del mensaje, no por lo que dices, sino por tus señales no verbales.

Pregúntate qué podría fundamentar **además** tus expectativas. ¿Cuál ha sido anteriormente tu experiencia cuando has llegado tarde, cómo ha reaccionado quien te esperaba? Es posible que las experiencias del pasado te hayan condicionado a esperar que todo el mundo se comporte del mismo modo en esas circunstancias, que te hayan creado una fuerte tendencia inconsciente a esperar que sea así y a desconfiar de todo aquel que no cumpla esa expectativa.

Si lo piensas, cabe la posibilidad de que esta persona esté sencillamente contenta de que hayas llegado al fin y tengas además un motivo creíble para tu tardanza. Y a ti te cuesta creer que, a diferencia de lo que has vivido en el pasado, sea tan comprensiva. Es demasiado distinto como para que te parezca que puede ser verdad.

Hay **nuevas** conjeturas que puedes hacerte a la vista de todo esto. Si captas en tu pareja microgestos de ira, tal vez sea porque repetidamente le haces promesas que luego no cumples o no puedes cumplir, y temes que con el tiempo acabe enfadándose y explote.

O teniendo en cuenta cuánto te conmueve la serenidad que manifiesta con su calma y su sonrisa, es enteramente posible que le gustes tanto que está feliz de tenerte a su lado a pesar de que hayas llegado tarde.

¿Cómo puedes **comprobar** si son acertadas cualquiera de estas **nuevas** posibilidades y nuevas conjeturas para saber con más claridad lo que está pensando? Quizá esta relación esté lo bastante consolidada como para soportar la prueba de contarle a tu pareja lo que te preocupa y pedirle que te responda con sinceridad. Ha llegado el momento de hablar de lo que te transmite el lenguaje corporal que ves, y el que no ves. Háblale de lo contenta y tranquila que parece estar a pesar de que te hayas retrasado tanto. Confíale que te preocupa que en realidad pueda estar dolida contigo y no te lo diga. Hazle saber que te gustaría que fuera sincera contigo y que, si está enfadada, podéis tratar de resolverlo juntos.

Agresividad al caminar

En el momento de escribir este libro, este estudio está todavía en sus comienzos, pero igualmente vale la pena tenerlo presente a la hora de decidir si alguien es agresivo o no.

Las investigaciones exploratorias que se han realizado en los departamentos de deportes y psicología de la Universidad de Portsmouth, en el Reino Unido, hacen pensar que es posible predecir ciertos rasgos de la personalidad por la forma en que movemos la parte superior y la parte inferior del cuerpo cuando caminamos. «Hemos visto que un mayor movimiento de la parte superior del cuerpo (en relación con el movimiento de la parte inferior) puede indicar agresividad latente», explicó el director de la investigación, Liam Satchell, a la publicación *online* MedicalResearch.com.[4]

SCAN rápido

S: tus conjeturas pueden derivarse a veces de no ver aquello que esperabas ver. Algunas reacciones automáticas iniciales muy fuertes, que quizá sea necesario **dejar en suspenso,** están relacionadas tanto con lo esperado como con lo inesperado.

C: en el **contexto** de una relación nueva, puede que te sorprendan e incluso te inquieten las reacciones del otro si no se corresponden con la reacción que habrías recibido en la relación anterior del mismo tipo.

A: pregúntate siempre qué estás introduciendo **además** en la interpretación de una situación dada, qué experiencias anteriores te pueden estar influyendo a la hora de formarte una opinión.

N: una **nueva** opinión puede darte la oportunidad de estudiar tus comportamientos habituales, de ser transparente respecto a aspectos que te han inquietado en el pasado y pasar página.

12

¡ESTÁ FURIOSO CONMIGO!

Es vuestra tercera cita y has decidido que ya es hora de dar un paso más e invitar a cenar a tu casa a tu nuevo amor. Lo has limpiado todo, has ido al mercado, has cocinado tu plato estrella, es decir, has hecho un esfuerzo porque empiezas a albergar grandes esperanzas para esta relación.

Llega tu pareja, y tienes una sensación un poco rara. No le das importancia, piensas que probablemente serán los nervios, por lo mucho que quieres que todo salga bien. Abres una botella y sirves un par de copas, pensando que eso relajará el ambiente. Pero tu pareja tiene el ceño cada vez más fruncido, y empieza a darte la sensación de que está enfadado. Le preguntas si se encuentra bien, si se siente cómodo, y te contesta que sí, que estupendamente. Pero se deja caer en el sofá con un aspecto cada vez más contrariado. Empiezas a darle vueltas a la situación: «¿Qué está pasando? ¿Es por mí? ¿Es por el sitio? ¿Me dijo que era vegano y lo he olvidado? ¿Debería tirar el filete? ¡Está furioso conmigo!».

Vamos a estudiar la principal señal no verbal que podría hacerte pensar que está furioso contigo: frunce el ceño y su enfado parece aumentar por momentos. Apliquemos el proceso **SCAN** a la situación, **dejemos en suspenso la opinión** unos instantes y hagamos **un estudio más descriptivo**.

Fruncir el ceño hace que se entrecierren los ojos, de modo que al hacerlo impedimos que nos invadan los datos o estímulos visuales; y fruncir el ceño protege además los ojos y el rostro. Aunque es un gesto que varía ligeramente de una cultura a otra, en general se percibe como una expresión facial negativa, que es probablemente la razón de que creas que tu pareja tiene un sentimiento de rechazo hacia ti. Sin embargo, aunque ciertamente puede ser una señal de enfado, fruncir el ceño no es por sí solo síntoma suficiente de que alguien esté de verdad furioso.

MITOS DEL LENGUAJE CORPORAL

El ceño fruncido es un gesto de enfado

Si haces un recorrido en Internet por el mundo de la cirugía estética, encontrarás multitud de maneras de hacer desaparecer las arrugas del entrecejo, con productos por ejemplo como el bótox. Aunque quizá funcionen, fruncir el ceño no es por sí solo indicación de enojo. Las señales de la ira son más complejas. Además del ceño fruncido o las cejas hundidas, la ira presenta también un labio superior tirante, el párpado superior elevado y los párpados tensos. La cabeza podría inclinarse hacia abajo para proteger el cuello con el mentón y las aletas de la nariz podrían estar dilatadas. De modo que aunque suavizar las líneas de la frente con una neurotoxina que impide que se manifiesten las señales en esos músculos puede reducir uno de los indicadores de la ira, si alguien está de verdad furioso, la mayoría de las veces no bastará con eso para ocultarlo.

Cuando alguien está muy enfadado, las cejas se inclinan hacia el centro del rostro o aparecen rectas y bajas. Los ojos miran fijamente. En algunos casos, los ojos se estrechan, pero en otros, incluso con las cejas bajas o rectas, permanecen abiertos de par en par. Entre las microexpresiones de ira que vemos alrededor de la boca están el estrechamiento de los labios, como si la persona intentara tener la boca cerrada, quizá para que no se le escape una palabra o quizá por un sentimiento de frustración o desaprobación.

Sin embargo, en nuestro relato te estás fijando solo en el ceño fruncido. Y como un ceño fruncido no significa necesariamente enfado por sí solo, contemplemos otras interpretaciones alternativas. Un ceño fruncido puede ser también señal de aversión, tristeza, nerviosismo, tensión, confusión, reflexión profunda y concentración. No hay ni que decir, claro está, que a primera vista es una señal tan manifiesta que puede eclipsar todas las demás señales del rostro que probablemente podrían decirte algo más sobre lo que de verdad está ocurriendo.

Pero esto debería alegrarte, ya que esa conjetura de que tu pareja está furiosa contigo parece ahora un poco menos probable. Sencillamente no dispones de datos suficientes para asegurar que esté furiosa, y, si resulta que lo está, hasta el momento no hay ninguna razón de peso para suponer que esté furiosa *contigo*.

Por tanto, examinemos las demás señales no verbales en busca de pistas. Se deja caer en el sofá. Esto indica un sentimiento de impotencia. Cuando alguien cede a la atracción de la gravedad, transmite la sensación de que le ha caído el mundo encima. Para estar de pie erguidos tenemos que luchar contra la fuerza gravitatoria. Dejarse caer o apoltronarse en el sofá muestra una respuesta pasiva a la fuerza de gravedad; ceder a ella significa que hemos perdido el poder incluso para estar de pie erguidos. Podría indicar un sentimiento de derrota, agotamiento, depresión o simples ganas de relajarnos.

Es hora de tener en cuenta el **contexto**. Es tu tercera cita con esa persona pero es la primera vez que va a tu casa. ¿Podría haber algo en el apartamento que le incomode? Igual se había hecho una idea de cómo vivías, por las impresiones que había sacado de ti en las dos primeras citas y lo que le habías contado. Sin embargo, ahora se da cuenta de que tu estilo de vida, lo que habías dado a entender, no es lo que pensaba o lo que se había imaginado, y su lenguaje corporal muestra su confusión al respecto. Como decíamos, fruncir el ceño puede ser señal de confusión.

FOTOS PARA PERFILES

Le pedimos a la fotógrafa **Saskia Nelson**, aclamada y galardonada internacionalmente tras fundar Hey Saturday, la primera y más atrayente agencia fotográfica del Reino Unido para plataformas digitales de citas, que nos diera algunos consejos sobre cómo publicar las fotos más acertadas en el perfil de una plataforma digital de búsqueda de pareja, es decir, cómo mostrar algo de nosotros a través de una fotografía (nuestras aficiones, por ejemplo) sin dar con ello una idea equivocada a quienes la vean, y nos respondió lo siguiente:

> Es difícil conseguir que una fotografía hable de verdad de nosotros sin confundir a nadie. Si te gustan los coches deportivos, los Ferraris por ejemplo, resultaría bastante equívoca una foto en la que se te viera al lado de un Ferrari si no es tuyo. En cambio, podrías publicar una foto en la que estés en una exposición o una carrera automovilística para mostrar que eres aficionado a los coches. O podrían hacerte una foto con un libro sobre automóviles en la mano. Si eres imaginativo, encontrarás alguna manera ingeniosa de dejar

traslucir lo que te interesa sin que la foto parezca demasiado planeada o la pose demasiado forzada, lo cual no es conveniente para una foto de este tipo. Para un sitio web de búsqueda de pareja, las fotografías deberían ser instantáneas naturales, relajadas, alegres, como si la cámara de un amigo te hubiera pillado por sorpresa. Creo que al mirar la foto de alguien tendemos a sacar una conclusión precipitada (probablemente a nivel subconsciente muchas veces) sobre cómo es y su estilo de vida basándonos en lo que se vea en la foto. Toda fotografía revela detalles sobre el carácter de una persona. Si está tomada dentro de su casa, por ejemplo, quien la vea observará los muebles, tratará de ver si está ordenada o no y ese tipo de cosas, y cuando intentamos encontrar pareja siempre procuramos dar una buena imagen al principio. Durante los primeros meses de salir con alguien en persona, hacemos un esfuerzo por mostrarle solo nuestro lado bueno (por ejemplo, nos ponemos guapos, las chicas nos maquillamos, estamos siempre de buen humor y tenemos la casa arreglada). Así que en las fotos para encontrar pareja, se debería intentar dar una buena imagen pero ser auténtico a la vez.

También cabe la posibilidad de que el comportamiento de tu nuevo compañero, dejarse caer en el sofá, sea una indicación de que tu casa le resulta un refugio acogedor o un espacio cómodo. Se siente a gusto y relajado al instante, y eso le permite mostrarse tal como es. Tal vez tu nueva pareja necesite un espacio tranquilo en el que sienta que puede relajarse y pensar con calma en algo que le inquieta. En ese caso, dejarse caer en el sofá podría ser en realidad una señal favorable con la que te muestra lo bien que se siente estando contigo en tu casa.

Pregúntate si hay algo que debas tener en cuenta **además**. Está claro que su comportamiento denota algún tipo de conflicto. Tú esperabas pasar una velada divertida y alegre que quizá pudiera significar un nuevo paso en la relación, y en lugar de eso percibes señales de enfado, tristeza, confusión e impotencia que te hacen preguntarte en qué posición te encuentras realmente. Incluso su lenguaje corporal está en conflicto: se deja caer en el sofá como si no tuviera fuerzas para nada, y a la vez frunce el ceño. También es muy notable la contradicción entre sus palabras y sus actos; recuerda que, cuando le preguntaste, te dijo que estaba estupendamente. Como veíamos en el capítulo nueve, en muchas ocasiones el contraste entre las señales verbales y no verbales nos alerta y nos confunde. Suelen ser los actos que vemos en alguien, los gestos que se le escapan, lo que nos habla con más claridad que sus palabras. En sus estudios ya clásicos sobre la comunicación no verbal, Mehrabian concluyó que «cuando hay una incongruencia entre la actitud que comunican la palabra y la postura, el componente postural debería ser prioritario para determinar la actitud que se infiere en conjunto».[1] Dicho de otro modo, la mayoría de las pistas que captamos sobre la intención emocional que hay detrás de las palabras de alguien proviene en realidad de las señales no verbales que percibimos, y cuando hay contradicción o conflicto entre unas y otras, solemos dar crédito a las no verbales.

Así pues, formarte una **nueva opinión** sobre lo que le pasa por la cabeza a tu nueva pareja no es tan sencillo, ni aun descartando la idea de que esté enfadado contigo. Tras reflexionar sobre ello, no parece tan probable que esté enfadado, sobre todo si tenemos además en cuenta que la ira, lo mismo que la alegría, es un estado energético. Cuando nos enfadamos, el corazón se acelera, y posiblemente nos resulte difícil relajarnos o estar quietos. La ira suele ir acompañada de posturas de agresividad o lucha, y «dejarse caer» no se corresponde en absoluto con esto, luego parece revelar un estado de ánimo muy diferente. Podría ser que algo de ti le cree confusión, o que esté ansioso o molesto por algo que le ha sucedido antes de llegar a tu casa y de lo que no consigue olvidarse.

Ante tanta ambigüedad, en lugar de hacer una nueva conjetura o formarte una nueva opinión, quizá la táctica más útil y menos arriesgada sea sencillamente esperar diez minutos, justo el tiempo suficiente para que, si su comportamiento responde a alguna emoción intensa que le haya provocado un estímulo ajeno a ti, por ejemplo que haya ocurrido algo muy emotivo o perturbador en algún momento del día, quizá una noticia, un vídeo de YouTube o un programa de televisión que no se le va de la cabeza, esos sentimientos que lo agobian puedan poco a poco disiparse. Déjalo solo unos instantes, ve a mirar cómo va la cena, pon la mesa, siéntate un minuto a terminar ese correo del trabajo que has dejado a medias; en otras palabras, pisa el freno y evita cualquier tensión entre vosotros en esta primera parte de la noche para ver si la actitud de tu pareja da un giro. Si continúa, podría ser que la emoción estuviera convirtiéndose en un estado de ánimo, esto es, una menor intensidad emocional pero sostenida durante un periodo más largo, desde unas horas hasta un día entero. Una emoción que se manifieste con alta intensidad durante horas podría indicar un trastorno afectivo o la reacción a una situación o estímulo extraordinarios.

Hay algo que puedes hacer a nivel no verbal para compensar la atmósfera, es decir, para intentar sacar a esa persona de su emoción o del estado de ánimo en el que está sumida sin correr el riesgo de parecer que careces de empatía: utiliza un lenguaje corporal relajado, con movimientos tranquilos y pausados, respiración regular, la frente y los ojos distendidos. Siéntate e inspira por la nariz, y luego espira suavemente por la boca. Prolonga hasta cuatro o cinco segundos cada inspiración y cada espiración. Procura que tus movimientos transmitan estabilidad, ligereza y calma para intentar sacar a tu pareja de ese estado e impedir que caiga en una espiral descendente. Evita manifestar un lenguaje corporal que sea diametralmente opuesto al suyo, lo cual podría transmitir una imagen de falta de empatía y comprensión. Ahora bien, ten cuidado; si imitas demasiado su comportamiento, corréis el riesgo de caer juntos en esa espiral de negatividad.

Y si al cabo de un rato no ha cambiado nada, puedes investigar tranquilamente cuál es el problema haciéndole preguntas que le permitan responder con calma, y no limitarte a preguntarle si se encuentra bien y obligarlo a contestar o «sí» o «no». Si formulas tu preocupación de un modo distendido, sin gravedad, tal vez pueda examinar qué le ocurre y responderte con más sinceridad y mayor detalle. Podrías preguntarle: «¿En qué piensas?». Cabe la posibilidad de que de cuando en cuando le asalten emociones fuertes en su vida, y ahora se sienta lo suficientemente relajado y la relación le parezca lo bastante sólida como para probar a hablarte de ellas y ver si eres capaz de aceptarlas. Tómale el pulso a la situación con delicadeza.

PONER CARA SERIA

Nuestro amigo y colega **Scott Rouse** es un experto analista del lenguaje corporal, además de interrogador y entrevistador. Esto es lo que dice sobre la cara que ponemos a veces sin darnos cuenta:

> Es la cara que ponemos todos cuando no estamos hablando con nadie, cuando estamos solos, sentados en cualquier sitio... esperando, tomando un café, leyendo o lo que quiera que estemos haciendo cuando no participa nadie más y creemos que nadie nos mira. Supongamos que estás en un bar tomándote un café. La conexión de wifi ese día es lentísima y te estás impacientando. Entra un grupo de gente, y poco puedes imaginar que entre ellos está el tipo que va a hacerte una entrevista de trabajo esa misma mañana. Es el que tiene la última palabra en materia de contrataciones, y te reconoce por la foto que ha visto en tu perfil profesional en Internet. Al instante, esto es lo que se le pasa por la cabeza: «Eh, ese de ahí es al que vamos a entrevistar luego. ¡Tiene cara de enfadado! Más me vale estar en guardia». Ni siquiera os habéis encontrado cara a cara todavía y ya tienes varios puntos en tu contra, y todo por ese fragmento de lenguaje corporal al que ha respondido.

Cuando estés en público, procura tener siempre una expresión relajada y agradable, una cara descansada. Y no hagas conjeturas precipitadas sobre los demás basándote en la suya.

SCAN rápido

S: **dejar en suspenso** la opinión que te has formado basándote en tu reacción inicial a una sola señal no verbal, en este caso a una expresión facial asociada con determinada emoción pero que no la representa por entero, puede servir para que te des cuenta de que necesitas buscar otros indicadores.

C: los demás te juzgan no solo por la comunicación no verbal relacionada directamente con tu cuerpo, sino también por el sitio donde vives y los ambientes en los que se te ve, que se convierten en un símbolo de ti, de tu actitud y tu personalidad. Tu **contexto** de vida puede determinar cómo te perciben los demás y, en consecuencia, cómo los percibes tú a ellos.

A: pregúntate **además** qué contradicciones ves entre lo que alguien dice y cómo se comporta. Ten en cuenta que captamos la mayoría de los indicios sobre la intención emocional que hay detrás de las palabras de alguien por las señales no verbales que recibimos, y cuando estas están en conflicto con las señales verbales, solemos dar crédito a las primeras.

N: una manera sencilla de verificar una **nueva** conjetura es esperar unos minutos y ver si algo cambia. Que se produzca algún cambio, o que por el contrario perduren las señales de cierto estado emocional, puede contribuir a que las opiniones que te formes estén más cerca de la verdad.

13

¿UN MENTIROSO REDOMADO?

Tu pareja llega a casa un poco más tarde de lo esperado, y tienes la impresión de que ocurre algo. Es difícil de explicar. Se mueve a ritmo distinto del habitual. Hay algo incoherente en cómo actúa; parece estar contento y a continuación, estresado. Lo cierto es que ya le habías notado un comportamiento un tanto irregular los últimos días. Te parece hasta que huele distinto. Se lo comentas, y poco menos que ignora tu comentario y te contesta que ha pasado por la sección de perfumería de un supermercado de camino a casa. Se huele la muñeca y luego se frota la nariz y la arruga, hace el gesto de que no le gusta nada el olor. Evita mirarte a los ojos; gira la cara y el cuerpo hacia un lado y deja la cabeza colgando hacia delante, apartada de ti. Das por hecho que te está ocultando algo o que se siente culpable. La intuición te dice que te está mintiendo. Cuando le preguntas qué tal le ha ido el día, dónde ha estado y con quién, le notas la mirada inquieta y contesta que ha tenido cantidad de reuniones con cantidad de gente distinta, y luego mira al suelo. Estás segura: ¡te está engañando! Y cree que lo puede ocultar.

¿Te está engañando? El miedo a que nuestra pareja nos engañe es un temor muy común. Aunque en este caso parece haber abundantes señales más que evidentes, vamos a seguir el procedimiento **SCAN** y a **dejar en suspenso cualquier opinión** por el momento y **hacer un estudio más descriptivo** de la situación.

Tal vez hayas leído sobre las señales corporales típicas de la mentira. Por ejemplo, los mentirosos suelen interrumpir el contacto visual y apartar los ojos. Parpadean más de lo normal y tienen la mirada inquieta. Otra señal es taparse la zona de la boca, lo que comunica el esfuerzo inconsciente del cerebro por cortar la comunicación; llevarse las manos a esta zona sugiere que la persona no quiere hablar del tema en cuestión. También frotarse la nariz puede indicar que se está mintiendo.

En la situación que acabamos de describir, te centras en la señal más evidente que te hace pensar que tu pareja te engaña: se cierra a ti, te rehúye; aparta la mirada y la dirige hacia el suelo, se gira para no darte la cara. Los estudios revelan que el mentiroso puede mostrar físicamente su incomodidad evitando mirar de frente a quien lo acusa o al interrogador que sospecha de él, lo esquiva girando la cabeza o el cuerpo y rehúye el contacto visual. Crees que otra prueba de su infidelidad es la vaguedad con que te responde cuando le preguntas cómo le ha ido el día y el hecho de que repita algunas palabras, como *cantidad*. La repetición verbal puede ser señal de que alguien miente; la repetición distancia a quien escucha, y a quien miente le concede tiempo para ordenar los pensamientos y poder inventar una explicación.

Vamos a estudiar más atentamente el acto de cerrarse a alguien. En la introducción decíamos que cruzar los brazos podía ser señal de bloqueo, pero que quedaba abierto a muchas interpretaciones qué era exactamente lo que se intentaba bloquear. En la presente situación, tu pareja aparta de ti el cuerpo, el rostro y la mirada. Cerrarse es un comportamiento que adoptamos para protegernos cuando nos sentimos incómodos en uno u otro grado, o potencialmente amenazados por algún aspecto del entorno, nuestro interlocutor o el tema de conversación. Además de cruzar los brazos, otras señales de bloqueo son rehuir el contacto visual, por ejemplo protegiéndose los ojos, pellizcarse el puente de la nariz, poner una barrera delante del cuerpo, por ejemplo el billetero, un libro o una bebida, o situar delante del cuerpo el ordenador portátil. Cerrarse puede indicar diversas cosas, dependiendo del contexto, entre ellas estar mintiendo, nerviosismo o vergüenza. Puede indicar vergüenza apoyar las yemas de los dedos en un lado de la frente, quizá por un sentimiento de culpa o de bochorno, y también dejar la cabeza colgando.

Este es el momento en el que normalmente examinarías el **contexto**; pero les has asignado ya un contexto a esa serie de señales no verbales, que es cuanto tienes hasta este momento, basándote en la sospecha de que tu pareja te engaña. Sin embargo, hay muchos otros contextos alternativos que podrían explicar también ese comportamiento. Además de la infidelidad, tu pareja podría tener una diversidad de posibles razones para haber llegado tarde a casa. Podría haber ocurrido algo en el trabajo que le haya hecho no solo retrasarse sino estar además preocupado, contrariado, nervioso o avergonzado. En realidad, hay un sinfín de cosas sobre las que preferiría no contarte la verdad; es decir, la posibilidad de que te esté siendo infiel es solo uno de entre numerosos contextos que explicarían la hora a la que ha llegado y lo extraño de su comportamiento.

MITOS DEL LENGUAJE CORPORAL

La nariz lo dice todo

¿Te acuerdas de Pinocho? ¿No sería estupendo que hubiera una señal física que por sí sola pusiera en evidencia al mentiroso y fuera tan obvia como el tamaño de su nariz?

Por desgracia, el cuento de Pinocho es precisamente eso, un cuento. En la vida real, no podemos saber si alguien miente basándonos en una única señal de lenguaje corporal. Precisamente por eso, la idea de que la gente se toca la nariz cuando dice una mentira es una simple creencia popular; de hecho, la idea de que la nariz puede mostrar por sí sola señales obvias de que alguien miente es pura fantasía. Sin embargo, arrugar la nariz en un gesto de aversión, cuando se detecta acompañado de otras señales, puede indicar sin duda que quien miente huele su propia mentira apestosa, lo mismo que ver dilatarse las aletas de la nariz como parte de este microgesto de repugnancia.

¿Qué podemos tomar en consideración **además** que te ayude bien a confirmar tu opinión inicial o bien a formarte una nueva que tenga sentido? Ninguna señal no verbal puede demostrar inequívocamente que la información que nos llega es mentira, que nos están engañando. De hecho, como decíamos en un capítulo anterior, hay señales que pueden significar dos cosas opuestas, y, en la situación que nos ocupa, las posibles señales de que tu pareja miente podrían ser también señales de que *no* miente, como descubrirás muy pronto. Llegar a la conclusión de que alguien miente basándonos en la lectura de unas señales que pueden tener un significado doble y opuesto es a lo que el científico del lenguaje corporal y experto en microexpresiones Paul Ekman denominó el «error de Otelo», por el personaje que en la tragedia de Shakespeare del mismo nombre mata a su esposa en un ataque de celos porque confunde la ansiedad que esta manifiesta cuando la acusa de estar siéndole infiel con una prueba evidente de su infidelidad.

Según explica Ekman en su libro *Cómo detectar mentiras*, cuando tenemos la impresión de que nos están mintiendo, muchas veces no tenemos en cuenta que alguien veraz puede parecer que miente si está bajo presión.[1] Las señales no verbales que manifiesta podrían revelar su preocupación por que no se le crea. Incluso un detector de mentiras podría emitir igualmente un dictamen equivocado por haber malinterpretado las señales nerviosas de alguien que está diciendo la verdad.

Así que este es el problema: las señales de que alguien miente podrían indicar también que la persona no está mintiendo, que solo está nerviosa. La mirada huidiza que observábamos hace un momento ha tenido tradicionalmente el significado de que alguien mentía; de ahí que muchos mentirosos hagan un esfuerzo deliberado por no mover los ojos o no parpadear en exceso. Por tanto, una mirada fija e inexpresiva –lo contrario de un movimiento y un parpadeo rápidos– puede indicar que una respuesta no es sincera tanto como la clásica mirada furtiva. Asimismo, en lugar de mostrar agitación y nerviosismo, el mentiroso puede poner el cuerpo rígido y estarse muy quieto si teme que se cuestione su palabra. En la situación anterior, debes dar cabida a la posibilidad de que tu pareja te esté mintiendo pero no para ocultar una infidelidad, o de que quizá no te esté mintiendo y lo que ves en él sea un estado de nerviosismo por algo que le cuesta contarte.

Si en verdad te está mintiendo, no obstante, debería haber otras señales sutiles de engaño; tal vez de una en una fuera capaz de ocultarlas, pero no podrá ocultarlas todas, y sumadas podrían ser indicio de mentira. Los cambios de comportamiento pueden alertarte de que está ocurriendo algo, y si llevas un tiempo con tu pareja, sabes cómo actúa normalmente, cómo reacciona a los contratiempos o a las sorpresas, si suele escuchar con atención, etcétera. Los cambios súbitos en su lenguaje corporal, como unas expresiones faciales o una forma de hablar inusuales, pueden ser un indicador de que algo importante ha cambiado en su vida. El rostro de una persona que miente u oculta la verdad suele tener un aspecto menos animado que si estuviera siendo sincera. Podría no haber prácticamente movimientos en torno a la boca, como consecuencia de haber reprimido los demás movimientos faciales para ocultar la verdad, y quizá los labios estén tirantes, como muestra igualmente de represión. Sin embargo, esto podría ser también expresión de ira, o tal vez de ira por que se le haya sorprendido en una mentira.

La cara podría estar pálida y tener un aspecto agotado a causa de la ansiedad provocada por haber mentido. Ruborizarse y sudar, señales clásicas de estrés, son ambos reacciones físicas a la tensión emocional que produce en la psique mentir, pero no siempre es así. El mentiroso habitual puede no sentir el menor estrés al ocultar la verdad, y por tanto tener sudorosas las palmas de las manos puede ser también un indicador de otras tensiones o responder a cualquier otro motivo. El ritmo cardíaco y el respiratorio pueden cambiar por la ansiedad que provoca estar mintiendo. La respiración podría volverse pesada, o por el contrario podríamos apreciar que a la persona le falta el aliento.

El nerviosismo podría manifestarse en arrastrar los pies adelante y atrás, en temblores en los pies y las piernas u otros movimientos inquietos. Pueden intervenir las manos, y vemos que la persona se cubre o se frota la zona de los ojos, de las orejas y la boca para que no estén a la vista. Por supuesto, no son señales infalibles de que alguien miente sino que, una vez más, si representan un cambio respecto al comportamiento habitual, pueden significar que algo se ha alterado sustancialmente.

Volviendo a la situación que nos ocupa, es cierto que apreciamos en ella algunas de estas señales: el cambio de comportamiento, la inestabilidad emocional y la alternancia de estados de ánimo, de alegre a estresado. No obstante, cuando nos formamos sobre alguien una opinión negativa tras otra, a menudo es la falta de datos sobre la situación lo que nos hace sacar conclusiones negativas y nos lleva a una visión catastrofista. Por ejemplo, fíjate en con qué facilidad has llegado a la conclusión de que tu pareja te está siendo infiel basándote en la falta de información sobre el motivo por el que ha llegado tarde a casa y la vaguedad con que ha respondido a tus preguntas y sospechas. La falta de datos nos hace pensar que el otro nos está ocultando información a propósito, lo cual nos lleva fácilmente a imaginar posibles motivos a cual más funesto.

Así pues, aunque algunas de las características físicas de la mentira están presentes sin duda en nuestro escenario, y en ellas has fundamentado tu primera conjetura, para poder hacer un análisis más objetivo de lo que está aconteciendo debes tener en cuenta que esas señales podrían representar igualmente nerviosismo o vergüenza por algo que nada tenga que ver con la infidelidad. Por otra parte, y es importante tener esto en cuenta cuando sospechamos que alguien miente, el lenguaje no verbal debe examinarse siempre en el contexto de las señales verbales. En este caso, es más acertado suponer que sin duda a tu pareja le ocurre algo y examinar en qué detalles concretos aprecias su cambio de comportamiento.

¿Cómo **comprobar** estas **nuevas** conjeturas y posibilidades con inteligencia, para aclarar tus dudas y no tener la sensación de que tu pareja te está mintiendo o engañando? Tienes que estar muy atento al lenguaje corporal que manifiesta mientras escuchas sus explicaciones:

- ☑ Escucha con atención para ver si la explicación cambia en algún sentido cada vez que vuelve a ella, y estate atento a unos cuantos gestos que podrían ser señal de engaño.
- ☑ Presta atención a si se excluye del relato en algún momento; es posible que alguien que no quiere estar implicado omita su presencia en el relato todo lo posible, algo que podría plasmarse asimismo en lo que los interrogadores llaman *cambio de pronombre*: el que habla empieza utilizando el pronombre *yo*, cambia a *nosotros* y puede incluso intentar borrar toda implicación utilizando el de tercera persona, *ellos*.

- ☑ Intenta detectar cualquier cambio del tiempo pasado al presente; los sucesos del pasado no cambian, así que, si alguien modifica la forma de describir lo sucedido, podría ser porque le causa tensión contar los detalles del suceso.
- ☑ Estate atento a si hace juramentos, o emplea eufemismos o ambigüedades, pues podrían ser potenciales señales verbales.
- ☑ Fíjate en si repite tus preguntas antes de responder; podría ser una táctica dilatoria para tener tiempo de inventar una explicación. Cuando responda, presta atención a si el lenguaje corporal adopta un carácter agresivo.

Cuando estés escuchando a alguien y quieras que se exprese con tranquilidad, utiliza un lenguaje corporal abierto y receptivo. ¿En qué se traduce esto? Sentado o de pie, entrelaza los dedos de las manos sobre el ombligo e inclina ligeramente la cabeza hacia un lado. Aunque estos dos gestos no signifiquen necesariamente que alguien está de verdad escuchando, esa es la impresión que dan, y a ti pueden ayudarte además a escuchar con más atención.

ESTATE ATENTO PARA DETECTAR LA MENTIRA

La doctora **Lillian Glass** es experta en lenguaje corporal y está entre los escritores más prolíficos sobre el tema. Uno de sus libros se titula *The Body Language of Liars* [El lenguaje corporal de los mentirosos], y le pedimos que nos hablara concretamente sobre la voz, en relación con la mentira. Estas fueron sus palabras:

> Es esencial tener siempre en cuenta el contexto, cuando intentamos detectar un posible engaño por la manera de hablar. Cuando la voz de la persona se apaga al final de una frase, puede ser indicio de que no está diciendo la verdad. Si antes ha estado hablando sin atenuar el tono de voz al concluir las frases, y de repente se le apaga

la voz cuando le haces una pregunta comprometida o te hace una confidencia, esto indica que podría estar mintiendo.

Además de atenuar la voz al final de las frases, es posible que de pronto hable con voz muy débil o se aclare repetidamente la garganta, lo cual es una indicación vocal de engaño. Se debe a que el sistema nervioso autónomo ha tomado las riendas. No es algo que la persona pueda controlar; los diminutos músculos de las cuerdas vocales se tensan de repente y cuesta trabajo hablar. Además, las membranas mucosas se secan, lo cual también dificulta la locución. De ahí la necesidad de aclararse la garganta y los cambios del tono de voz.

Podría ser que la voz se apagara del todo por un momento y no hubiera ningún tono audible, o que este suba de pronto debido a la tensión súbita de los músculos vocales. También es posible que la voz suene ronca o carrasposa porque de repente se ha secado la saliva. Podemos notar igualmente la dificultad para articular ciertos sonidos a causa de la sequedad de los labios y de las membranas mucosas de la lengua y el interior de las mejillas. Quizá apreciemos por tanto el gesto constante de humedecerse los labios durante el discurso.

SCAN rápido

S: las señales más destacadas en esta situación, que son evitar el encuentro cara a cara y apartar la mirada, indican la necesidad de **dejar en suspenso** toda conjetura y tomar en consideración otras señales, verbales y no verbales.

C: ¿se te ocurre algún **contexto** que pueda aportar datos a la situación (por ejemplo, dónde es posible que haya estado tu pareja)?

A: pregúntate **además** si en el pasado ha habido ocasiones en que quizá cometieras el error de Otelo.

N: que puedas formarte una **nueva** opinión dependerá de que detectes o no otras señales sutiles de engaño que, juntas, puedan indicar que tu pareja miente. Ten en cuenta, asimismo, cualquier cambio notable de comportamiento que pueda alertarte de que sucede algo.

14

DECIDIDAMENTE LE GUSTA MI AMIGO

Conociste a alguien en una fiesta hace unas semanas y no has podido pensar en nadie más desde entonces; y pensabas que tú también le gustabas. Ahora, estás con esa persona y varios amigos, y dirías que se muestra claramente interesada... ¡por tu amigo! Increíble, cada vez están sentados más cerca; incluso encuentran razones una y otra vez para tocarse disimuladamente la cara uno a otro. Los has sorprendido varias veces mirándose. Tú le habías contado a tu amigo lo que sentías por esa persona; creías que con eso habías «marcado el territorio». Sin embargo, parece ser que tu amigo siente una atracción igual de fuerte. ¿Y por qué no iba a sentirla? Esa persona es fascinante; la pena es que, claramente, quien le gusta es tu amigo.

Podría ser una situación bastante incómoda y desalentadora, pero ¿es cierta? Examinémosla aplicando el procedimiento **SCAN** y, de entrada, **dejemos en suspenso cualquier opinión** y hagamos **un estudio más descriptivo** de la situación.

¿Cuál es la principal señal de lenguaje corporal que te hace suponer que hay una innegable atracción entre la persona que te gusta y tu amigo? Se miran, pero lo que de verdad te parece un indicio claro de «propiedad» es su proximidad física y, para colmo de males, el gesto de tocarse la cara el uno al otro.

Aunque la mirada fija pueda indicar a veces intenciones amorosas, son las señales de propiedad las que muestran claramente una intención. Esas señales son, de entrada, acortar la distancia entre tú y aquel individuo u objeto sobre los que quieres tener poder, bien acercándote lo suficiente como para poder tocarlos o bien tocándolos e introduciéndolos físicamente en tu territorio. Tocar con las manos puede demostrar interés y puede parecer sensual; nos referimos a tocar con la palma de la mano aquello a aquella persona que te gustaría introducir en tu espacio personal, conocer íntimamente y cuidar. Se diría que presenciar esas señales de propiedad en esta situación confirma tu sospecha inicial de que a la persona de tus sueños le gusta tu amigo.

Sin embargo, dejando todavía en suspenso esa suposición, examinemos las señales en **contexto**. Esa persona te parece fascinante. En el contexto de los valores y creencias de tu grupo social, parece razonable que si ves algo de auténtico valor en esa potencial pareja, es muy probable que no seas el único. Es enteramente posible que otros que están en la fiesta se sientan igual de atraídos hacia ese ser que te trae de cabeza.

Y si piensas que entre amigos no hay competencia, ¡te equivocas! En todos los grupos sociales hay jerarquías. Sea cual sea el país, la cultura, la comunidad o la circunstancia socioeconómica en la que te encuentres, tu grupo social tendrá un orden jerárquico, y, como sus miembros comparten unos mismos valores, todos apreciarán ciertas cualidades que alguien manifieste.

Antes que nada, no obstante, has de reconocer que, naturalmente, es mucho lo que está en juego, ya que se trata de tu amigo. Las apreciaciones que has hecho del lenguaje corporal probablemente no sean muy objetivas, puesto que eres parte interesada, y por tanto es fundamental que des un paso atrás y mires desde una nueva perspectiva lo que está ocurriendo

MITOS DEL LENGUAJE CORPORAL

¿Cuánto tiempo es «demasiado tiempo»?

¡No te quedes mirando! ¿Cuánto tiempo te parece que es apropiado quedarte mirando a alguien? ¿Durante cuánto tiempo te gustaría que te miraran a ti? Un estudio realizado en el Reino Unido ha revelado que posiblemente nos demoremos en el contacto visual si nos gusta la persona con la que lo mantenemos. A los visitantes del Museo de la Ciencia londinense se les pidió que evaluaran si unos vídeos, en los que un actor los miraba durante periodos de tiempo diferentes, les parecían demasiado largos o demasiado cortos en función de lo cómodos que se sentían frente a su mirada. Por término medio, los participantes dijeron sentirse cómodos con una mirada de 3,3 segundos. El cambio en el tamaño de la pupila era la señal que revelaba cuánto tiempo de contacto visual sentían que era suficiente. La pupila se dilataba a ritmo más rápido en los participantes que recibían con agrado una mirada directa durante un periodo más largo,[1] lo cual quiere decir que, si me gusta lo que veo en ti, me parece bien que te me quedes mirando.

¿Qué podemos preguntar **además**? En tu relato, contabas que le habías dicho a tu amigo que esa persona «la querías para ti», pero, como ya hemos visto, la mente inconsciente no presta tanta atención a lo que se dice como a las señales físicas que se manifiestan. De modo que, si en aquel momento no pusiste de manifiesto alguna señal muy clara de propiedad, no es probable que, metafóricamente hablando, marcaras el territorio con la suficiente claridad como para que otros así lo entendieran y se pusieran a la cola.

A lo largo de la historia, muchos países han alentado la colonización: los colonos llegaban, marcaban el territorio y se adjudicaban así la propiedad sobre el suelo. Los que estaban a punto de convertirse en propietarios llevaban estacas y varas de hierro con los que marcaban los límites de sus tierras. Luego se armaban, dispuestos a luchar contra cualquier intruso que se arrogara el derecho de traspasarlos. (Importante tener en cuenta: ¡no estamos sugiriendo que esta sea la forma de actuar en este caso!).

Sin embargo, como en la situación que nos ocupa, esta era una manifestación física de propiedad, de dominio sobre el espacio, un mensaje no verbal muy claro de que si llegábamos a un territorio que otro había marcado, y ese otro estaba allí custodiándolo escopeta en mano, era muy probable que ese territorio no nos perteneciera.

Si a la persona que te interesa no le has hecho alguna demostración de que te importa de verdad, o no has intimado con ella de un modo no verbal indicándole que te gustaría acercarla a tu territorio, es decir, si no le has dado señales de «propiedad», es muy posible que no tenga ni idea de lo que sientes por ella. Al fin y al cabo, por muy fascinante que sea esa persona, probablemente no posea el don de la adivinación.

¿Hay realmente alguna razón de peso para que la persona soñada y tu amigo se toquen la cara y se miren fijamente el uno al otro? A menos que los dos estén haciendo prácticas de cirugía estética, la verdad es que no. A veces la impresión que obtenemos en un primer momento es la correcta, y este puede ser uno de esos casos en los que has leído correctamente las señales, dado que todo parece indicar que realmente ha surgido un romance entre ellos. Pero, por alguna razón, tú has sentenciado que la persona de tus sueños es la parte culpable, al extraer la conclusión de que «le gusta tu amigo». Si te paras un poco, sin embargo, te darás cuenta de que, aunque podría parecer que la atracción es mutua, una **nueva opinión** igual de verosímil sería que tu amigo está intentando conquistar a la persona que te interesa.

Podrías **comprobar** lo íntegra que es la determinación de tu amigo por conectar con alguien que sabe que a ti te gusta si acortas la distancia entre la persona de tus sueños y tú. Esta acción podría quitar rápidamente de en medio a tu amigo, al recordarle que hace días le habías dejado claras tus intenciones. Acercarte a la persona que te interesa y acortar la distancia entre vosotros demuestra visiblemente que crees que posees cierto poder, cierto derecho de «propiedad», y que no tienes ninguna intención de dejar el territorio abierto para que otro se introduzca. Si ni tu amigo ni la persona de tus sueños demuestran la menor disposición a apartarse el uno del otro y resulta evidente que tú estás de más, habrás obtenido la respuesta: no tienes nada que hacer; eres tú el que debe desaparecer de escena y no tienes el derecho de propiedad que imaginabas.

SCAN rápido

S: dejar en suspenso una conjetura nos resulta más fácil cuando sabemos qué señales nos han llevado a hacerla. En esta situación, son las señales de propiedad lo que te da la señal de alarma. Fíjate hoy en cuántas señales de propiedad te parece ver en personas que crees que tienen una relación íntima. ¿Cuáles te parecen más elocuentes?

C: los grupos sociales, incluido tu grupo de amigos, comparten valores, creencias, gustos y aversiones, y por tanto podría haber una competición en este **contexto** cuando tú creías que no la había. Todos los grupos sociales tienen una jerarquía social.

A: pregúntate si le has mostrado a la persona de tus sueños alguna señal no verbal inequívoca de cuáles son tus sentimientos e intenciones. **Además**, ¿has «marcado el territorio» delante de tus amigos para transmitirles con suficiente claridad un mensaje que entiendan a nivel inconsciente y los haga ponerse a la cola?

N: una **nueva** conjetura desvía la responsabilidad que habías imputado a la persona de tus sueños y la dirige hacia tu amigo, y, por encima de todo, hacia ti mismo, lo cual pone de manifiesto la necesidad de una acción inmediata. Dando un paso adelante para acortar la distancia entre esa persona y tú, demuestras con claridad tus intenciones hacia ella así como tu poder en el grupo, a la vez que cierras el cerco para que nadie pueda entrar.

15

¿FORMAMOS LA PAREJA PERFECTA?

Os conocisteis por Internet. El algoritmo informático de la plataforma digital de citas consiguió formar la pareja perfecta. Tras un periodo aceptable de intercambio de correos electrónicos y cordiales llamadas de teléfono, os conocisteis en persona, y tal como había predicho el ordenador, parecía no haber duda de la conexión que había entre vosotros. Tuvisteis varias citas estupendas, y ahora os veis cada vez más a menudo. Cuando estáis juntos, la compenetración es total. Cuando tú te ríes, ella se ríe. Cuando bostezas, ella bosteza. Se diría que incluso pensáis lo mismo en el mismo momento. Estáis tan sintonizados el uno con el otro que esto solo puede ser amor verdadero. ¿No? ¿Sois la pareja perfecta?

¿Cuál es la señal decisiva que te hace sacar la conclusión de que formáis la pareja perfecta? Es estar tan sintonizados con las acciones del otro, el hecho de reflejaros mutuamente, lo que tiene tanta fuerza.

Aplicando el procedimiento **SCAN**, **dejemos en suspenso la opinión** y **hagamos un estudio más descriptivo** de la situación. El efecto espejo es, como ya hemos visto, un aspecto que debe tenerse muy en cuenta al estudiar el lenguaje corporal. En las relaciones sentimentales, ese reflejo mutuo marca una de las etapas tempranas del delirio amoroso, y puede ser una reveladora señal de que los enamorados están en sintonía y comprometidos el uno con el otro.

Como seres sociales tribales que somos, tendemos a relajarnos cuando sentimos que estamos entre personas afines y somos de su agrado. Cuando reflejamos el lenguaje corporal de alguien, algo que inconscientemente acostumbramos a hacer, de un modo instintivo y natural actuamos así para establecer conexión con aquel o aquellos hacia los que sentimos una atracción. Reflejar a modo de espejo sus posturas, sus gestos, su forma de sentarse, el tono y la cadencia de su voz crea rápidamente una confianza, conexión e intimidad que nos permiten sentirnos más tranquilos, cómodos y comprendidos.

El delirio del enamoramiento es en buena medida producto de una potente reacción química del cerebro. Y el principal ingrediente de esa combinación neuroquímica es la dopamina, un neurotransmisor conocido principalmente por su capacidad para iniciar el movimiento muscular y la búsqueda de placer, y por el carácter adictivo que confiere a nuestra personalidad. La dopamina es lo que nos provoca ese jubiloso sentimiento obsesivo cuando nos enamoramos.

Cuando estamos sumidos en el delirio del enamoramiento, normalmente contemplamos con optimismo el nuevo amor de nuestra vida. Pensamos que todo irá sobre ruedas y tendemos a no prestar atención, o incluso a estar ciegos, a sus defectos. Nos entusiasma lo que sentimos estando con esa persona; puede ser incluso adictivo, ya que no podemos soportar estar separados de ella.

Nos volvemos reflejo el uno del otro espontáneamente. Esa persona llega a la hora exacta, intuye nuestro estado de ánimo, se anticipa a nuestros deseos e inconscientemente ajusta el paso y lo hace coincidir con el nuestro. Y nosotros hacemos lo mismo. Como explican los profesores de Psiquiatría de la Universidad de California en San Francisco Thomas Lewis, Fari Amini y Richard Lannon en su obra *Una teoría general del amor*, nuestro sistema nervioso no es independiente: «Los mamíferos desarrollaron una capacidad que llamamos "resonancia límbica", una sinfonía de intercambio mutuo y de adaptación interna por la que dos mamíferos armonizan cada uno con el estado interno del otro».[1] Ya hablamos sobre la resonancia límbica en un capítulo anterior, y tiene particular relevancia para el delirio amoroso. Cuando nos quedamos prendados de alguien, tenemos tendencia a ver de él o de ella lo que nos gusta, lo que se asemeja a nosotros o vibra al unísono, y hacemos caso omiso de cualquier posible duda, por persistente que sea, o le quitamos importancia. Es fácil que nos mintamos a nosotros mismos.

En esta situación, aún no sabemos con certeza si es o no es amor, si de verdad se trata de una pareja perfecta. Por el momento, sin embargo, todo parece ir a pedir de boca, y piensas que esta podría ser de verdad la persona que buscabas, de modo que tu opinión inicial podría ser correcta y tienes entonces motivos para esperar con los brazos abiertos el venturoso futuro que os espera.

Examinemos ahora el **contexto**. Sin duda, conocer por Internet a nuestra potencial pareja cambia el marco en el que tienen lugar las señales no verbales, al menos durante el inicio de la relación. Las primeras impresiones y las señales de lenguaje corporal importantes que nos ayudan a formarnos esas impresiones se comunican a través de las fotografías, estáticas, que elegimos para nuestro perfil. Por tanto, cómo nos presentamos en este contexto, lo que elegimos exhibir de nosotros –la postura, el peinado, la indumentaria, los elementos circunstanciales y el entorno–, puede disponerse, considerarse y modificarse prudentemente, con la idea no solo de cumplir los criterios de la página web de citas sino también de respaldar la imagen que queremos dar y anunciar las cualidades que buscamos en una pareja. Curiosamente, aunque quizá no debería sorprendernos tanto, los estudios revelan que el ochenta y uno por ciento de los usuarios de los sitios de búsqueda de pareja en Internet embellecen sus perfiles, es decir, mienten, principalmente sobre su peso, altura y edad. No obstante, exceptuando algún caso aislado de mentiras muy exageradas, como decir que se es diez años más joven o quince centímetros más alto, las mentiras suelen ser mínimas y no se extienden al resto del perfil.[2]

LA IMAGEN PERFECTA

La experta en fotografías para perfiles de plataformas digitales de citas **Saskia Nelson**, acreditada por el blog fotográfico de la revista *Time* como la creadora e impulsora de este nuevo género fotográfico, nos ha confiado sus tres recomendaciones principales para crear las fotos de mayor efecto para un perfil:

1. **Buen aspecto**: muéstrate alegre y confiado y asegúrate de que tu aspecto es el que tendrías en una primera cita. Sé el tema central de la foto. La fotografía principal del perfil de un sitio web de citas debería ser un primer plano de una persona contenta, sonriente, relajada y que se siente bien consigo misma.
2. **Destaca**: utiliza un color llamativo para que las fotos destaquen entre el sinfín de fotografías de una plataforma digital de búsqueda de pareja. Aparece tú solo en la fotografía (si apareces acompañado, solo conseguirás distraer la atención). Asegúrate de que la foto está perfectamente enfocada y es de buena calidad (las fotos de buena calidad atraen a parejas de buena

calidad). Cuida de que el fondo añada valor a la foto y no distraiga la atención de ti.

3. **Habla de ti:** elige ropa que te guste de verdad y que te favorezca. Elige un fondo o localidad que concuerde con la persona que eres, un sitio donde te sientas a gusto (una cafetería, un mural de arte urbano, un río, un parque, un mercado, una tienda, una calle bonita...). Si es posible, haz algo que te encante (patinar, leer, montar en bici, oír música, rebuscar en el puesto de un mercadillo...). Utiliza accesorios si puedes, sin que la foto parezca artificial. Por ejemplo, mostrarte con unos auriculares grandes, leyendo el periódico, sosteniendo una taza de café, cerca de un ordenador portátil o incluso con sombrero es una manera de contar un poco de ti.

No se recomienda llevar gafas de sol en una foto para un sitio de búsqueda de pareja por la importancia que tienen los ojos. Las potenciales parejas quieren mirarte a los ojos para valorar si eres de fiar o no, y si escondes los ojos puede parecer que no eres digno de confianza.

Todo lo que aparece en la foto da pistas a los demás sobre quién eres y les habla de tu estilo de vida, así que dedica un poco de tiempo a pensar bien lo que muestras para que te represente lo máximo posible.

Volvamos a la situación que nos ocupa. Para que todo vaya bien en tu primera cita cara a cara con la persona con la que parece que podrías hacer buena pareja, el estilo de tu perfil y todas las señales que decidas mostrar deben comunicar esencialmente lo que quieres contar sobre quién eres y lo que quieres. No estás haciendo una presentación solo de ti, sino también de tu contexto general. Es decir, cuando utilizas una de estas plataformas digitales, das pistas visuales de cómo vives, qué te gusta, aquello de lo que te rodeas cuando estás en el mundo y con qué quieres que se te asocie. Por medio de las señales que exhibes en esas fotos, anuncias de hecho cuál es tu tribu: con qué sintonizas, qué te importa y qué valoras, todo ello con la esperanza de encontrar a alguien que tenga los mismos valores, costumbres y creencias. Mostrándote de esta manera en Internet, puedes integrarte plenamente en el contexto de tu elección, y es de esperar que hayas conseguido, como aconseja Polonio en *Hamlet*, serte «fiel a ti mismo», lo bastante fiel, al menos, como para que al cabo de un tiempo no se te acuse de haber sido falso.

MITOS DEL LENGUAJE CORPORAL

Utilizar el lenguaje corporal es una falta de autenticidad

Emplear a propósito el lenguaje corporal para causar buena impresión es una falta de autenticidad, dicen algunos. ¿De verdad es así? Nos parece lo normal publicar en Internet una descripción que nos favorezca. Cuando quedamos por primera vez con alguien que nos interesa, elegimos la ropa más apropiada para el día, el tipo de acontecimiento y la imagen que queremos dar de nosotros, y ensayamos una y otra vez en la cabeza la conversación que podría surgir, las preguntas que nos gustaría hacer y las respuestas que nos gustaría dar. ¿Qué razón puede haber para no hacer lo mismo en la comunicación no verbal? Hay una diferencia muy grande entre adoptar comportamientos que no son nuestros y mostrar lo mejor de lo que somos. Seguro que no te presentarías a una cita vestido de policía y le dirías a la persona que te está esperando que eres agente de policía si no lo fueras y el uniforme no fuera tuyo. Eso sería mentir. Pero si hoy te sientes un poco inseguro, ¿qué tiene de malo mostrar el lenguaje corporal de seguridad en ti mismo que manifiestas en ocasiones? Desde luego que no tiene nada de malo. Todo lo contrario. Es positivo. ¡Sal ahí y muestra lo mejor de ti!

Y **además**, ¿qué deberías preguntar y tener en cuenta? Hay multitud de sitios web para encontrar pareja; se ha convertido en una industria muy próspera. Cada plataforma ofrece unos servicios distintos; por ejemplo, hay algunas reservadas para gente de determinadas creencias religiosas, de cierta edad o cultura o que tiene determinadas aficiones. El procedimiento que utiliza cada una de ellas para buscar a la persona adecuada es también diferente. Por lo general, cada cuestionario del perfil tiene una lista de atributos e intereses que puedes marcar, y el equipo tecnológico del sitio web emparejará esos atributos con los de otros perfiles hasta obtener el mayor porcentaje de coincidencias posible. En algunos se puede indicar lo importante que es para ti un atributo con respecto a los demás, por lo que el sistema es capaz de trabajar con cierto detalle en el proceso de emparejamiento. Algunos de los sistemas consiguen procesar complejas informaciones sobre la personalidad, a fin de encontrar la pareja adecuada e incluso predecir la compatibilidad basándose en un historial de compatibilidad de otros usuarios que han pasado por el mismo proceso.

Pero ¿funciona? Hay estadísticas muy convincentes que demuestran la eficacia y la experiencia favorable que comentan en general los usuarios de estas plataformas.[3] Un estudio asegura, sin embargo, que no hay «pruebas convincentes de que los algoritmos matemáticos de los sitios web de citas funcionen, es decir, de que consigan mejores resultados sentimentales que otros métodos de emparejamiento».[4]

En la situación que estamos analizando, ¿cómo puedes **comprobar** si ha sido un acierto en tu caso, si has dado con la plataforma digital más idónea y si la relación que has comenzado no se desmoronará sin contemplaciones dentro de unos meses, una vez que el delirio pasional se empiece a desvanecer? Quizá tus actuales dudas silenciosas sean un mecanismo de defensa contra el miedo a lo que podría suceder en caso de que ese maravilloso enamoramiento se evapore. A fin de cuentas, siempre existe el riesgo de que la persona que hemos encontrado sea a la larga totalmente incompatible con nosotros.

LA POSE PERFECTA

Nuestra amiga **Danielle Libine** es una fotógrafa que utiliza sus conocimientos de lenguaje corporal para crear fotografías en las que la postura transmita el mensaje correcto. Su libro *A Photographer's Guide to Body Language* [Orientaciones de una fotógrafa sobre el lenguaje corporal] es una estupenda fuente de información no solo para los fotógrafos profesionales sino también para cualquiera que necesite crear una buena imagen fotográfica. Le pedimos su opinión sobre cómo exponer el lenguaje corporal para conseguir concretamente la fotografía óptima para una plataforma digital de citas, y esto fue lo que nos dijo:

> Es más probable que tanto los hombres como las mujeres establezcan contacto con personas que les resulten atractivas, de modo que es importante publicar en nuestro perfil una foto que, aunque sincera, nos muestre lo más favorecidos posible. Es bastante distinto lo que se considera atractivo en una foto dependiendo de que seamos hombre o mujer. A los hombres les atraen más las mujeres que sonríen, mientras que las mujeres se sienten más atraídas por los hombres que demuestran fortaleza que por los que aparecen con una sonrisa. Sin embargo, algunos estudios revelan que una expresión agresiva provoca sentimientos de desconfianza, lo que significa que los hombres, aunque deberían evitar una sonrisa ancha, tampoco es aconsejable que tengan una expresión cerrada de agresividad. A los hombres puede resultarles muy atractivo ver un lenguaje corporal de coqueteo en las fotos de un perfil: una inclinación de cabeza y el cuerpo ligeramente girado respecto a la cámara aumentarán en general el atractivo de una mujer. En lo que respecta al contacto visual, los hombres prefieren las imágenes de mujeres

que miran directamente a la cámara. En resumen, las mujeres tendrán más posibilidades de que un hombre se ponga en contacto con ellas si presentan una imagen que las muestre sonriendo, mirando a la cámara de frente y utilizando un lenguaje corporal de coqueteo, mientras que a los hombres les interesa utilizar una imagen en la que aparezca un lenguaje corporal que denote fuerza y una expresión relajada en la que no haya agresividad.

En esta situación no es necesario que te formes una **nueva opinión**; te atendrás a la idea inicial de que la tuya es una pareja perfecta, y confiemos en que el enamoramiento y todo lo bueno que ves en la relación, es decir, la experiencia positiva de reflejaros mutuamente y la resonancia límbica, os ayudarán a seguir avanzando juntos durante un tiempo. Cuando se disipen, seguiréis teniendo pruebas de que, gracias a que de entrada tanto tú como ella hicisteis una presentación relativamente fiel de la persona que sois cada uno, el sitio web consiguió formar una pareja muy compatible. Pasará el tiempo y, con un poco de suerte, maduraréis juntos, y las probabilidades de que la pareja funcione seguirán estando a vuestro favor. No existe por el momento más prueba de detección temprana para saber cuánto durará una relación que la de preguntarte si estás dispuesto a hacer todo lo que requiera en cada instante y si confías en que la otra parte hará lo mismo. Tal vez los análisis predictivos y la inteligencia artificial acertarán en el cien por cien de los casos en un futuro, pero, por ahora, lo mejor que puedes hacer es seguir tu instinto al respecto. ¿La **comprobación**? La única forma de ganar es seguir jugando.

EVALUACIÓN DEL ATRACTIVO EN LAS PLATAFORMAS DIGITALES

Nuestra colega en el mundo de los estudios e investigaciones del comportamiento **Vanessa Van Edwards** está haciendo un trabajo sensacional con su equipo de ScienceofPeople.com, desde donde ofrece al público sus conocimientos de lenguaje corporal para ayudarlo a triunfar. Nos ha dado su valiosa perspectiva sobre cómo dar una imagen más atractiva en las fotos de los perfiles:

> En el laboratorio donde investigamos el comportamiento humano, analizamos cientos de fotografías de perfiles que nos cedió HotorNot.com en busca de patrones de lenguaje corporal. Queríamos saber si las indicaciones no verbales pueden influir en el «grado de atractivo» que se percibe de una persona. El doctor Alexander Todorov, investigador de la Universidad de Princeton, descubrió que varias imágenes distintas de una misma persona podían causar a primera vista impresiones radicalmente diferentes y un grado de atractivo muy diferente también.
>
> ¿Cómo conseguir, por tanto, que la fotografía que publicamos en el perfil de una plataforma digital de citas sea más atractiva? Estos son los tres requisitos principales que descubrimos:
>
> **Preferimos una imagen frontal: figuradamente, un desnudo integral.** Las fotografías que consiguieron una calificación más alta mostraban a individuos que miraban de frente a la cámara. Tenían el cuerpo y la cabeza vueltos hacia ella. No mires a lo lejos ni hacia atrás, por encima del hombro; dirige al objetivo y a tu futuro espectador toda tu atención.
>
> **Que ningún accesorio interfiera.** Encontramos un detalle que, en lo que a atractivo se refiere, era como un jarro de agua fría: las gafas de sol. Cuando a alguien no le vemos los ojos, nos sentimos menos inclinados a confiar en él. Aunque estés en el destino turístico más chic y soleado, quítate las gafas de sol para que se te pueda ver bien.

El mejor color es la confianza en ti mismo. También los ornamentos que llevamos transmiten señales no verbales: la ropa, las joyas y los colores. ¿De qué color es preferible que te vistas para la foto de tu perfil? La confianza es el mejor color que hay en tu armario. Estudiamos los colores que lucían hombres y mujeres en las fotografías y no vimos que supusieran una diferencia significativa de puntuación ni en unos ni en otros. En cambio, las posturas que denotaban seguridad determinaban una diferencia muy clara en la puntuación de las mujeres. El atractivo depende tanto de la actitud como de la apariencia física.

Resultar atractivo no es cuestión de apariencia solamente; tiene mucho que ver con la presencia.

SCAN rápido

S: la resonancia límbica y el efecto espejo que la acompaña son muy fuertes en esta situación y te hacen sacar automáticamente una conclusión muy optimista que debes **dejar en suspenso** para poder hacer una evaluación más comedida.

C: las plataformas digitales de citas ofrecen un **contexto** en el que puedes proyectar meticulosamente qué mostrar de ti que respalde la imagen que quieres dar.

A: pregúntate qué señales son las que más te importa publicar en tu página y por qué te parecen las más importantes. Y **además,** ¿has elegido la plataforma digital más apropiada para lo que buscas?

N: quédate con tu primera conjetura para aprovechar el tirón de una relación que va viento en popa. Ahora bien, si en algún momento vuelves a encontrarte en el juego de buscar pareja en Internet, ¿cómo puedes crear **nuevas** imágenes de ti que muestren con más precisión lo que quieres comunicar? ¿Podría esto ayudar a que la persona indicada te considerara una pareja potencialmente interesante?

16

¡ESTÁ CLARÍSIMO QUE VAN A ROMPER!

Anoche estuviste viendo a tu pareja de famosos favorita sobre la alfombra roja. Siempre te ha parecido que estaban hechos el uno para el otro, y en muchos momentos has fantaseado con que ojalá tus relaciones se parecieran a la suya. Pero en este momento estás viendo un programa de cotilleo sobre el evento, y un experto en lenguaje corporal habla sobre tu pareja favorita y dice que «¡está *clarísimo* que van a romper!». Pero ¿cómo puede saber este hombre lo que piensa hacer la pareja? No puede ser verdad. ¿Qué ve él que tú no ves? A ti te parecen la pareja perfecta, agarrados de la mano y besándose delante de los *paparazzi*. Sin embargo, el experto muestra un fotograma de un primer plano de uno de los rostros y señala un gesto de desprecio que a su entender indica el final del romance. ¿Es verdad?

Una de las ventajas de los medios digitales modernos es que podemos detener un fotograma y seleccionar un solo instante de cualquier acontecimiento y lugar, ampliarlo y opinar a nuestro antojo. Esto es epítome de lo que sería extraer una cantidad minúscula de datos sobre cualquier cuestión y, basándonos en ella, hacer una predicción de alcance global. Pero ¿qué te muestra esa importante señal momentánea? ¿Tiene de verdad alguna validez utilizar un treintavo de segundo para hacer un comentario definitivo sobre el futuro de una relación? ¿Podría ser que el experto le estuviera concediendo demasiada importancia a un único fotograma? Ya se trate del destino que le espera a la relación de esas celebridades, que a ti te parecía modélica, a la de un amigo o a la tuya propia, lo mejor es que **dejes en suspenso** cualquier **opinión, hagas un estudio más descriptivo** del momento y pienses con sentido crítico en qué está ocurriendo de verdad.

Examinemos esa microexpresión de desprecio en el contexto de la ciencia que estudia las microexpresiones y su historia. En el estudio que publicaron en 1966, Ernest Haggard y Kenneth Isaacs explicaban cómo habían descubierto las microexpresiones, o expresiones «micromomentáneas», mientras escaneaban «películas grabadas durante sesiones de psicoterapia en busca de indicaciones de comunicación no verbal entre terapeuta y paciente».[1] Detectaron y describieron esos momentos en que una emoción de fondo se manifestaba en una rápida expresión facial casi imperceptible.

Seguidamente, Paul Ekman realizó una serie de estudios y descubrió notables similitudes en cómo plasmaban personas de diversas culturas occidentales y orientales sus estados emocionales. Fue el primero en documentar algunas expresiones universales: ira, asco, miedo, felicidad, tristeza y sorpresa. Ekman y su colega Wallace Friesen añadieron más adelante el desprecio a la lista universal de expresiones faciales.[2] La microexpresión de desprecio es un gesto que eleva un solo lado del rostro y forma una pequeña señal en la comisura del labio, acompañada de un ligero hoyuelo en la mejilla.

A raíz de esto, el psicólogo estadounidense John Gottman empezó a hacer grabaciones de vídeo de relaciones de pareja en vivo, fijándose específicamente en las expresiones faciales de los participantes, y fue capaz de correlacionarlas con qué relaciones durarían y qué relaciones no. En su aclamado libro *Inteligencia intuitiva*, Malcolm Gladwell expone la teoría de Gottman de que hay cuatro reacciones emocionales principales que destruyen una pareja: ponerse a la defensiva, o la reacción a un estímulo como si se estuviera siendo atacado; hermetismo, o la negativa a comunicarse o cooperar con el otro; criticar, o la costumbre de juzgar los méritos y defectos de alguien, y la peor de todas, el desprecio, una actitud general que expresa una mezcla de las emociones primarias de repulsión e ira.[3]

MITOS DEL LENGUAJE CORPORAL

El desprecio es señal de ruptura

Así que ahí tenemos la prueba: el desprecio, una emoción que podemos expresar en un abrir y cerrar de ojos con un gesto asimétrico que eleva un lado de la boca en una especie de media sonrisa, es el indicador más fuerte de que una relación está condenada al fracaso.

Bueno, espera un momento.

Resulta que, aunque Gottman encontró una correlación decisiva entre el desprecio y una mala relación de pareja, su estudio era un análisis regresivo. Tomó a parejas que habían roto y luego estudió las grabaciones realizadas en una sesión de terapia y se dio cuenta de que había sentimientos de desprecio (es decir, muestras de no valorar al otro). Ahora bien, sería una generalización excesiva e incluso una exageración crear, a la vista de esto, un modelo analítico predictivo según el cual una señal de desprecio significa indefectiblemente una ruptura de la relación. La mirada de desprecio no es la causa sino un síntoma o respuesta.

Además, aunque muchos tienen la ventaja de ser capaces de reconocer microexpresiones en el rostro de los demás, normalmente después de haber hecho algún curso de formación, la expresión facial es solo uno de los aspectos del lenguaje corporal; es decir, no estamos prestando atención al resto del cuerpo y lo que podría estar comunicando.

Sin duda sería casi como apostar a ciegas, incluso para los expertos, predecir lo que ocurrirá por lo que muestran unos pocos fotogramas de vídeo. Como en el juego, no obstante, a mayor número de intentos, mayores son las probabilidades de acertar, pero también las de equivocarte. Cuando ganas, quedas de maravilla, sobre todo si eres uno de esos expertos que aparecen en los programas de la tele; y cuando pierdes, confías en que nadie te llame públicamente la atención. Ahora bien, si pierdes en una situación de la vida real, lo que está en juego es mucho más serio.

En este caso de la pareja de celebridades, vamos a tener también en cuenta el **contexto**, ya que los medios de comunicación pueden manipular las imágenes a fin de atraer la atención del público y algunos famosos utilizan a veces sus relaciones de pareja para darse publicidad.

Los medios de comunicación y los famosos que aparecen en ellos forman parte, en algunos casos, de una industria publicitaria capaz de recurrir a cualquier estrategia. Los famosos promocionan algo (una película, un objeto relacionado con una serie, un perfume...) y los medios de comunicación utilizan el poder de su fama para atraer a los espectadores a aquel espacio en el que a su vez hacen publicidad de algo para sus propios clientes. Por esta razón, la relación entre los medios y los famosos, y la que unos y otros tienen contigo, el observador, o deberíamos decir el «consumidor», están motivadas por el deseo de vender algo y no tienen por tanto paralelismo con lo que es normal en la vida de la mayoría de nosotros. Lo que nos parece la «vida real» de los famosos que posan sobre la alfombra roja está a menudo estudiado, a fin de generar el interés y la aceptación del público, algo similar quizá como podrías hacer tú en tu página de Facebook o tu cuenta de Instagram, publicando solo aquello que concuerde con la impresión que quieres causar.

En *tu* «vida real», sin embargo, a menos que tus amigos y tú seáis personalidades del mundo del espectáculo y tengáis compromisos ineludibles con vuestros patrocinadores, contratos publicitarios, etc., decidir que una pareja está a punto de romper basándote en una fugaz mirada de desprecio sería un poco exagerado. Tendrías que tomar en consideración un sinfín de factores más, por ejemplo qué podría estar sucediendo a la vez; en una palabra, el contexto. La vida real no es necesariamente una imitación o un reflejo de lo que ocurre en la alfombra roja, por muy identificado que te sientas con tus ídolos.

Además de ese gesto, ¿qué señales podrían llevarte a predecir la ruptura inminente de una pareja? Otra señal no verbal de que hay desprecio de fondo en una relación es el gesto de poner los ojos en blanco (algo que examinaremos también en otra parte del libro): indica desaprobación de lo que hace el otro y la negativa a empatizar con él e intentar comprenderlo. Poner los ojos en blanco entraría también en el modelo de Gottman, pues puede ser un síntoma de actitud defensiva, formar parte del hermetismo y ser también una señal de crítica. Según este modelo, las microexpresiones indicativas de repulsión o ira y de una potencial ruptura que podrían apreciarse inspeccionando detalladamente un único fotograma son las líneas verticales en el entrecejo, fruncir las cejas, el párpado inferior tenso, estrechamiento y tirantez de los labios, mirada fija, dilatación de las aletas de la nariz y mandíbula inferior prominente (como decíamos, deben participar en el gesto las tres áreas faciales) como expresión de ira y una nariz arrugada, un gesto descendente de la boca y el labio inferior tenso como expresión de repulsión. Estas señales indican asimismo una actitud defensiva, hermetismo, crítica y desprecio, todo lo cual se traduce en sentimientos y acciones de desdén, menosprecio y una denigración de lo que al otro le preocupa. Es importante destacar que despreciar a otro eleva nuestra sensación de poder y estatus sobre aquel a quien despreciamos, y que mostrar estas actitudes hacia alguien deja poco sitio para la empatía.

Empatizar significa que nos importa lo que alguien siente, y la preocupación que le demostramos estrecha los lazos de nuestra relación. La empatía crea una nivelación de su estatus y el nuestro. Se manifiesta como un comportamiento abierto y positivo, con actos como el de escuchar con un lenguaje corporal receptivo o reflejar sutilmente el comportamiento del otro, que son dos movimientos que nos acercan a su punto de vista o a un estado emocional o cognitivo similar al suyo.

Es difícil en el estudio de nuestra pareja de celebridades disponer de un marco de referencia, es decir, saber cuál podría ser un comportamiento habitual. De todos modos, como hemos hecho aquí, quizá quieras examinar cómo observas y juzgas tú situaciones personales similares. Presenciar una demostración pública o escuchar el análisis de esa demostración puede permitirte observar con un sentido más crítico la situación de tu vida real y quizá establecer paralelismos y sacar a la luz serias dudas o, por el contrario, quedarte tranquilo a la vista de las diferencias.

Por último, podría ser que la mirada de desprecio captada en ese fotograma no estuviera dirigida al otro miembro de la pareja, sino a los medios de comunicación, a los *paparazzi* o incluso a la situación de verse obligado a posar para ellos, y por supuesto a ti, el consumidor, en un momento tan íntimo. Vete tú a saber, ¿quién te dice que ese famoso no está rompiendo contigo, el consumidor voyerista de su relación de pareja? Igual mañana te enteras de que ha decidido dejar de ser el centro de atención de la prensa rosa, no a su pareja.

Por tanto, aquí tenemos una **nueva opinión** posible: quizá está *clarísimo* que la pareja se dispone a romper, pero con la presión que conlleva el estrellato.

¿Cómo podemos **comprobar** la verdad y las mentiras de los medios de comunicación en torno a esto? Estate al tanto.

SCAN rápido

S: dejar en suspenso la opinión basada en tu primera reacción instintiva a los medios de comunicación puede ayudarte a pensar con sentido crítico en las imágenes que estás viendo y la interpretación que se hace de ellas. Describe con más detalle lo que ves para descubrir qué puede ser verdad y qué una evaluación tendenciosa.

C: muchas imágenes fotográficas del lenguaje corporal carecen de suficiente **contexto** como para que podamos evaluar de verdad a partir de ellas lo que piensan o sienten los sujetos. Ahora bien, si alguien les da una explicación que suene convincente, puede crear con ello un contexto que mediatizará lo que razones y pienses sobre el tema.

A: si te preguntas qué intereses comerciales puede haber, **además**, en el contexto general de los programas de noticias y de entretenimiento, quizá descubras otros posibles motivos por los que se muestran imágenes envueltas en una determinada narrativa.

N: algunas de las **nuevas** conjeturas son imposibles de verificar salvo prestando atención a las noticias que hablen del comportamiento de la pareja y viendo cómo evoluciona la relación.

TERCERA

LOS AMIGOS Y LA FAMILIA

PARTE

¡Sé cuándo me ocultas algo!

–Tu madre

Seamos o no conscientes de ello, nuestros amigos y nuestra familia han determinado lo que somos en la actualidad. Somos en buena medida producto de la interacción con nuestros amigos y los miembros de nuestra familia, incluso aquellos con los que quizá ya no tenemos contacto.

Nuestra familia y nuestras primeras amistades son fundamentalmente quienes, desde pequeños y a lo largo de todo nuestro desarrollo como personas, nos enseñaron a desenvolvernos en la vida. Nos brindaron una especie de campo de entrenamiento, y de lo que aprendimos en él depende cómo nos comportamos en todas las demás relaciones que establecemos. La familia y los amigos definen nuestras prioridades cuando elegimos nuevas relaciones y determinan si estas nos enriquecerán o no. Además nos ofrecen una red de personas con las que relacionarnos, pues indudablemente algunos de los nuevos amigos serán «amigos de amigos» o «amigos de la familia», lo cual nos mantiene en una tribu íntima de personas afines.

Sin embargo, aun en el caso de que tengamos fuertes lazos con ellos y de que sean para nosotros motivo de alegría e incluso de veneración, estas relaciones pueden tener un lado oscuro igual de fuerte. Quienes mejor nos conocen suelen ser los que más poder tienen sobre nosotros, y parecen tener un particular poder sobre nuestro bienestar emocional: el poder de influir negativamente en nosotros y meternos en líos, de abusar de nosotros en ocasiones e incluso de traicionarnos, a sabiendas o no. A la vez, serán probablemente los que permanecerán a nuestro lado en lo bueno y en lo malo, incluso cuando quizá seamos nosotros los que abusemos de nuestro poder sobre ellos.

Somos fuertes, cuando estamos en grupo con nuestros amigos y nuestra familia, a menudo más que como individuos. Aunque a veces nos hagan enfadarnos o sentirnos tristes, despreciados, insignificantes, impotentes, aislados y solos, ya sea porque se alían contra nosotros por algún asunto o porque publican en todas las redes sociales imágenes de lo bien que lo están pasando justo en el momento en que peor nos sentimos, los amigos y la familia son innegablemente un sistema de apoyo vital. Son igual de importantes que el oxígeno que nos rodea: se comportan de un modo que insufla nueva vida a nuestros días, nos dejan sin aliento con una sorpresa o crean una atmósfera irrespirable en la habitación. Sean cuales sean su sexo, su afinidad con nosotros y los vínculos que tengan fuera de nuestra relación con ellos, son enormemente importantes porque nos conocen bien, y nosotros los conocemos. Tienen más experiencia que la mayoría en presentir en qué posición nos encontramos y en entender nuestras respuestas y comportamiento cuando estamos cerca de ellos, probablemente porque en lo fundamental se parecen mucho a nosotros. Tenemos en común con nuestra familia elementos de nuestra constitución genética y nuestra historia, y con nuestros amigos íntimos hemos compartido y presenciado algunas de las experiencias más formativas e importantes de nuestra vida. Los amigos y la familia con frecuencia nos hacen volver a la realidad cuando nos apartamos de las ideas, valores y creencias compartidos en este importantísimo grupo social. De modo que nos llaman la atención cuando creen que nos estamos mintiendo o mentimos al grupo.

No es de extrañar que sean para nosotros como un libro abierto cuando se trata de descifrar el comportamiento no verbal que tienen con nosotros o con otros miembros de nuestro círculo íntimo. Como tampoco es de extrañar que a veces nos quedemos totalmente desconcertados cuando resulta que hemos hecho una lectura totalmente equivocada. Necesitamos estas conexiones en nuestra vida. Estamos programados para depender de ellas para nuestra misma supervivencia, de ahí que la presión que quizá sin darnos cuenta nos imponemos o nos imponen los demás, tal vez también sin darse cuenta, para mantener intactas estas relaciones pueda hacernos a veces malinterpretar las señales que recibimos de los seres más próximos, lo cual nos deja sumidos en un mar de confusión.

Examinemos cuál es el lenguaje corporal característico cuando estamos en su compañía, y las conjeturas típicas que nos hacemos de él, a fin de descubrir la verdad y las mentiras que influyen en nuestra capacidad para sobrevivir y prosperar en estas relaciones.

17

FORMAN UNA PIÑA... ¿DE CONSPIRADORES?

Has salido una noche con tus amigos, y tienes la impresión de que algunos de ellos están cuchicheando en secreto. Te parece verlos taparse la boca con la mano y hacerle algún comentario al que tienen al lado, y en ese momento evitan mirarte a los ojos. Ocurre repetidamente, y siempre son los mismos amigos. Te encuentras con la mirada de uno de ellos justo después de uno de esos episodios, y rápidamente baja la cabeza y mira a otra parte, y notas como si se echara hacia atrás y se contrajera un poco. Luego, ves a tus amigos dirigirse miradas cómplices unos a otros, mantener un contacto visual prolongado y a continuación mirarte un instante de nuevo. Intentas sorprenderlos en el acto, y un par de veces tu mirada se cruza con la de uno de ellos. Responde abriendo mucho los ojos, con una sonrisa ligeramente burlona y una risita nerviosa antes de sacar un nuevo tema de conversación. ¿Qué pasa? ¿Están conspirando contra ti? Piensas, con una creciente paranoia: «¿Qué están tramando en secreto? ¿Tiene que ver conmigo? Vaya amigos que tengo, que se alían en mi contra. ¡Forman una piña!».

¿Cuál es la señal más obvia de que «forman una piña» y están conspirando contra ti, o al menos ocultándote algo? Lo que vemos en esta escena es el comportamiento clásico de bloqueo. Tus amigos no quieren mostrar la boca ni los ojos: las manos ocultan la conversación y apartan y bajan la mirada cuando intentas mirarlos a los ojos. Estos signos de lenguaje corporal defensivos son a tu entender señal inequívoca de que están aunando fuerzas para dejarte fuera de la conversación, y parecen estar unidos en tu contra, con su conversación secreta.

Para empezar el proceso **SCAN**, en primer lugar **dejemos en suspenso la opinión** y **hagamos un estudio más descriptivo** de lo que está sucediendo. A fin de cuentas, estás con tus amigos, y eso debería significar que hay un entendimiento entre vosotros y que compartís valores y creencias, que os apreciáis y os respetáis y que valoráis la compañía del otro. El problema es que con mucha frecuencia tendemos a sacar conclusiones negativas cuando algo no está claro, es decir, cuando no disponemos de información suficiente, solemos ponernos en lo peor. Y el lenguaje corporal de bloqueo, cubrirse la boca, evitar el contacto visual y apartar la mirada, así como el hecho de recular físicamente, sumado todo ello a la risa nerviosa y el cambio súbito de conversación, se diría que tienen el propósito de dejarte al margen, de ocultarte información. Al no tener datos suficientes, te pones en lo peor y sientes que te excluyen adrede. La suposición de que forman una piña y te están ocultando algo, que tal vez te concierne, podría ser acertada.

Jergas y jerigonzas

¿Por qué nos hace sentirnos tan mal la conspiración? El término *conspirar* proviene de la idea de un conjunto de personas que «respiran juntas». Cuando tu grupo de amigos se comporta aparentemente de un modo que a ellos los une y te excluye a ti, la sensación puede ser muy amenazadora: como si te estuvieran quitando el aire. En la Inglaterra de principios del siglo XIX, pocos grupos tenían una relación tan estrecha como las asociaciones de ladrones, que cuando se reunían para urdir planes utilizaban una jerga conspiradora y secreta. Muchos de aquellos a quienes se consideraba marginados sociales, o que estaban involucrados en actividades consideradas ilegales en aquella época, empleaban habitualmente palabras y frases secretas para hablar entre ellos. El *cockney*, argot rimado de la zona este de Londres, es una derivación de esto. Las palabras se sustituyen por otras de significado similar que rimen y luego se abrevian, y el resultado es un modo de hablar cantarín. Así, por ejemplo, «*can you adam the porkies from the pot*», que vendría a decir «¿puedes acercarme las chuletas de la olla?», significaría en realidad «*father is lying to us. Can you believe it?*», es decir, «papá nos está mintiendo. ¿Te lo puedes creer?». ¿Cómo es posible? Veamos cómo se ha llegado a esto: *adam* hace referencia a *Adam and Eve* [Adán y Eva], que rima con believe [creer]. *Porkies*, que es una forma de llamar a las chuletas de cerdo, rima con *lies* [mentiras]. *Pot* [olla] hace referencia a *pot and pan* [ollas y sartenes], que rima con *old man* [viejo], expresión que se utiliza a veces en el lenguaje coloquial para aludir al padre. La traducción más directa sería «*can you believe the lies from dad?*», es decir, «¿puedes creer las mentiras de papá?».

Igualmente, las bandas callejeras de Estados Unidos utilizan por lo general un lenguaje secreto de señas, que son una forma fácil de que los miembros de un grupo puedan identificarse entre sí en silencio, marcar su territorio o representar a su banda en el territorio de una banda distinta. Las señales secretas de las manos pueden indicar quién está en el grupo, o fuera de él. Ya sean señales nuevas o señales tradicionales adaptadas, en ellas han encontrado los grupos y bandas pasados y presentes un modo secreto de comunicarse, con frecuencia porque operan en los márgenes de la sociedad, tienen puntos de vista extremistas que los sitúan fuera del orden establecido o se sienten amenazados por este y necesitan forzosamente confidencialidad.[1]

Algunos líderes mundiales muy poderosos han utilizado también gestos de las manos para consolidar un estilo propio y de su política; a veces, hacerlo los ha envuelto en controversias sobre posibles conspiraciones por haberse entendido que esos gestos aludían a ciertos secretos y afiliaciones. Por ejemplo, el gesto que en Estados Unidos se entiende que significa *OK*, un gesto de aprobación, en el que los dedos índice y pulgar forman una O y los otros tres dedos quedan en el aire, formando un ligero abanico, Donald Trump lo utilizó a menudo en los primeros tiempos de su presidencia y empezó a asociarse con los puntos de vista extremistas que abrazaban él y su administración. Los científicos sociales consideran que este símbolo de *OK* es un «emblema», es decir, que se puede sustituir la expresión verbal de aprobación por este signo de la mano y comunicar exactamente lo mismo, aunque es importante dejar claro que este símbolo (y otros) tiene connotaciones despectivas u obscenas en muchas culturas y países del mundo.[2] El uso que Trump hizo de él en Estados Unidos se entendió en general como una señal de agradecimiento a la comunidad supremacista blanca, que se apropió de dicho emblema y empezó a utilizarlo como señal secreta dentro del grupo. Aunque fue una interpretación menos generalizada –de los teóricos de la conspiración, principalmente– hubo también quien entendió que con el uso continuado de este gesto Trump reconocía abiertamente su pertenencia a una sociedad secreta.[3]

Volviendo a tu grupo de amigos, aunque puede ser cierto que esté ocurriendo algo de lo que no formas parte, ¿es algo bueno o malo? Tus amigos evitan mirarte a los ojos; de hecho, apartan de ti la mirada, lo cual, como receptor de esta conducta, podría hacerte extraer rápidamente la conclusión de que te están mintiendo. Además, como ya has visto en capítulos anteriores, las señales de bloqueo, en este caso ocultar los ojos o la boca y evitar el contacto visual, pueden causarnos la impresión de que nos mienten. Ahora bien, aunque estos gestos puedan realmente significar la exclusión ambiental o psicológica de alguien o de algo, lo cierto es que, en contra de la creencia común, no necesariamente están asociados con las mentiras o el engaño. Incluso en caso de detectar un puñado de gestos más que estén asociados con la mentira, como una mirada furtiva, un parpadeo rápido o (por el contrario) la mirada fija, arrastrar los pies adelante y atrás, una respiración dificultosa y sudoración, tienes que contrastar con mucho cuidado el lenguaje no verbal y el verbal para determinar si de verdad te están mintiendo. Y en el fragor del momento, ¿cuánto tendrá de acertada tu apreciación? Tienes aproximadamente un cincuenta por ciento de probabilidades de que sea cierto que te están engañando. Entonces ¿qué?

Necesitas hacer un estudio más descriptivo del **contexto**. Has salido con tus amigos y, de repente, un pequeño grupo de ellos te hace sentirte excluido. Son más en número que tú y saben algo que tú no sabes. No solo estás en inferioridad de condiciones en cuanto a número y te ves marginado, sino que además, de pronto, te sientes menos inteligente que los demás, todo lo cual mermará seriamente el poder social que te parece tener dentro del grupo.

Aunque lo habitual sea que te encuentres cómodo entre tus amigos de confianza, es fácil que en esta situación te sientas vulnerable, incómodo y paranoico sobre si están contigo o en tu contra.

Lo que queremos decir es que aunque, por los gestos de bloqueo que ves, la opinión de que tus amigos te ocultan algo parece ser acertada, no saber qué te están ocultando, sumado al cambio de sensación sobre tu poder social, te lleva a una conclusión catastrofista. Los pensamientos se aceleran sin que puedas controlarlos y demonizan cada vez más a los culpables, que parecen ahora una piña de conspiradores.

En un momento así, párate y haz un repaso del día. Pregúntate qué podría estar sucediéndote **además** a nivel personal. ¿Qué predisposiciones, inseguridades o sentimientos negativos podrías tener ya en la mente que te empujen quizá a formarte una opinión negativa? Por otra parte, ¿qué más podría estar sucediéndoles a tus amigos? Reflexiona un momento sobre si sabes algo de los susurradores que pueda hacerlos comportarse así. ¿Han llegado juntos de otro evento? ¿Tienen otro compromiso después? ¿Trabajan juntos? ¿Tienen algún otro punto de conexión que pudiera ser el tema de sus comentarios secretos y que nada tenga que ver contigo? O ¿va a haber próximamente alguna celebración importante en el grupo que os incluya a todos, un cumpleaños por ejemplo, o tal vez un acto social del trabajo sobre el que no tengan por qué comentarte los detalles? Vale la pena invertir unos segundos: es posible que recuerdes o descubras alguna circunstancia atenuante que te ayude a formarte una nueva opinión y te tranquilice.

Pero si no existe nada de esto y nada cambia transcurridos unos instantes, ¿cómo puedes **comprobar** si es cierta la sospecha de que su comportamiento está dirigido contra ti en algún sentido, de que te ocultan algo, de que hablan de ti y de un modo que te perjudica? La decisión que tomes sobre cómo actuar al respecto estará determinada probablemente por el poder del grupo social y tu percepción de dónde encajas tú. ¿Tenéis todos un estatus similar dentro del grupo? ¿Son buenos amigos tuyos de verdad, o algunos de ellos son simples conocidos, amigos de tus amigos? ¿Estáis todos en condiciones de igualdad? Sea cual sea el caso, tendrás que armarte de valor si quieres averiguar qué está ocurriendo, cuál es el secreto, o de lo contrario te espera una noche angustiosa y paranoica. Podrías sencillamente preguntarles qué pasa; sin embargo, tal vez se entienda como una expresión de recelo, amenaza, acusación y una muestra de inseguridad. Mejor, pon el freno a los pensamientos negativos; en otras palabras, sigue dejando en suspenso la opinión mientras con desenfado y educación les preguntas si te estás perdiendo algo.

Tus amigos tal vez te den la respuesta, o te digan que ya te lo contarán más tarde, lo que podría significar que el asunto es delicado en algún sentido, o que te miran y a la vez te ocultan información porque necesitan decirte algo, pero no en ese local lleno de ruido. Por supuesto, otra posibilidad es que no recibas de ellos ninguna respuesta y sigan comportándose igual, y, como entrometerte no te agrada lo más mínimo, acabes la noche preguntándote qué haces tú con esa gente. De todos modos, al menos ahora sabes cómo puedes sentirte en su presencia y cómo pueden usar y usarán su poder sobre ti. Puedes seguir intentando llegar al fondo de la cuestión, pero tal vez a solas con uno de tus amigos, sin el poder social del grupo dirigido contra ti. O también puedes decidir aguantarte o ignorarlos. O buscarte amigos nuevos.

MITOS DEL LENGUAJE CORPORAL

Por la cara se detecta al criminal

Antiguamente, se creía que con mirar a alguien a la cara se podía saber si era un delincuente. Afortunadamente, este mito tan destructivo es mucho menos popular hoy en día que en el siglo XIX y principios del XX, cuando la antropología criminal, esto es, el estudio de la especie humana combinado con el estudio de los criminales, lo consideraba un hecho. Fue entonces cuando se empezó a establecer el perfil del delincuente basándolo en la relación existente entre la naturaleza de un delito y la personalidad de quien lo perpetraba, personalidad que en aquellos tiempos se pensaba que podía detectarse por su aspecto físico.

A finales del siglo XIX, el criminólogo italiano Cesare Lombroso postuló que los delincuentes nacían con deficiencias fisiológicas apreciables. Según su teoría, el delito nacía por entero del individuo y era totalmente independiente de las condiciones y estructuras sociales circundantes. Él y sus colegas, tras practicar la autopsia a numerosos delincuentes, aseguraban haber descubierto similitudes entre la fisiología de aquellos cuerpos y la de otros primates.

Lombroso enumeró catorce características fisiológicas que sus discípulos y él pensaban que eran comunes a todos los criminales. No vamos a malgastar tinta detallándolas, pues representan la misoginia, la intolerancia y el racismo de los abominables estereotipos inherentes a su obra e imperantes en la época. Sin duda sus ideas alcanzaron popularidad y sirvieron para respaldar doctrinas tan extremistas y peligrosas como las de la eugenesia y el genocidio. Sus partidarios utilizaron lo que a sus ojos eran defectos genéticos para justificar la esterilización y la muerte. Desgraciadamente, incluso hoy en día hay quienes defienden los principios de la teoría de Lombroso.

Un contemporáneo suyo, el científico británico Charles Buckman Goring, que trabajaba en el mismo campo de investigación, concluyó que no había diferencias fisiológicas perceptibles entre quienes respetaban la ley y quienes la infringían. Maurice Parmelee, considerado el fundador de la criminología moderna en Estados Unidos, rechazó igualmente la teoría de la criminología antropológica en 1911, y años después se retiraría del campo de la investigación criminológica oficial.

SCAN rápido

S: cuando no dispones de información suficiente para formarte una opinión, el cerebro primitivo se inclina automáticamente a hacer una de sesgo negativo. Si no estás seguro de algo, **dejar en suspenso** la opinión basada en las reacciones negativas iniciales puede serte de gran ayuda para llegar a una verdad tal vez más alentadora.

C: el **contexto** social en esta situación es tu grupo de amigos de confianza. Su comportamiento inesperado, con el que parecen confabularse contra ti, mina tu sensación de poder social dentro del grupo.

A: al preguntarte qué podría estar sucediendo **además**, de qué otros eventos o relaciones, que no tienen relación contigo, podrían estar hablando, quizá descubras algo que te ayude a formarte una idea más objetiva de los sentimientos e intenciones de los demás.

N: si no has descubierto ni recordado una razón que justifique su actitud de distanciamiento, es decir, algo que te dé la tranquilidad de saber que no estás implicado en ella de un modo negativo, y por consiguiente no tienes una **nueva** opinión, la decisión que tomes sobre cómo actuar podría cambiar el lugar que ocupes y cómo te sientas en el grupo de aquí en adelante.

18

¿MI NUEVO AMIGO DEL ALMA?

Estás solo en un acto social que celebra una comunidad de personas con las que este es tu primer contacto y entre las que te gustaría de verdad encajar. Estando allí, conoces a alguien, y te cuesta creer hasta qué punto habéis conectado. En un sentido puramente amistoso, sabes cuánto te gusta, y pronto descubres que tenéis los mismos intereses y gustos musicales y que incluso vestís con un estilo un poco parecido. Estáis de acuerdo en todo. No puedes evitar darte cuenta de que os reflejáis mutuamente cada acto: sonreís al mismo tiempo, os reís espontáneamente cuando el otro se ríe, bebéis cuando el otro bebe... Es como si se hubiera establecido una telepatía instantánea entre vosotros. Notas que tiene una gran personalidad, y lo adviertes porque los demás miran en su dirección tan a menudo que parece tratarse de alguien muy respetado, una especie de líder quizá, en este círculo social. Es alguien carismático y seguro de sí mismo. Sientes que has tenido una suerte increíble; podría ser que acabaras de conocer a tu nuevo amigo del alma.

Es una sensación estimulante y maravillosa conocer a alguien con quien se tiene una afinidad tan obvia y se congenia con tal naturalidad que es como mirarse al espejo y ver una imagen realmente extraordinaria de uno mismo. Sin embargo, ¿cómo saber si esta será una relación auténtica o simple flor de un día? Porque en este último caso, ¿a qué te arriesgas al confiarle a esa persona tus secretos más íntimos? Es sin lugar a dudas por tu bien que **dejes en suspenso tu opinión** y **hagas un estudio más descriptivo** de la situación, como primer paso del proceso **SCAN** para analizarla.

Se examina con frecuencia en este libro el concepto del efecto espejo, ya que es un elemento de peso cuando se estudia el lenguaje corporal. En las relaciones amorosas, ese reflejo mutuo puede marcar las primeras etapas del enamoramiento y ser señal muy clara de que estamos en sintonía y hay una atracción y un interés recíprocos. Igualmente, cuando la conexión es de amistad, ser espejo del otro, reflejar su postura, sus gestos, su forma de sentarse, su tono de voz, su ritmo al caminar, ayuda a crear rápidamente una atmósfera de confianza, unión e intimidad y nos hace sentirnos relajados, cómodos y comprendidos. De modo que en nuestro relato, el hecho de que la otra persona y tú os reflejéis mutuamente muestra por ambas partes un deseo de relacionaros, congeniar y compartir, todo lo cual confirma al parecer tu impresión inicial de que tendrá en tu vida el estatus de amigo del alma.

Quizá valores, además, que este nuevo amigo parezca ser alguien muy querido y respetado. En la reunión, está claro que otros le dirigen la mirada, y le confieren con ello un valor o poder de algún tipo. Comentábamos en otro capítulo que los líderes de un grupo social suelen recibir las miradas de los demás con más frecuencia de lo habitual en busca de señales sobre cómo comportarse. Y si miran a tu nuevo amigo como si se tratara de un miembro reverenciado del grupo, es muy posible que tengas también mucho en común con otros miembros de esta comunidad con la que acabas de tener tu primer contacto y puedas entablar además otras amistades. Hasta aquí, todo en orden.

AMISTAD INSTANTÁNEA

Tonya Reiman es una conocida personalidad en el ámbito del lenguaje corporal y autora de tres libros, *The Power of Body Language* [El poder del lenguaje corporal], *The Body Language of Dating* [El lenguaje corporal en las citas amorosas] y *The Yes Factor* [El factor sí]. Le preguntamos cuáles son las señales más obvias de que alguien está diciendo claramente *sí* a una relación de amistad, y nos respondió:

> «En cuanto te vi, supe que una aventura estaba a punto de empezar», le dijo el oso Winnie the Pooh a su mejor amigo, Piglet.
>
> ¿Qué captamos en alguien, cuando lo conocemos, que nos haga reconocer al instante una amistad? Una vez que hemos puesto los ojos en un individuo, se activan en el cerebro millones de neuronas para determinar si esa persona posee las cualidades que nos parecen importantes: que es competente, que nos despierta simpatía, que podemos confiar en ella. Computamos todas las experiencias que hemos tenido hasta ese momento, y al instante nos formamos una opinión. Respondemos con un poderosísimo *sí* o *no*, y el proceso entero empieza o termina en una décima de segundo, es decir, antes de haber cruzado siquiera una palabra.
>
> Gran parte de esa deducción está determinada por la comunicación no verbal. Estas son algunas señales que despiertan una respuesta afirmativa:

1. Un lenguaje corporal abierto y acogedor, que incluye la postura, las expresiones y los gestos. Por ejemplo, mantener el contacto visual y exponer el torso (sin los brazos cruzados ni ningún tipo de barrera), orientarse hacia la persona y sonreír indican seguridad e interés por conocerla.

2. Acercarse a un individuo muestra que te importa. Resituarte cuando te has acercado demasiado expresa también que prestas atención a sus necesidades.
3. El olor humano es una señal química que transmitimos a los demás inconscientemente. El olfato es un sentido tan virtuoso que somos capaces de detectar al menos un billón de olores distintos, y al hacerlo solemos reflejar además la emoción que nos transmite esa fragancia.
4. Asentir con la cabeza en señal de ánimo, aceptación o concordancia demuestra que valoramos lo que alguien ha dicho o que significa algo para nosotros. Uno de los aspectos más importantes de la comunicación es escuchar de verdad (la mayoría de la gente escucha a medias mientras prepara mentalmente la respuesta). Si consigues que alguien se sienta como si fuera el único en una sala llena de gente, puedes hacer un amigo para toda la vida.

Nos gustan aquellos que son similares a nosotros, pues nos influye cómo responden emocionalmente a lo que les transmitimos. Cuando entre dos personas se establece una conexión con naturalidad es porque hay muchas afinidades entre ellas. Si eres sincero y transparente, harás salir lo mejor de todo aquel que conozcas y despertarás una gran simpatía.

No obstante, antes de que te lances de cabeza y lo invites a una barbacoa en tu casa o a que vaya a ver el partido contigo, o incluso lo incluyas en tu lista de «amigos» en las redes sociales y lo dejes entrar en tu mundo, vale la pena examinar con mirada crítica la información de que dispones en el **contexto** de esta situación. Y el problema está en que, en esta comunidad de gente que acabas de conocer, es inevitable que seas el que menos sabe de toda la sala sobre las relaciones y las normas de comportamiento que informan ese contexto social. Es esencial que recuerdes en estos momentos que las primeras impresiones no son siempre acertadas y no siempre nos dicen toda la verdad.

Este potencial nuevo amigo del alma te resulta carismático y magnético. El carisma, esa atrayente y cautivadora serenidad que poseen algunas personas y que inspira y fascina a otras, pueden manifestarlo, sin mediar palabra, la (genuina) sonrisa Duchenne, una mirada franca y directa y el torso en posición de frente. Aquellos que tienen una apariencia carismática son capaces de mostrar estas señales relajada y continuamente. Pueden parecer señales de fuerte liderazgo, y, como mencionábamos, hay una tendencia a emular el comportamiento de aquellos que muestran las señales más fuertes y claras en cualquier medio. Y además, cuando alguien muestra carisma, pensamos que hay una concordancia entre lo que exhibe y la persona que en verdad es. La realidad es que si alguien pretende engañarte, tal vez sea capaz de representar toda una serie de señales no verbales y combinaciones de comportamiento muy estudiadas para comunicar un aire carismático que parezca auténtico. Así que, por tu bien, reúne más información sobre esa persona antes de hacerte un incondicional suyo.

MITOS DEL LENGUAJE CORPORAL

El carisma: o se tiene o no se tiene

Con frecuencia, se piensa que aquellos que tienen un magnetismo irresistible nacieron con él: es algo que o se tiene o no se tiene. Sin embargo, muchos estudios, entre ellos uno de la Universidad de Tennessee en Knoxville, han descubierto que cualquiera puede manifestar esa clase de magnetismo. Si quieres resultar carismático, tienes que mostrar ciertos atributos: empatía, entusiasmo, seguridad en ti mismo, saber escuchar, mirar directamente a los ojos y hablar con elocuencia, y todos ellos son comportamientos que se pueden aprender.[1]

Por tanto, aunque haya quienes parecen ser carismáticos por naturaleza, los demás podemos aprender a serlo. Cabe también la posibilidad de que aquellos a quienes consideramos carismáticos natos hayan aprendido igualmente a comportarse así, aunque a nosotros nos parezca que es su manera natural de ser.

¿Qué podemos tomar en consideración y preguntar **además**? Examinemos por qué podrían mirar a esa persona los demás que hay en la sala. Dado que es tu primer contacto con el grupo, te resulta imposible saber si miran a tu potencial amigo del alma con admiración o preocupados por ti.

¿Detectas un elemento de placer en sus miradas? ¿Lo miran con temor? El miedo se manifiesta con un sutil gesto facial de arquear y fruncir las cejas, ojos muy abiertos, tirantez de los labios y las comisuras estiradas y la mandíbula inferior un poco caída (con la boca ligeramente abierta).

¿Qué podrían temer? La realidad es que puede haber individuos «carismáticos» con los que el hecho de entablar relación podría acabar siendo peligroso para ti, tu familia y tus amigos. Otros indicadores de que alguien podría tener una personalidad peligrosa son hablar más rápido de lo que es normal en un ambiente dado o mostrar agitación, irritabilidad y una excesiva seguridad en sí mismo. Son personas que no duermen demasiado, y podrían manifestar otros comportamientos impulsivos muy arriesgados, como conducir de un modo temerario, jugar, despilfarrar el dinero y tener relaciones sexuales de alto riesgo.[2]

Si frecuentas la compañía de alguien temerario, puedes acabar adoptando su estilo de vida arriesgado. Podrías dejarte arrastrar, sumirte en sus problemas y darte cuenta de que te está utilizando o acabar pagando sus deudas. Tal vez esté buscando un cómplice, un facilitador o un mediador.

Por otro lado, como eres nuevo en esta comunidad, estarás deseoso de encontrar amigos, personas afines y similitudes, luego es posible que estés siendo espejo de algunos comportamientos que no son habituales en ti, a fin de hacerte un hueco lo más rápido posible. A cualquiera que coincida a grandes rasgos con tu idea de lo que es un amigo podrías colocarlo en la categoría de «amigo para toda la vida».

Sin haber tenido la ocasión de conocer el comportamiento de tu potencial amigo del alma durante cierto tiempo, es difícil que tengas ninguna garantía al dar el siguiente paso, aunque esto no significa que tu primera impresión no pueda ser correcta. Lo mejor para identificar bien cualquier posible riesgo o bien el potencial de beatífica amistad, es no ser impetuoso; ten paciencia y conoce un poco más a ese potencial amigo. Pregunta a los demás sobre él y averigua si sus opiniones ratifican tu primera impresión. Y deja que el tiempo te dé la *prueba*. No has tenido la oportunidad de ver cómo se comporta para saber si de verdad puedes confiar en él o no. No puedes comprimir el tiempo para acelerar la conclusión, así que ten calma. El lado bueno de alguien carismático es que puede ser muy estimulante estar con él; el lado malo es que puede ser peligroso. Así que consigue más información antes de lanzarte a nada con tu nuevo amigo.

SCAN rápido

S: ¿qué percibes en alguien a quien ves por primera vez que te permita reconocer al instante una posible amistad? ¿Te resulta fácil **dejar en suspenso** esa impresión y no lanzarte de cabeza cuando ves señales concretas de conexión?

C: en el **contexto** de esa idea tan popular de que «la primera impresión es la que vale», nadie necesitaría jamás leer un libro como este o aprender a analizar el lenguaje corporal. ¿Hasta qué punto crees que tiene razón ese dicho?

A: pregúntate **además** qué comportamientos consideras tú que son muy arriesgados aunque quizá para otros no lo sean. ¿Y qué comportamientos te parece que no son arriesgados aunque haya quien los considere de alto riesgo?

N: a veces tiene que transcurrir un poco de tiempo para que sintamos que podemos confiar en un **nuevo** amigo. Cuando aquellos a quienes acabamos de conocer se comportan como si fueran amigos de toda la vida, podemos sentir el impulso de confiar plenamente en ellos demasiado pronto o de asegurar que son dignos de confianza. Este es un buen ejemplo de la fantasía del «ajuste óptimo», es decir, de pensar que algo que se comporta de una manera *un poco* parecida a algo es *exactamente* ese algo.

19

¡HORROR! ¿QUÉ ME ESTOY PERDIENDO?

Tras haber pasado un tiempo alejada de las redes sociales, estás de vuelta, y te tranquiliza ver que en realidad no es tanto lo que te has perdido. Como de costumbre, tus amigos han publicado durante ese tiempo fotografías de fiestas, de viajes y cantidad de *selfies*. Sin embargo, te das cuenta de que algunos de ellos, y también otras personas que aparecen en sus fotos, posan con una expresión muy rara, una expresión facial que no conoces. Parece ser *lo que se lleva*, y todo el mundo sabe de ello y lo hace. En cualquier caso, seguro que es una moda pasajera, pero te deja una extraña sensación de paranoia y cierto desasosiego porque quizá te estés quedando atrás, anticuada, perdida, *fuera de onda*; en resumidas cuentas, esta tendencia tan extraña que al parecer todos tus amigos conocen ¡te crea la espantosa sensación de estar perdiéndote algo!

A veces las modas de lenguaje corporal que se implantan en Internet pueden hacernos sentir como dinosaurios, a cualquier edad. De modo que, por lo mucho que nos importa estar al día con las tendencias de las redes sociales y sentirnos incluidos en el mundo virtual, es fácil que a veces nos llevemos una desagradable sorpresa y nos sintamos un poco relegados, excluidos. Pero ¿es realmente así? Y en caso de ser cierto, ¿es esa la intención de quienes publican, individualmente o en grupo, en las redes sociales? Vamos a examinar la situación aplicando el procedimiento **SCAN**, a **dejar en suspenso la opinión** y a **hacer un estudio más descriptivo** de lo que sucede, para lo cual vamos estudiar las marcadas tendencias del lenguaje corporal en las redes sociales.

Cómo nos mostremos en Internet dependerá de la plataforma virtual de que se trate. El lenguaje corporal que elegimos adoptar en las fotos de nuestro perfil transmite señales muy importantes, lo mismo en una plataforma digital de citas amorosas o en otras redes sociales que en sitios web profesionales como LinkedIn. Por supuesto, quizá decidamos presentarnos de forma diferente dependiendo de la plataforma; no necesariamente utilizaremos el mismo perfil para encontrar pareja en un sitio web de citas que para mostrarnos a nuestros amigos de todo el mundo o para que sepan de nosotros nuestros potenciales jefes o clientes de empresa. Eso no significa que mintamos o no contemos toda la verdad sobre quiénes somos, sino que seleccionamos lo que es adecuado presentar en cada caso. La postura, la expresión facial y lo que hagamos con las manos, el porcentaje del cuerpo que mostremos en la foto, cómo vayamos vestidos y qué otros detalles incluyamos variarán mucho dependiendo del contexto, de cómo queramos presentarnos, de a quién vaya dirigida la fotografía y del grado de poder que queramos adoptar. También transmitirá una sensación diferente una fotografía que nos hayan hecho de una que nos hayamos hecho nosotros, un *selfie*.

Veamos cómo es el lenguaje corporal que mostramos en los *selfies*, esos autorretratos fotográficos de momentos de la vida señalados, mezclados a menudo con otros elementos icónicos, que muchos publican en las plataformas de las redes sociales. Los *selfies* revelan cantidad de señales e información sobre quién pensamos que somos, lo que nos gusta, qué poder tenemos o queremos demostrar que tenemos y, sobre todo si prestamos atención a este aspecto, cómo nos gustaría que el mundo nos viera. Ese lenguaje corporal dice algo de nosotros en el momento en que se tomó la foto e incluso en los momentos o días anteriores a publicarla, y continuará mostrando algo de nosotros, cuyo significado probablemente irá cambiando con el paso del tiempo, mientras la foto esté expuesta, pudiera ser que durante años. En estas plataformas, hay toda clase de modas de lenguaje corporal con las que podemos identificarnos.

¿Es un fenómeno nuevo, este de construir y controlar la imagen que damos? En absoluto. Muchísimo antes de que las hermanas Kardashian/Jenner hicieran subir la temperatura del mundo de las autofotos con sus atrevidas fotografías, muchos líderes famosos de la historia habían creado las bases de la representación artística estratégica con los retratos que se hicieron pintar, para los que posaron exhibiendo un lenguaje corporal que fuera expresión manifiesta de su estatus y poder y pusiera en marcha el aparato de propaganda. Napoleón, considerado uno de los mayores genios militares de todos los tiempos, es un ejemplo de líder histórico que utilizó los retratos de modo muy parecido a como utilizan los *selfies* muchos personajes famosos de nuestros días. Se hizo pintar repetidamente con la imagen de general victorioso así como hombre culto e intelectual.[1] Aparecía, además, como todos sabemos, con la mano semioculta bajo la pechera del chaleco, un gesto sobre el que a lo largo de los años se han barajado muchas hipótesis. ¿Intentaba mitigar el dolor que le causaba una úlcera de estómago? ¿Tenía tal vez algún picor? En absoluto. Este gesto no verbal no es señal de ninguna dolencia física ni psicológica, sino que responde a su deseo de ser representado con porte aristocrático, aunque su familia pertenecía a la baja nobleza.

En sus tiempos, se podía alardear de ser un distinguido caballero de familia adinerada ocultando una mano bajo la pechera del chaleco. Como líder, Napoleón promovió el cambio de ideas sobre a quién podía considerárselo noble. Durante su mandato, cambió el sistema social para poder decidir personalmente quién debía pertenecer a la nobleza y otorgó luego títulos nobiliarios a ciertas personas, por lo cual haber nacido en una familia aristocrática no era la única forma de poseer un estatus social elevado. El lenguaje corporal que vemos en estos retratos nos muestra que Napoleón era muy consciente del poder de la imagen y que controló meticulosamente cómo quería que lo identificaran sus contemporáneos. La mano medio oculta bajo el chaleco no fue un gesto que él inventara sino una tendencia de la época; él sencillamente hizo uso de él en favor de su ideología y para mostrar su identificación con cierto estamento social, para redefinir esa parte de la sociedad y hacer ostentación de su poder. Sin duda, haberse creado una imagen contribuiría decisivamente a sus continuos triunfos políticos y lo ayudó a ganarse las simpatías de los intelectuales y los pensadores políticos más destacados de Francia.[2]

Los retratos pictóricos de las épocas anteriores a la fotografía y a los teléfonos móviles fueron para los líderes de los distintos imperios una manera infalible de demostrar su poder e influencia. El retrato de la reina Isabel I de Inglaterra (1533-1603) es otro gran ejemplo de alguien que se hizo representar con una imagen muy estudiada que exhibiera su realeza y poder, y rodeada además de objetos que debían de tener un significado simbólico para sus súbditos de la época a fin de destacar la fuerza y las aspiraciones del Estado.

Pero además de esta clase de retratos que los monarcas y sus consejeros de la corte encargaban a los artistas para poner de relieve el poder de la monarquía, a lo largo de la historia los propios artistas han pintado autorretratos que dan una perspectiva más íntima del individuo. Los autorretratos de un artista nos permiten conocer íntimamente su estado de ánimo, como es el caso de los autorretratos introspectivos del pintor holandés Vincent van Gogh (1853-1890), que se han interpretado repetidamente como expresión de su estado de deterioro. También hay autorretratos a los que se les han atribuido propiedades místicas y sobrenaturales, como el de Leonardo da Vinci (1452-1519) dibujado con tiza roja. En Italia, durante siglos, ha habido una extendida creencia de que la mirada de ese retrato tiene tal intensidad que el espectador se fortalece con solo mirarlo, y se dice que, debido a esos poderes «sobrenaturales», este autorretrato se protegió muy especialmente durante la II Guerra Mundial para evitar que cayera en manos de los nazis.[3]

Hoy en día, por supuesto, con independencia de nuestras aptitudes artísticas o incluso de nuestro estatus económico, la mayoría podemos crear la imagen deseada en nuestros retratos con el simple movimiento de un dedo sobre la pantalla de nuestros dispositivos móviles y mostrarla de inmediato al mundo entero. Como en los ejemplos anteriores de retratos y autorretratos históricos, el *selfie* puede reflejar aquellos detalles de nosotros que elijamos mostrar, comunicar una noción íntima de quiénes somos y qué creemos o revelar el poder que tenemos o que nos gustaría tener.

Las estrellas de Instagram, las blogueras de moda y las asesoras de estilo marcan las tendencias del momento para el lenguaje corporal de las *autofotos* y cómo lo usamos para mostrar a los grupos sociales a los que pertenecemos, o queremos pertenecer, el poder que tenemos en ellos. Estas estrellas de las redes sociales tienen gran número de seguidores que imitan sus poses más populares. ¿En qué se basan esas poses? El lenguaje corporal y el aspecto que adoptan personajes como las Kardashian/Jenner y muchos otros iconos de la moda populares en Internet, como en el caso de la mano de Napoleón medio oculta bajo el chaleco, no nos cuentan necesariamente ningún secreto sobre su estado físico o psicológico. Gran parte de ese lenguaje corporal se originó sobre la alfombra roja y está por tanto asociado con la fama, el glamur, la prosperidad y el poder. Otras poses se originaron en otros países o culturas, y, a menudo en medio de cierta controversia, se adoptan y reciclan en un intento de abarcar un mayor territorio social y conseguir mayor poder.

Veamos algunas señales de lenguaje corporal utilizadas comúnmente en las redes sociales, procedentes en su mayor parte de Estados Unidos.

El «brazo delgado», o en jarra, es una postura con la que tradicionalmente han posado sobre la alfombra roja las celebridades femeninas para parecer más delgadas, lucir el vestido o mostrar una figura más estilizada ante la cámara. La mano se coloca en la cadera y el codo apunta en dirección contraria al cuerpo en un ángulo de cuarenta y cinco grados. En la postura del «azucarero», o en jarras, ambas manos están colocadas sobre las caderas en una pose similar. En la del «tobillo cruzado», se cruza una pierna por delante de la otra para conseguir una silueta más esbelta al lucir el vestido.[4] Esas poses, que han migrado de las revistas de moda a las redes sociales gracias a las blogueras más conocidas, se han convertido en una práctica común entre sus seguidoras de Internet, que las imitan en sus fotografías y *selfies*, y con ello su difusión ha experimentado un crecimiento exponencial. Esta clase de modas muestra la democratización de los trucos empleados en el oficio de la celebridad. Al sentirnos más cerca y más identificados de un modo inmediato (copiando el lenguaje corporal), mostramos nuestra preferencia por pertenecer a eso que se percibe como un estatus social o un rango social y una tribu «más elevados».

Adoptar las poses faciales de moda forma parte de la misma aspiración a pertenecer a la tribu de las celebridades. Estas son algunas de las sofisticadas poses sociales que circulan por Internet en estos momentos:

- **El dedo en la boca (*fingermouthing*):** posar con un dedo o dos cerca de la boca para atraer la atención a esta zona.
- **Cara de pato:** ojos sensuales y labios fruncidos.
- **Mirada de pez:** boca ligeramente abierta enseñando un poco los dientes, al estilo de las poses de revistas de alta costura.
- **Expresión de beso:** arrugando los labios hacia arriba e inclinando hacia atrás la cabeza.
- **Cara de dura:** expresión asimétrica elevando una ceja, ladeando la cabeza y con un ligero mohín de enfado en los labios.
- **Expresión de modelo:** una versión menos exagerada de la cara de pato.
- **«Risojo» (*smize*):** boca cerrada casi sonriente, con mucha expresividad en los ojos.
- **Ojos ligeramente entrecerrados:** como si se estuviera mirando al sol.
- **Cara de gorrión:** abrir los ojos todo lo posible y arrugar y sacar ligeramente los labios, como un pájaro a punto de recibir alimento.[5]

Las poses de lenguaje corporal que se exponen en Internet se convierten muy pronto en una señal fácil de reconocer, y son a menudo una especie de guiño a la comunidad de seguidores de esa celebridad. Quien publica el *selfie* suele tener la esperanza de que se reconozca su pose y se le considere por ello parte de la tribu. Pero si no formamos parte de la tribu o no la conocemos, ¿qué sucede? Puede que nos quedemos mirando cualquiera de estas poses con desconcierto, confusión y muchas veces desagrado. Al fin y al cabo, tendemos a sacar automáticamente una impresión negativa cuando no disponemos de suficiente información, lo que significa que suele no gustarnos lo que no comprendemos. Por tanto, que las últimas modas de lenguaje corporal que circulan por Internet tengan en cada uno de nosotros un impacto u otro dependerá de quiénes seamos y de los grupos sociales a los que pertenezcamos o queramos pertenecer; en otras palabras, somos igual de tribales desde la perspectiva de las redes sociales que en nuestra vida fuera de Internet.

Además, en las redes sociales estamos expuestos a cada instante a muchas más culturas y normas que en nuestra vida no digital, lo cual nos ofrece mucha más información que procesar o que ignorar. En el ciberespacio, tenemos el potencial no solo de extender nuestro ámbito de influencia sino también de recibir la influencia de muchísima más gente. Cualquiera que tenga cantidad de seguidores y admiradores en las redes sociales ejerce, por definición, muchísimo poder, y, como nos recuerda Ben Parker, más conocido como el tío Ben de Spiderman, «un gran poder conlleva una gran responsabilidad». Fíjate en Napoleón: para hacer una declaración de su poder e influencia se sirvió de una pose normalmente reservada a un grupo social que no era el suyo, y al que a la vez él y otros anhelaban pertenecer; quería reivindicar su derecho a formar parte de ese estamento social, y al hacerlo aumentó su influencia y demostró su poder.

¿Podría decirse lo mismo de las hermanas Kardashian/Jenner cuando publicaron sus fotos con peinados de trenzas africanas en el 2016? Las fotografías crearon gran revuelo en las redes sociales, y las hermanas recibieron un aluvión de críticas por apropiación cultural. Intentaban relanzar estilos de peinado que ya utilizaban común y predominantemente las mujeres de raza negra; les habían puesto nuevos nombres personalizados, como si aquellos peinados fueran invención suya. Como escribió muy acertadamente una periodista de *Teen Vogue*, tratar de «relanzar unos estilos de peinado tradicionalmente afroamericanos poniéndoles un nombrecito cursi, con la esperanza de que otras imitaran su aspecto, es todo menos guay».[6]

De vuelta a nuestra situación, dado que el **contexto** es que llevabas un tiempo apartada de las redes sociales, la pregunta es:

¿por qué te habías retirado una temporada? ¿Es posible que no te sintieras verdaderamente parte del grupo? Si es así, ¿te extraña no reconocer algunos detalles del lenguaje corporal y sentirte todavía más fuera de lugar? Reflexiona unos momentos y decide si esa sigue siendo de verdad tu gente. Tal vez sientas que te atrae más un grupo distinto. Cuesta cambiar de tribu. Muchos no cambian nunca de grupo social, pero también hay muchos que sí.

Asimismo podemos considerar el contexto desde el punto de vista de dónde está situado el sujeto en un *selfie* (entornos cada vez más íntimos) y con quién o qué, por qué medios se distribuye esa imagen y cómo distintos *hashtags* hacen que el *selfie* tenga mayor difusión fuera de los canales de distribución que su autor utiliza habitualmente, la diferencia entre lo que mostramos de verdad de nosotros y el personaje público que hemos construido para su amplia distribución y la necesidad cada vez mayor de hacernos y publicar fotografías como estrategia para estar presentes, formar parte de las conversaciones y tener más influencia en el mundo de Internet y de fuera de Internet.

Podemos crear una sensación de intimidad en un *selfie* si hacemos la foto en un lugar privado en el que no se nos suela ver normalmente, como el dormitorio, el baño o el armario. Si una celebridad se muestra detrás del escenario o en su camerino, crea la misma conexión íntima con el observador.

Si queremos alardear de tener una conexión íntima con el poder, debemos mostrarnos en una situación que refleje cierta intimidad con esa persona u objeto que lo represente, como por ejemplo saludando al presidente o besando el trofeo de un campeonato. Indudablemente, los aficionados a un deporte que publican fotografías en las que aparecen besando la Copa Stanley, el trofeo de la Copa Mundial de la FIFA o el trofeo Vince Lombardi, rodeados y vitoreados por el equipo ganador, demuestran también una clara proximidad con poderosos iconos o miembros de una tribu. Este tipo de imágenes muestra una relación y una familiaridad inusuales, y envidiables, con un objeto, grupo o persona de poder normalmente inaccesibles.

Del mismo modo, podemos identificarnos con un entorno impactante para demostrar nuestra relación con el poder si nos autofotografiamos al lado de maravillas naturales: en el campamento base a punto de empezar a escalar el Everest, envueltos en la bruma bajo las Cataratas del Niágara, en lo alto del Gran Cañón del Colorado o en la cima del monte Fuji. Conseguimos un efecto similar haciéndonos un *selfie* al lado de monumentos importantes, como el Taj Mahal, el edificio de la Ópera de Sydney, la Gran Pirámide de Giza o la Muralla China. Por supuesto, lo que cada uno de nosotros pretendamos comunicar sobre nuestra relación con ese entorno a los miembros de nuestra tribu será diferente en cada caso. Podemos mostrar si lo tenemos en alta estima, o incluso que nos hemos ganado por algún motivo un poder sobre él. Si, por ejemplo, hemos llegado a la cima del Everest, podríamos mostrar lo que hemos tenido que sufrir para conseguirlo, o retratarnos por el contrario como auténticos vencedores, mostrando un aire de superioridad, de asombro o de irreverencia.

Igualmente, podemos dejar patente nuestra identificación con aquellos valores o causas en los que creemos si publicamos retratos que nos vinculen con un acontecimiento social o protesta épicos (por ejemplo, llevando una pancarta en una de las numerosas e históricas marchas de las mujeres en protesta por la elección de Donald Trump o en las protestas contra el veto a los refugiados e inmigrantes musulmanes proclamado bajo el gobierno del mismo presidente).[7] Cambiar el filtro de la foto de nuestro perfil puede manifestar nuestro apoyo a personas o causas; eso es precisamente lo que hizo gente de todo el mundo cuando utilizó los filtros rojo, azul y blanco de la bandera francesa para mostrar su solidaridad con Francia tras los atentados de París del 2015,[8] o por los atentados de Beirut o Bagdad del mismo año. Podemos mostrar a nuestros grupos sociales lo que nos importa, nuestros valores, rituales y creencias, si nos conectamos de este modo con ciertos sucesos a través de un *selfie* o una señal en nuestra actual foto de nuestro perfil.

Pregúntate qué puedes tomar **además** en consideración: como ya hemos dicho, lo que transmite de ti el lenguaje corporal que muestran en Internet tus *selfies* o retratos tienen que ver generalmente con tu forma de posar, y esto te da la posibilidad de decidir qué imagen quieres dar. Este es un análisis rápido de posibles ángulos de la cámara y el efecto que tiene cada uno de ellos en tu lenguaje corporal y lo que este dice de ti:

- **La cámara a la altura de los ojos** en un *selfie* de cerca transmite el efecto de paridad de altura, y por tanto concede al observador paridad de estatus al estar a tu mismo nivel visual.
- **La cámara en ángulo desde arriba** hace que la cara parezca más grande que el cuerpo, sobre todo los ojos, lo cual puede serte útil si quieres crear una conexión más personal o íntima con el espectador. Además, la boca se verá más cerca, lo cual contribuirá a esa mayor sensación de intimidad. El cuerpo se verá más pequeño desde este ángulo, lo cual puede ser un incentivo para quienes quieran que su cuerpo parezca menos voluminoso. En última instancia, este ángulo hará que el espectador se sienta aventajado en tamaño o altura y te hará parecer más sumiso, ya que tus ojos miran hacia arriba, y más fácil de dominar; por tanto, con él concedes al espectador la posibilidad de sentirse más poderoso que tú.
- **La cámara en ángulo desde abajo** no solo consigue que el espectador se sienta más pequeño o más bajo que tú, sino que expone también zonas más vulnerables de tu cuerpo (la garganta, por ejemplo, o la yugular), lo cual puede hacerte parece arrogante. Tomar una fotografía desde este

ángulo puede transmitir un aire dominante, de superioridad o, una vez más, de arrogancia, si parece que miras al espectador por encima del hombro.

Una **nueva** opinión podría ser que el panorama de las redes sociales es demasiado complejo como para poder hacer un juicio precipitado. El contenido que es capaz de albergar es tan inmenso que siempre te perderás algo en un sitio o en otro, y por tanto la sensación inicial de estar perdiéndote algo es bastante probable que sea cierta, aunque a menudo inevitable. Lo importante, más que una **comprobación**, es una pregunta que debes hacerte, y es si eso en lo que participas en Internet te está dando lo que necesitas. Y si no es así, ¿deberías tener una participación más activa en ello o quizá buscar algo distinto en otra parte? Si no tienes intención de cambiar de grupos sociales y quieres idear algo que te haga ganar posiciones o te dé más visibilidad en las plataformas digitales, puedes probar a publicar una foto tuya más acorde a las últimas tendencias que observes, investigar un poco en foros para adelantarte a las modas, emular a las mismas celebridades que inspiran a tu grupo social o crear tú mismo una nueva tendencia.

MITOS DEL LENGUAJE CORPORAL

El cuerpo nunca miente

Sabemos que la comunicación no verbal es una respuesta a las circunstancias externas y también a la experiencia interior, a cómo nos sentimos y lo que pensamos, debido a lo cual la mayoría de nosotros dejamos escapar señales no verbales de cómo nos afectan esas circunstancias. Debido a que emitimos esas señales de lo que pensamos y sentimos, y a que la comunicación no verbal opera a menudo sin que tengamos demasiada conciencia de ella o incluso de un modo subconsciente, se suele dar por descontado que es más fiable que otros factores y que debe tenerse en cuenta por encima de ellos. Es fácil desarrollar, a partir de esta idea, la teoría de que somos incapaces de ocultar lo que de verdad sentimos. A veces es así, pero la comunicación no verbal puede ser también una manifestación estratégica muy consciente. ¿Cuántas veces has mostrado una risa falsa, has fingido interés, has llorado lágrimas de cocodrilo o has hecho ver que estabas enfadado? ¿Has conseguido que parecieran reales? Cualquiera puede engañar a quien tiene delante. No cabe duda de que el cuerpo miente, y lo hace con regularidad.

SCAN rápido

S: deberías **dejar en suspenso** la opinión basada en tus reacciones instintivas al comportamiento que has visto en Internet. El cibermundo se mueve a una velocidad exponencialmente más alta que la que tú puedas alcanzar, y por consiguiente es necesario que te des tiempo y espacio para considerar dentro del marco de esa realidad lo que ves y cómo te hace sentir.

C: en la mayoría de los casos, no te equivocarás si contemplas el lenguaje corporal de los *selfies* en el **contexto** de que son señales no verbales muy estudiadas, y el contexto cambiará a medida que transcurra el tiempo y se distribuya por las plataformas digitales.

A: cuando analices el *selfie* de alguien, observa **además** si al lado del sujeto hay algún icono que le confiera poder, ya que esto puede influir en cómo juzgues a su autor como persona y lo que pienses de él.

N: tu **nueva** opinión podría confirmar que efectivamente te has perdido algo en el mundo de las redes sociales y que es inevitable, pero puedes decidir qué modo de participar te hará sentir más fuerte y más seguro.

20

SON UNOS CONTROLADORES

Has estado muy ocupada últimamente. Parece que los compromisos de trabajo no acabaran nunca. No tienes un minuto de respiro, te faltan horas en el día. Estás desbordada; los mensajes de correo vienen y van sin tregua, el teléfono suena sin parar. Trabajas día y noche para poder llegar a todo, pero los compromisos y las obligaciones solo parecen multiplicarse. Hace tiempo que duermes poco y apenas descansas, y sabes que la situación empieza a poder contigo, quizá estés incluso un poco deprimida. Tu familia también te reclama, y aunque llevas ya varios días sin contestar sus llamadas e ignorando sus mensajes de texto, tu padre y uno de tus hermanos se presentan en tu casa con una bolsa llena de alimentos. Los haces pasar y les explicas que estás tremendamente ocupada y que no tienes tiempo de preparar nada para comer en ese momento. En lugar de entenderlo y darte el espacio que necesitas, ponen literalmente manos a la obra: te conducen hasta una silla y te obligan a sentarte, para poder darte el consejo que necesitas oír, y que tú no tienes realmente tiempo de escuchar. Te sientes manejada, impotente, como una niña. Piensas: «¡Son una panda de controladores! Todos se empeñan en decirme lo que tengo que hacer».

Aunque queremos a nuestras familias, a veces son exasperantes. Creen que saben lo que más nos conviene, y a menudo no pueden evitar presionarnos y expresar sus opiniones sobre cómo deberíamos organizar nuestra vida. Incluso cuando somos ya hombres y mujeres hechos y derechos, se las arreglan para arrebatarnos nuestro poder y pueden hacer que nos sintamos como niños pequeños. Por muy irritante que sea este comportamiento, vamos a **dejar** por un instante **en suspenso tu opinión** y a **hacer un estudio más descriptivo** de lo que está aconteciendo.

¿Cuáles son las señales más obvias de que tu familia está intentando controlarte? En esta escena, te conducen hasta la silla y te hacen sentarte y estarte quieta. Este lenguaje corporal de firmeza y pleno contacto físico puede revelar sin duda un deseo o impulso automático de controlarte, manipularte y organizarte la vida.

MITOS DEL LENGUAJE CORPORAL

No verbal es solo lo que vemos y oímos

Cuando observamos el lenguaje corporal, aunque las señales que captamos con la vista son desde luego muy importantes, vamos a no infravalorar las señales hápticas, esas señales físicas producidas por el tacto. Nuestra piel, el órgano más extenso del cuerpo, es también un sensor no verbal. Está repleto de nervios sensibles a la presión, la temperatura y el dolor.

Por la piel, recibimos un interminable caudal de información sobre nuestro entorno. Muchos estudios hablan de los efectos tan beneficiosos que tiene el tacto para nuestro bienestar emocional y físico.

Varios estudios recientes revelan, además, que a menudo el contacto físico puede comunicar con exactitud la emoción que motivó el contacto, tanto al receptor como a quienes lo observan. En otras palabras, no es por casualidad que seamos capaces de descodificar con exactitud la información emocional que transmite ese contacto. Podemos distinguir con precisión por medio del tacto la ira, el miedo, la aversión, el amor, la gratitud y la comprensión, así como la alegría y la tristeza.[1] Esto significa que nuestra piel es un medio de comunicación infravalorado con frecuencia, y sin duda una parte muy importante de la comunicación no verbal. Tal vez por eso el zumbido háptico del teléfono móvil contra nuestro cuerpo nos resulta tan reconfortante, cuando nos informa de que nuestra familia y nuestros amigos tratan de contactar con nosotros con ese mensaje que acaba de llegar a la plataforma de nuestra red social, o tan molesto, si es nuestro jefe el que nos sacude con la vibración de un mensaje de texto para recordarnos que le presentemos el informe que tenemos pendiente.

La señal más obvia en este caso, el contacto físico, que es una señal de propiedad, forma parte integral del lenguaje corporal. Cómo utilicemos el contacto indica el grado de conexión, preexistente o no, que tenemos con alguien. Quién inicia el contacto y cuál es la manera de tocar pueden indicarle al receptor, y a quienes lo observan, quién tiene el poder en la relación. Si vemos a alguien empujar a otra persona para que se siente, podemos suponer que quien hace el gesto posee un estatus más alto; podría tratarse incluso de un intimidador, y demuestra así su poder y dominio sobre alguien más débil que él.

Volviendo a la escena familiar, otra señal obvia es la bolsa llena de alimentos que te han llevado de regalo, que bien podría hacerte tener que dedicar tiempo a guardarlo todo en el frigorífico o a cocinarlo, o incluso estresarte si al final esos alimentos se estropean. La comida, y el hecho de sentarse juntos a comer, aunque normalmente es una parte integral y agradable de la tradición familiar armoniosa y de los rituales religiosos y culturales, con frecuencia pone de manifiesto quién tiene el poder y el control en la familia o la comunidad: quién va a trabajar para ganar el dinero con que comprar la comida, cuánta comida se puede obtener y quién tiene que prepararla (división de labores). A veces nos vemos obligados a comer cosas que no nos gustan, a horas que no queremos o en cantidades exageradas o insuficientes. En la mayoría de las religiones hay un tiempo preceptivo de ayuno en determinados momentos del año. Así pues, aunque pudiera ser que tu familia quisiera obsequiarte con esos alimentos que te ha llevado, también es posible que haya aprovechado la circunstancia para manifestar su poder y dejar claro que eres propiedad suya y que tiene derecho a controlar tu vida.

¿Alguien quiere un apretón de manos?

Podríamos leer durante días sobre los apretones de manos de los líderes mundiales pasados y presentes, y concretamente sobre lo que le comunican al público por la forma de estrecharse la mano, cómo el apretón de manos puede ir acompañado de una palmadita en el hombro o una breve presión en el codo y si unos aceptan la mano que se les estrecha desde mayor altura u otros aprovechan esa posición de altura para demostrar control sobre los demás.

Los apretones de manos de Donald Trump durante los primeros cien días de su presidencia, además de ser un tema candente de debate en los medios de comunicación, mostró su actitud de líder pragmático y proactivo cada vez que se reunió con aliados políticos y líderes extranjeros que simpatizaban con él y una actitud más reservada con cualquiera que aparentemente se hubiera ganado su desdén o chocara con su concepción de la autoridad.

Trump es famoso por darles a sus amigos y aliados un apretón con ambas manos y atraerlos al mismo tiempo hacia sí haciéndoles incluso perder el equilibrio. Esta maniobra no solo los acercaba a su territorio y a su espacio personal sino que además los desestabilizaba, lo cual causaba la impresión de que Trump era más poderoso y estaba al mando. Es difícil saber hasta qué punto se trata de una acción intencionada. Si lo es, indica sin lugar a dudas una actitud maquiavélica hacia sus aliados, dejarlos entrar en su terreno pero, eso sí, de puntillas. ¿Cómo actuaban quienes recibían esta exhibición no verbal de poder tan característica para mantener y afirmar visual y públicamente su propia autoridad? El histórico segundo debate electoral estadounidense con su oponente demócrata Hillary Clinton en el 2016 comenzó sin apretón de manos entre los oponentes, lo cual reflejaba la animadversión entre ellos y era señal del deseo de ambos por aferrarse al poder. No obstante, acabó con un rápido apretón de manos de Trump a Clinton: le tomó la mano y tiró de ella ligeramente hacia él; luego le agarró con firmeza el codo, quizá intentando hacer ver que a ella le habían fallado las fuerzas. Puede que Clinton estuviera preparada para una maniobra de este tipo, ya que dejó que solo el brazo se extendiera, con flexibilidad, mientras mantenía los pies firmemente clavados en el suelo para evitar que el gesto le hiciera perder el equilibrio y evitar a la vez que el público percibiera la menor señal de inestabilidad provocada por un apretón de manos de estas características.

Igualmente, el primer ministro canadiense Justin Trudeau parecía haberse preparado para el importante apretón de manos en su primer encuentro televisado con el presidente Trump. Vimos a Trudeau apearse de su vehículo y acercarse a Trump con paso enérgico y el antebrazo estirado y firme, para impedir que este pudiese llevarlo a su terreno y consiguiendo así que, por el contrario, cediese y se quedase en su sitio. Trump intentó entonces hacer fuerza agarrándolo por el codo, y Trudeau lo contrarrestó con una prolongada y firme palmada en el hombro, que le dio mayor control del brazo de Trump e impidió que este hiciera ninguna demostración visual de superioridad sobre Trudeau, a quien vimos conservar intactos su posición y su poder.

Tomemos en consideración el **contexto** esencial para tener más probabilidades de hacer una interpretación del lenguaje corporal acertada. Si casualmente viéramos a una persona empujar a otra a sentarse, sin conocer el contexto, no sabríamos si quien empuja, el aparente intimidador, antes ha sido repetidamente víctima de las acciones de aquel a quien empuja en este momento y si el acto de empujarlo ahora no es quizá un esfuerzo desesperado por recuperar del ofensor un poco del poder que este le había arrebatado, y plantarle cara. Y si bien es cierto que el lema del «ojo por ojo» nos dejaría a todos ciegos, lo importante en este caso es tener en cuenta que cada momento que presenciamos es el momento *posterior* a algo que ha ocurrido y el momento *anterior* a algo que ocurrirá, y que cuanto mejor comprendamos las circunstancias de fondo de las acciones que vemos, más preparados estaremos para tomar las decisiones acertadas sobre cómo actuar y resolver los conflictos de la mejor manera posible.

El contexto en la escena familiar que nos ocupa es que estás ocupada, cansada y desbordada de trabajo, algo que se ha convertido en la normalidad de muchos en nuestro mundo industrializado e hiperconectado. Puesto que disponemos de la tecnología para responder a cualquiera al instante con solo mover un dedo, los demás dan por hecho que lo haremos, y si no lo hacemos, dan por hecho igualmente que perderemos una oportunidad. Como consecuencia, podemos acabar viviendo bajo una presión excesiva, con la sensación de que nos movemos a un millón de kilómetros por hora, y a la vez dormimos poco y descuidamos la salud. En la descripción que hacíamos, estás cansada y a punto de enfermar, deprimirte o ambas cosas, y por tanto el contacto físico con tu padre e incluso el hecho mismo de que se haya presentado en tu casa pueden resultarte, comprensiblemente, un impacto demasiado fuerte, o más de lo que puedes soportar.

Hay algo más que debes tener en cuenta: en tu familia, ¿es este un comportamiento habitual? ¿Suele presentarse en tu casa, sin avisar, alguien de la familia e intentar controlarte a ti y controlar la situación? Dependiendo de cómo sea la relación que tenéis, examinar cómo han sido su comportamiento contigo y vuestra relación en el pasado podría o tranquilizarte, si te das cuenta de que realmente se presentan para demostrarte que les importas y te quieren, o ser la gota que colma el vaso, si estás harta de que ciertos miembros de la familia se presenten de improviso cuando más débil te sientes para afirmar su poder sobre ti y mantener un equilibrio de fuerzas que salvaguarde el orden establecido.

Pregúntate: en este contexto, ¿que podría estar sucediendo **además**? Cuando estamos decaídos, tristes, cansados o tenemos algún dolor, es muy difícil a veces percibir e interpretar correctamente el lenguaje corporal de quienes se encuentran a nuestro lado. Cualquier cosa puede acabar irritándonos, e incluso cuando las personas más allegadas a nosotros intentan ayudarnos, podemos interpretarlo todo al revés.

Un modelo psicológico de interacción humana denominado triángulo dramático de Karpman describe tres posibles papeles que solemos adoptar como respuesta al conflicto o el dolor: el de acosador, el de víctima o el de rescatador. En este modelo, la víctima (que representa un vértice del triángulo, mientras que los otros dos vértices les corresponden respectivamente al rescatador y al acosador), aunque posiblemente no sea en verdad objeto de ninguna clase de abuso directo, se *siente* notablemente oprimida, acosada e impotente –es decir, víctima–, y, según la teoría, busca a alguien a quien adjudicar el papel de acosador a quien percibe cada vez más como un ser opresivo y controlador. Es posible que la víctima busque además a una figura rescatadora, que asuma su papel y le sugiera que hay un sitio mejor donde estar.[2]

En nuestra escena, si te sientes desbordada y decaída, puede que sin darte cuenta adoptes el papel de víctima y estés por tanto predispuesta a encontrar a alguien que reúna las características del acosador, lo cual te hace sensible a ese tipo particular de comportamientos verbales o no verbales, es decir, al lenguaje corporal que percibes en torno a ti y que más concuerda con ese papel. No solo eso, sino que podrías incluso distorsionar, eliminar o generalizar los comportamientos que ves a tu alrededor y sacarlos de contexto para demostrar tu teoría. Con frecuencia, basta un suave codazo inintencionado para desatar una respuesta explosiva; así que, en tus condiciones actuales de agobio, la combinación de la bolsa de alimentos, la invasión de tu espacio y el contacto de las manos para hacer que te sientes puede hacerte llegar fácilmente a la conclusión de que tu padre y tu hermano te persiguen, te controlan y te manejan.

Por consiguiente, aun suponiendo que sin proponérselo tu padre y tu hermano encajaran de verdad en el papel del acosador o incluso aunque fuera en el del rescatador, tu respuesta a su presencia y a sus actos indica que tu familia tiene cierto control sobre ti. Tanto si su intención es generosa y atenta como si es irrespetuosa y agresiva, te sientes indefensa frente a su dominación, impotente frente a la fuerza de su presencia.

Presta atención a cómo te tocan (el lenguaje háptico o táctil). ¿Es suavemente, con las palmas de las manos, o con los dedos, con dureza? El contacto suave de las palmas de las manos, un contacto que ejerza una ligera presión, puede provocar una reacción neuroquímica y hacer que el cerebro secrete oxitocina en respuesta a la activación de los nervios sensoriales cutáneos. Es la forma en que nos masajeamos nosotros mismos con caricias suaves cuando tenemos algún dolor, por ejemplo, pero que otros pueden utilizar también, para calmarnos. La oxitocina se asocia con un aumento del bienestar y de la interacción social, y tiene un efecto antiestrés. Si se nos toca con suavidad, no solo nos sentimos mejor, sino también más conectados con los demás y menos estresados; puede incluso tener un efecto positivo en nuestra salud.

Por el contrario, el contacto físico agresivo, por ejemplo los golpecitos con la yema de los dedos, especialmente en zonas delicadas del cuerpo, puede provocar estrés; hace que asciendan los niveles de cortisol y desciendan los de dopamina para indicarle al cerebro que el entorno muestra señales poco beneficiosas y que debe prepararse para una posible situación de peligro.

Ahora dispones ya de suficiente información y perspectiva para poder plantearte la posibilidad de formarte una **nueva opinión** y **comprobar** si la visita sorpresa y el contacto físico para hacer que te sentaras tenían una intención controladora y dominante o reconfortante y compasiva. ¿Recuerdas si la forma en que tu padre y tu hermano te agarraron del brazo fue suave, o dura y dominante? Si fue suave, lo más probable es que al darse cuenta de lo ocupada que estabas pensaran que no estarías alimentándote bien y su intención no fuera controlarte ni dirigir tu vida sino calmarte, ayudarte y cuidar de ti. Si por el contrario notaste con claridad la presión de unas yemas de los dedos afiladas, es posible que estuvieras en lo cierto al tener la impresión de que te trataban con agresividad e intentaban organizarte la vida.

Numerosos estudios han revelado que los seres humanos necesitamos del contacto físico para desarrollarnos adecuadamente. Para los recién nacidos es una necesidad indispensable;[3] los niños necesitan que se los toque con cariño para crecer sintiéndose seguros y queridos, e incluso los adultos agradecemos un buen abrazo de vez en cuando. A tu familia y a tus amigos podría serles útil que les contaras qué te resulta demasiado dominante y qué te reconforta de su manera de relacionarse contigo.

SCAN rápido

S: dejar en suspenso la opinión en este tipo de situaciones significa normalmente desligarnos de algunas asociaciones muy fuertes que tenemos con cómo esperamos que se comporten y lo que esperamos que piensen y sientan cada miembro de nuestra familia y los amigos de toda la vida.

C: cuando analizamos el lenguaje corporal, es importante que obtengamos más información sobre lo que ocurrió antes de lo que quiera que hayamos visto. Este **contexto** puede cambiar radicalmente lo que pensamos que alguien se propone.

A: el estado físico y mental en el que te encuentres puede influir poderosamente en tu manera de juzgar las intenciones de alguien. Pregúntate qué aspectos de ti, **además** de estos, tienen una poderosa influencia en cómo juzgas las intenciones de los demás en su relación contigo.

N: ¿qué son para ti un tacto duro y un tacto suave? Pídeles a otras personas que te muestren qué consideran ellas que es duro y suave en lo que al tacto se refiere y comprueba si esa información te lleva a hacer una **nueva** apreciación sobre la exactitud de tu escala de evaluación del tacto.

21

UNA COMUNICACIÓN DEMASIADO ÍNTIMA

Estás en una tradicional celebración familiar navideña y has entrado en la cocina a echar una mano. Has dejado a tu pareja que se las arregle sola en medio de los demás miembros de la familia, a los que no conoce demasiado. Te asomas para comprobar que todo va bien al cabo de un rato, y ves que ha congeniado mucho más de lo que esperabas con una de tus hermanas; está sentado a su lado y tienen una conversación muy animada. Sientes un alivio inmediato y sigues ayudando a preparar la comida. A la hora de comer, vuelves al grupo, y te das cuenta de que no hay quien separe a tu pareja de tu hermana. Están sentados muy cerca, mirándose con mucho interés, y cuando al final los interrumpes e intentas que te hagan caso, levantan la mirada despacio, sin demasiadas ganas aparentemente de dejar de hablar. Esta es tu pareja desde hace varios años, y aunque estás segura de que no saldrá corriendo de la mano de tu hermana en pos de un horizonte más prometedor, te sientes un poco preocupada e irritada porque no dejan de mirarse a los ojos, con las caras muy cerca, y de tanto en tanto ves cómo la mano de tu hermana se posa sobre el hombro de tu pareja. Te pone furiosa que al parecer tu hermana no respete que es tu pareja y deje las manos quietas. Tienes la impresión de que mantienen una comunicación demasiado íntima.

¿Está tirándole los tejos tu hermana a tu pareja? Aunque creas tener motivos para estar bastante enfadada, y estés a un paso de montar una escena o ir de invitada al consultorio televisivo del *Doctor Phil** para que te dé «estrategias de vida»... o quién sabe si de acabar delante de un jurado, vamos a emplear el procedimiento **SCAN**, a **dejar en suspenso** esa **opinión** y a **hacer un estudio más descriptivo** de la situación.

Hay varias señales importantes: tu hermana y tu pareja se miran fijamente a los ojos, tienen las caras muy cerca, y tu hermana toca a tu pareja en el hombro. El contacto visual es un elemento clave en cualquier análisis del lenguaje corporal, y el tema se trata con frecuencia en este libro. La forma en que una persona mira a otra puede tener significados muy distintos. En la sección de las citas amorosas, hablamos sobre el hecho de posar la mirada en nuestro objetivo y de cómo esto puede ser señal de atracción e interés; si en ese momento las miradas se cruzan y hay un contacto visual directo, la señal de atracción e interés puede crecer considerablemente. Es posible que mantengamos un contacto visual más prolongado con aquellos que nos atraen, sobre todo en caso de querer saber si sienten también atracción por nosotros, aunque

* Consultorio televisivo conducido por el psicólogo Phil McGraw autor de varios bestsellers de autoayuda (algunos de ellos publicados en castellano: *Amor inteligente* y *Eres importante*).

esto puede traducirse más bien en alternar la mirada entre un ojo y otro, inspeccionándolos para descubrir lo que la mirada significa. Pero un contacto visual prolongado podría denotar también agresividad; a veces se traduce en quedarse mirando a alguien que nos mira, lo cual puede ser incómodo, hasta que el primero en apartar la mirada abandona el «combate» y el «vencedor» se adjudica la posición dominante.

Cuando dos personas experimentan una atracción mutua, es posible que se miren a los ojos, pero también que estos estén ligeramente desenfocados, a fin de captar la imagen entera de la otra persona, y tengan el aire soñador de una inocente «mirada de cierva». O, para aguantar la intensidad de unos ojos que nos miran fijamente, y que puede incomodarnos un poco, a veces desviamos sutilmente la atención al puente de la nariz de quien nos mira, y con ello evitamos dar la impresión de que rompemos el contacto visual pero reducimos la tensión y la ansiedad. Igualmente, el contacto visual prolongado puede ser señal de que estamos escuchando con atención y mucho interés lo que dice nuestro interlocutor.

Volvamos a tu hermana y tu pareja: si bien el contacto visual puede ser indicio de que congenian quizá un poco más de lo que te gustaría, no es una señal concluyente de que tu carrera en los *reality shows* de televisión esté a punto de comenzar. Con esa señal, cabe la posibilidad de que bien tu hermana o bien tu pareja quieran presumir ante ti o ante el grupo de la relación que han establecido, tal vez incluso como muestra de dominación. O podría ser que hubieran iniciado una conversación, posiblemente sobre ti o sobre el grupo, muy amena e interesante para ambos.

¿Están mirándome con interés o echándome un mal de ojo?

¿Cómo podemos saber la diferencia entre que alguien nos mire fijamente a los ojos y que alguien se nos quede mirando? Mirar directamente a alguien a los ojos es una intensa conexión visual que a menudo despierta fuertes emociones en quien mira y en el receptor de la mirada. Mirar fijamente algo, no a alguien, hará que los demás dirijan la mirada hacia aquello que nos ha llamado la atención. Una mirada directa a los ojos puede indicar interés romántico, y sin duda mirarle directamente a alguien a los ojos y luego examinarlo de arriba abajo puede ser señal de deseo, aunque ese examen exhaustivo podría indicar también una crítica de su aspecto y demostrar por tanto una actitud potencialmente dominante o negativa. En la cultura occidental, mirar fija y detenidamente a alguien a los ojos puede ser además expresión de poder y superioridad, y una técnica no verbal para reclamar que nos crean y nos obedezcan. Quedarse mirando a alguien es a veces asimismo una versión de mirarlo directamente pero con los ojos muy abiertos, en señal de sorpresa, turbación o incredulidad. Puede indicar también agresividad o ira. Tanto mirar fijamente a una persona a los ojos como quedárnosla mirando pueden ser actos espontáneos cuando estamos ensimismados en nuestros pensamientos, y sin proponérnoslo posamos una mirada desenfocada en alguien o en algo mientras estamos sumidos en el recuerdo o la imaginación. Que se considere apropiado o no mirar fijamente a los ojos a alguien o quedarnos mirándolo dependerá de la situación, la cultura y a veces la personalidad de cada cual.

De todos modos, como decíamos, es necesaria más de una señal no verbal para deducir cierto significado. En este caso, la proximidad de los rostros también debe tenerse en cuenta. Según el antropólogo Edward T. Hall, los límites de la zona personal reservada a los amigos íntimos, los amantes, los hijos y los miembros de la familia más allegados están a unos cuarenta y cinco centímetros de nosotros, mientras que nos sentimos más cómodos manteniendo a aquellos que acabamos de conocer a una distancia de entre cuarenta y cinco y ciento veinte centímetros. Y si entre tu hermana y tu pareja hubiera una distancia de menos de quince centímetros, indicaría que se están permitiendo entrar en sus respectivos espacios íntimos de la zona personal.

Tu hermana le pone la mano en el hombro a tu pareja. ¿Es un contacto delicado y sensible o puramente práctico, para conducirla a algún lado o recalcar un comentario? No es solo la cualidad del gesto, su presión, frecuencia, velocidad y ritmo lo que influye en cómo lo percibimos. El lugar del cuerpo en el que se efectúa también es importante. El antropólogo y psicólogo evolutivo Robert Dunbar, jefe del Grupo de Investigación de Neurociencia Social y Evolutiva de la Universidad de Oxford, elaboró un mapa basado en los resultados de su estudio que indicaba en qué lugares resultaba aceptable que una persona tocara a otra y en qué lugares no. Participaron en el estudio, el mayor que se haya realizado hasta la fecha sobre la comunicación táctil, mil quinientos sujetos de Finlandia, Francia, Italia, Rusia y el Reino Unido, y los resultados revelaron que la mayoría de los participantes se sentían cómodos cuando les tocaban cualquier parte del cuerpo sus parejas. La mayoría de ellos aceptaba con agrado que sus amigos y parientes más allegados les tocaran la cabeza y la parte superior del torso, mientras que no concebían que un desconocido les tocara más que la mano.[1]

MITOS DEL LENGUAJE CORPORAL

¿Nada más que un beso?

Aunque el besar tenga posiblemente su origen en el paso del alimento previamente masticado de los padres a sus hijos, es decir, de boca a boca, se ha convertido en un acto íntimo para demostrar amor y atención. Asimismo, tiene el potencial de indicar propiedad,[2] y a veces, como en el caso de besar a alguien o algo como equivalente de un «trofeo» (originariamente, la cabeza del oponente degollado), demuestra nuestro poder sobre otra persona u objeto. De ningún modo es siempre un sello de atracción e intimidad; a menudo puede ser una clara demostración del poder que a alguien le confiere la propiedad sobre otra persona o, en el caso del receptor, una respuesta a ese poder. De lo que no hay duda es de que un beso es un fuerte catalizador en nuestras relaciones e influye en cómo valoramos los vínculos que tenemos con los demás. Los labios humanos, aunque por lo general no los consideremos así, son la zona erógena más expuesta del cuerpo. Por estar repletos de terminaciones nerviosas sensibles, incluso el contacto más leve envía un torrente de información al cerebro, que nos ayuda a decidir si queremos continuar y a anticipar lo que podría ocurrir a continuación. Piensa en alguna vez que te has llevado algún alimento a los labios pero, en el momento de tocarlo, has cambiado de opinión. Varios psicólogos evolutivos de la Universidad del Estado de Nueva York en Albany contaban en un informe que bastante más de la mitad de los hombres y las mujeres aseguraban haber puesto fin a una relación por un mal beso.[3] ¿Cómo es posible que un contacto en apariencia tan simple tenga el poder de influir tan drásticamente en la atracción y el rechazo?

Parecería como si en ese contacto de los labios pudiéramos detectar lo adecuado que sería el otro como pareja para procrear juntos descendientes sanos. Los labios son capaces de percibir muchas de las sustancias químicas que están presentes en el olor natural característico que cada uno de nosotros tenemos, un olor que aparentemente nos lleva a elegir una pareja cuyos genes sean complementarios de los nuestros para que, juntos, puedan crear un código genético que se traduzca en un sistema inmunitario más fuerte. La ventaja sería que si nos unimos a esa pareja, nuestros descendientes estarán más preparados para combatir la enfermedad.

Analicemos el **contexto** de la posición en la que se encuentra tu hermana. En definitiva, esta es una reunión de tu familia, y tu pareja no conoce a nadie demasiado, es un extraño. En otros capítulos verás lo que explicamos sobre el poder de la tribu y las tácticas de exclusión que esta puede llegar a emplear como demostración del dominio y poder de la familia al recién llegado. La notable proximidad que te preocupa podría denotar un esfuerzo de tu hermana por incluir a tu pareja, por incorporarla y aceptarla en el círculo familiar, y para tender ese puente adopta unos comportamientos no verbales un tanto impropios.

Pregúntate si hay **además** algún otro detalle que debas tener en cuenta. Tocar es una señal de propiedad que puede mostrar dominio y poder sobre alguien, por eso lo más frecuente es que sea el que ocupa la posición de líder en la relación quien inicie cualquier contacto físico. Tocar puede indicar también el deseo de tranquilizar a alguien o de comunicarle alguna información, de persuadirlo, de hacerle una advertencia o de pedirle un favor. Son posibilidades, todas ellas, que apuntan a una posición de mando y parecen razonables, si tu pareja ha tenido que arreglárselas sola en esta reunión de tu familia, y tu hermana, como miembro de ella, se ha ofrecido para darle algunas orientaciones y hacerla sentirse más cómoda. Por el hecho de formar parte del grupo social dominante, es lógico que en este contexto sea tu hermana, y no tu pareja, la que sienta y manifieste una identificación más fuerte con el poder.

De modo que, si bien después de considerar todo esto podrías formarte una **nueva opinión**, la de que tu hermana intenta ser amable, debes determinar si esa amabilidad no está a punto de pasarse de la raya. Teniendo en cuenta que con frecuencia las parejas que elegimos suelen concordar con las normas que a nosotros nos son familiares, y tienen por tanto similitudes culturales e incluso genéticas con nosotros, es bastante posible que a otros miembros de tu familia tus pretendientes y parejas les resulten también atractivos. Es labor de cada familia definir los límites de lo que se considera aceptable a nivel verbal y no verbal.

Comprueba lo acertada que es tu nueva opinión preguntándole antes a tu pareja si la conversación y el contacto con tu hermana le han causado una sensación rara, si le han parecido demasiado íntimos. Obsérvalo además mientras habla con tu hermana para ver si durante la conversación muestra incomodidad o se siente quizá indefenso. ¿Ves que se encorve, para proteger los órganos vitales, que dibuje una sonrisa de sumisión con la boca, pero no con los ojos, para complacer a su interlocutora? Si observas que vuelven a mirarse a los ojos y retoman la proximidad y el contacto físicos, harías bien en acercarte a tu pareja para asegurarte de que se ha percatado de tu presencia, quizá poniéndole la mano en el hombro. Hazle una demostración pública de afecto y deja claro delante de tu hermana que esa persona es tu pareja. Puedes preguntarle además a tu hermana en ese momento con quién sale últimamente, o quién es su pareja o cuándo llega. Y por supuesto, si es necesario, di con claridad delante de todo el mundo que la forma de tocar de tu hermana es inaceptable.

LA BURBUJA PERSONAL

Robert Phipps es uno de los expertos en lenguaje corporal más conocidos del Reino Unido por haber aparecido con regularidad en algunos de los programas de la televisión británica de mayor audiencia y que más tiempo llevan en pantalla; entre ellos ha sido analista invitado en *Gran Hermano*. Si hay alguien que sepa la verdad sobre una comunicación demasiado íntima, es él. Esto es lo que dice sobre el espacio personal:

> A todos nos gusta que se respete nuestro espacio. De hecho, todos tenemos a nuestro alrededor una burbuja que no nos gusta que se invada. El tamaño de la burbuja de cada cual dependerá de su educación y experiencia, del lugar de donde proceda y del espacio natural que haya en torno a él. Generalmente, quienes se han criado en metrópolis y ciudades se acercan más entre sí cuando interactúan que quienes se han criado en el medio rural.
>
> Por regla general, el área que se extiende desde los cero hasta los quince centímetros alrededor de nuestro cuerpo es la zona más protegida. No nos gusta que nadie entre en ese espacio a menos que se trate de alguien muy conocido: los amigos íntimos, la familia y nuestros hijos.
>
> Les permitimos entrar porque los lazos que tenemos con ellos significan que no sentimos la necesidad de protegernos, pero cualquier otra persona debe quedarse fuera de ese límite, y por eso hay quienes tienen una reacción exagerada si alguien les toca inocentemente el brazo, el hombro o la espalda: se desata físicamente en ellos una respuesta de lucha, huida o parálisis.
>
> De todos modos, que permitamos a determinadas personas entrar en nuestro espacio personal íntimo ¡no significa que siempre nos guste que lo hagan! A veces esas mismas personas se comportan de un modo que invade nuestro espacio y puede resultarnos muy molesto: la madre que nos pellizca la mejilla cuando no es el momento, el primo que nos da un codazo cada vez que nos recuerda algo del

pasado, un amigo que nos toca suavemente el brazo mientras nos insulta en tono de broma...

El espacio personal depende siempre de con quién estemos y del contexto de su invasión.

SCAN rápido

S: mirarse fijamente a los ojos puede tener muchos significados distintos dependiendo de la naturaleza y la duración de la mirada, así como del contexto y la cultura. **Deja en suspenso** la opinión para estudiar mejor qué más está sucediendo.

C: piensa en cómo utiliza y trata tu familia más próxima el espacio que rodea a cada miembro; es el **contexto** que aparece sistemáticamente si visualizas sus comportamientos y su lenguaje corporal.

A: pregúntate **además** quién es el miembro dominante en el grupo y quién parece dominar en la interacción que estamos analizando. Tocar a alguien es con frecuencia una señal de propiedad y poder, que tal vez indica una orden, pero puede tener también la finalidad de tranquilizar a alguien, confiarle cierta información, persuadirlo o pedirle un favor.

N: formarte una **nueva** opinión puede ayudarte a tomar la decisión de intervenir y establecer con claridad nuevos límites con quienes están a tu alrededor. Si no te gusta cierto comportamiento, debes hacérselo saber a los demás.

22

MI FAMILIA JAMÁS LA ACEPTARÁ

Pensabas que tendrían muchísimo en común, así que has traído a tu nuevo amor a la familia por primera vez. Aunque comprensiblemente te sentías nervioso porque les ibas a presentar a tu nueva pareja, estabas convencido al mismo tiempo de que tendrían mucho de que hablar y se caerían bien y de que tu familia vería en ella lo mismo que tú. Sin embargo, tu nueva pareja, que normalmente es alegre, segura y simpática, de repente se comporta de un modo embarazoso, ves en ella a una persona torpe y discutidora. Los temas de conversación y las opiniones que defiende apasionadamente incluso a ti te parecen inoportunos cuando ves cómo reacciona a ellos tu familia. Todos se echan hacia atrás en sus butacas con cara de reprobación y desvían la mirada cuando tu pareja habla; parece que les desagraden su tono sentencioso y la cantidad de gestos que hace para reafirmarse en cada comentario. Pasa el tiempo, y tu familia sigue desviando la mirada cada vez que ella empieza a hablar. Piensas: «¿Cómo no me he dado cuenta antes? No tienen nada en común. ¡Mi familia jamás la aceptará!».

Además de destrozarte los nervios, llevar a tu pareja a conocer a tu familia suele ser un acontecimiento trascendental. Por lo común significa que la relación va viento en popa y se está haciendo más seria. Probablemente es mucho lo que depende de ese primer encuentro entre tu pareja y tu familia y de que haya aceptación y aprobación mutuas, luego es normal que tengas grandes esperanzas de que todo transcurra en paz y armonía.

Examinemos la señal más obvia de que la armonía no va a hacerse realidad y que te hace pensar que tu familia jamás aceptará a tu nuevo amor: los ves echarse hacia atrás en la butaca, desviar la mirada y mirarse entre ellos y girar la cabeza para no mirar a tu pareja. Aunque los mensajes de desaprobación parecen más que patentes, y te transmiten con absoluta claridad que tu familia está totalmente en contra de tu pareja y de sus opiniones, utilicemos el sistema **SCAN**, intentemos **dejar en suspenso esa opinión** y **hacer un estudio más descriptivo** de lo que ocurre.

Tu nueva pareja es alegre, positiva y encantadora, y sin duda usa mucho las manos cuando habla. Hay personas que hablan más con las manos que otras. El grado en que movemos las manos al hablar es diferente en cada cultura. Las culturas latinas, los italianos, por ejemplo, generalmente usan gestos de las manos para ilustrar su discurso mucho más que los británicos de origen anglosajón, y estos a su vez utilizan por lo general más indicadores gestuales que los procedentes de culturas asiáticas. Posiblemente se deba a la diferencia de estructuras verbales de cada idioma; algunos necesitan más que otros de pistas no verbales para comunicar el significado de lo que quieren expresar con más precisión. Aparte de esto, hay idiomas que utilizan más sílabas por unidad de significado, lo cual requiere más recursos neuronales (energía cerebral) para comunicar algo, y los gestos de las manos estimulan el centro del lenguaje situado en el cerebro (el área de Broca) y generan así mayor actividad. Por tanto, si tu pareja gesticula con una frecuencia o de un modo a los que no están acostumbrados los miembros de tu familia, aunque quizá para ella sea lo normal por la cultura de la que proviene, puede que en el contexto de tu familia su discurso no se entienda o resulte de lo más confuso. Sea por la razón que sea, el caso es que tanta gesticulación está creando un ambiente de lo más incómodo, y tu apasionada y alegre pareja está dando la nota.

Mover las manos al hablar forma parte de la cinésica, el estudio del movimiento corporal que estableció el antropólogo Ray Birdwhistell, quien en los años sesenta del pasado siglo se propuso demostrar que el movimiento corporal y la expresión facial, lo que llamamos cinésica, deben considerarse más un comportamiento cultural aprendido que un comportamiento universal.[1] Seguidamente, el profesor Paul Ekman y su colega Wallace Friesen siguieron investigando y demostraron que ciertos elementos del lenguaje corporal, sobre todo las expresiones faciales de emoción, son innatos y universales y no siempre aprendidos. Clasificaron la cinésica en cinco categorías:

1. **Emblemas:** gestos físicos que tienen un vocablo exactamente equivalente, aunque están sujetos a variaciones culturales.
2. **Ilustradores:** acciones que describen, refuerzan o acentúan lo que decimos.
3. **Demostraciones de afecto:** gestos que transmiten un significado emocional.
4. **Reguladores:** gestos que controlan el flujo y el ritmo de la comunicación mediante señales visuales (o vocales) cuando llega el momento de cambiar de turno en la conversación.

5. **Adaptadores:** acciones que realizamos sin darnos cuenta cuando debemos adaptarnos a un medio o unas circunstancias nuevos, como retorcernos un mechón de cabello o tirar del lóbulo de la oreja; inintencionadamente, estos gestos pueden decirles algo a quienes nos observan sobre cómo nos sentimos.[2]

La cinésica comunica con el lenguaje corporal significados específicos; algunos elementos se entienden universalmente con el mismo significado, y otros son específicos de cada cultura. Cuando gesticulamos con las manos para enfatizar el contenido hablado, utilizamos ilustradores, y en las diversas culturas habrá diferencias inmensas tanto en cuanto a lo que significan como a la frecuencia con que se emplean. Dicho de otro modo, muchos gestos de las manos pueden significar algo determinado en una cultura y algo totalmente distinto en otra. Por ejemplo, en Norteamérica, el gesto de la mano equivalente a *OK* se traduciría por «todo en orden», mientras que en Francia y en Bélgica el mismo gesto significa «cero» o «nada» y en Japón puede ser una señal que aluda al dinero.

Aunque empleamos gestos ilustradores en mayor o menor medida para ayudar a que fluya la comunicación, a menudo utilizamos también gestos, o señales, reguladores. Estos controlan a un nivel no verbal el ritmo de la conversación, y señalan cuándo es nuestro turno de hablar o de escuchar. En algunas culturas, asentir con la cabeza cuando escuchamos a alguien le muestra que le estamos atendiendo y que queremos que continúe hablando, mientras que levantar el dedo índice en sentido vertical puede indicarle que queremos detener la conversación para intervenir y dar nuestra opinión y mover la mano en círculos puede expresar que queremos que la conversación se acelere.

¿SIGNIFICA «SÍ», «NO» O AMBAS COSAS?

En muchas culturas, decimos «sí» moviendo la cabeza arriba y abajo y «no» moviéndola en sentido horizontal de lado a lado. En otras, sin embargo, estos signos pueden significar lo contrario, o algo completamente distinto. Por ejemplo, en Grecia, Sicilia y algunos países del Oriente Medio, «no» se comunica con un solo movimiento de la cabeza hacia arriba, pero no hacia abajo. Y el movimiento indio de bambolear la cabeza, que no es ni un «sí» (movimiento arriba y abajo) ni un «no» (movimiento a derecha e izquierda) sino un gesto intermedio y de lado a lado, puede confundir a cualquiera que no esté acostumbrado a él. Hablamos con la experta en lenguaje corporal **Kanan Tandi** en Goa (India), donde trabaja como instructora, y le pedimos que nos explicara desde su punto de vista cuál es el origen de este gesto. Estas fueron sus palabras:

> La India es un país famoso por su diversidad. Es hogar de muchas culturas, lenguas y artes. He llegado a la conclusión de que el «bamboleo de cabeza indio» se originó en el sur de la India, tal vez como derivación de las danzas clásicas, ya que el estilo del sur y el sureste, de danza tanto femenina como masculina, incluye movimientos del cuello (de lado a lado), mientras que las danzas clásicas del norte y el noreste no. En esas danzas, algunas de las cuales tienen hasta dos mil años de antigüedad, el movimiento del cuello se considera muy atractivo.
>
> El bamboleo de cabeza indio durante la conversación se ve predominantemente en esas mismas zonas de la India, desde el sureste hasta el suroeste. En el extremo sur, en el estado de Tamil Nadu concretamente, el movimiento de la cabeza arriba y abajo no se utiliza prácticamente en ningún sitio, ni se ve tampoco el movimiento de negación con la cabeza en las aldeas de las zonas rurales más aisladas de este estado.

Tradicionalmente, el bamboleo de cabeza es un gesto de aceptación o reconocimiento. Cuanto más rápido sea, mayores son el reconocimiento y la aceptación.
Los efectos de la globalización y la occidentalización se están haciendo notar, no obstante. Si miras los canales estatales, en sus programas y debates verás muy pocos bamboleos de cabeza.

En vista de los diferentes significados que pueden tener los gestos de las manos dependiendo de la cultura y la región geográfica, tal vez no sea el contenido que ha expresado tu pareja, esas ideas que defiende apasionadamente, lo que ha ofendido a los miembros de tu familia o no les despierta el menor interés, sino el estilo de comunicación no verbal que emplea. Si, por su cultura o grupo social, tu pareja gesticula sin interrupción mientras habla y tu familia no es muy entusiasta de la gesticulación, o si los miembros de tu familia hacen los mismos gestos pero les dan un significado distinto, es muy posible que tengan la sensación de que no hablan el mismo idioma que ella. La conversación podría fácilmente convertirse en un monólogo y resultar frustrante: una de las partes habla sin parar, y la otra no encuentra el modo de decir palabra. O tal vez hablan al mismo tiempo, o se interrumpen, en tono cada cual más alto, lo que confunde e irrita a ambas partes y hace pensar que no hay esperanza de que jamás se entiendan.

Estudiemos ahora el **contexto** y el poder que tiene la familia unida, la tribu. Nuestra primera tribu, para bien o para mal, es la familia. Al ir haciéndonos mayores, nos unimos a otras tribus, como el grupo de niños de la guardería, los amigos del barrio, los equipos y clubs escolares, los compañeros de curso, las hermandades universitarias, los grupos de colegas del trabajo, aquellos que comparten nuestras aficiones o nuestra religión, un partido político o un grupo de usuarios, etcétera. Muchos somos miembros de muchas tribus distintas al mismo tiempo: la de nuestro oficio o profesión, nuestro departamento de trabajo, el equipo de fútbol o de *hockey* sobre hielo, el gremio de tejedores, un foro de jugadores de póquer en Internet u otro grupo de alguna de nuestras aficiones. Quizá incluso la tribu de quienes conducen el mismo coche o moto que nosotros, usan el mismo tipo de monopatín, emplean la misma línea de metro o la misma autovía para ir a trabajar o incluso escuchan al mismo líder tribal en la radio de camino al trabajo y de vuelta a casa; posiblemente, haya algunas tribus a las que perteneces sin siquiera saberlo.

Y si crees que no perteneces a ninguna tribu, que eres un individuo que tiene su propia manera de hacer las cosas, de oponerte al sistema y de marcar la pauta, ¡bienvenido a la tribu!, porque somos unos cuantos los que pensamos lo mismo. Algunos están leyendo este libro lo mismo que tú y piensan al respecto lo mismo que tú.

Cada tribu cuenta con unas normas sociales, una experiencia y a menudo un propósito comunes. Sus miembros tienen «resonancia límbica» y se reflejan mutuamente; comparten algunos valores, creencias, rituales, costumbres, objetivos, preocupaciones y señales que guían y establecen su comportamiento:

Valores: lo que consideran más importante en la vida.
Creencias: lo que sencillamente saben, sin necesidad de evidencia real o base empírica.
Rituales: actividades organizadas que llevan a cabo juntos con regularidad en apoyo de sus valores y creencias.
Costumbres: otros elementos que tienen en común (la indumentaria, por ejemplo, o la alimentación).
Objetivos: lo que intentan conseguir juntos.
Preocupaciones: obstáculos y conflictos comunes.
Signos: maneras específicas de comunicarse entre sí, tal vez mediante un idioma o dialecto, acrónimos, un vocabulario u objetos o símbolos privativos del grupo.

Las tribus tienen reglas y una jerarquía, y obedecer el comportamiento normal establecido suele ser garantía de que alcanzaremos un estatus que nos convertirá en miembros respetados e influyentes dentro de la tribu, durante cierto tiempo al menos, y en algunos casos para siempre. A la vista de todo ello, el contexto familiar que analizamos está repleto de oportunidades para que tu pareja no dé una en el clavo.

En este momento, tu pareja es una novata en tu clan o tribu más importante, y son muchas las señales que pueden aparecer para dejar claro que tu grupo no la comprende y ella no comprende al grupo. Una tribu suele hacer chistes que solo entienden sus miembros y utilizar una especie de lenguaje taquigráfico y acrónimos para demostrar y fortalecer el vínculo que existe entre ellos. En nuestra situación, las expresiones no verbales de la familia para alardear de su vínculo ante el forastero son una serie de muestras de arrogancia: echarse hacia atrás en la butaca y exponer así algunos órganos vulnerables además de aumentar su zona de espacio personal; elevar el mentón y dejar excesivamente al descubierto la garganta podría interpretarse como una actitud de desdén hacia tu pareja. Pero aunque ese aparente despliegue de arrogancia te esté diciendo que es una causa perdida, también podría interpretarse como una respuesta colectiva de tu familia a haberse sentido desplazada por el modo de comunicación animado y tan expansivo de la recién llegada, y no realmente como una señal de que les desagraden ni ella ni lo que dice.

A la hora de preguntarte si hay algo que debas tener **además** en cuenta, has de aceptar que tal vez el comportamiento de tu familia haya sido motivo de incomodidad para tu pareja, y para ti por empatía con ella; que la haya intimidado, irritado o la haya hecho sentir que se la trataba con frialdad. Ese sentimiento, a su vez, dado que es una persona apasionada y vital, quizá la haya llevado a gesticular con más energía aún al comunicarse, en un intento desesperado por transmitir sus ideas a tu familia y demostrar su valía, todo lo cual te ha provocado a ti una profunda decepción.

Además, esos gestos arrogantes de los miembros de tu familia podrían ser también señales de que intentan evaluar a tu nueva pareja. Aunque se hagan de espejo unos a otros y reflejen esos gestos, también apartan la mirada y la pasean por la sala, un posible gesto de censura, pero que podría ser igualmente un gesto de evaluación y de que están estudiando la mejor forma de responder.

Por tanto, puedes formarte una **nueva opinión** de que no todo está perdido, de que quizá tu familia y tu pareja necesiten más tiempo para acostumbrarse al modo en que cada una de ellas se comunica, para familiarizarse con las indicaciones visuales, comprender los reguladores e ilustradores culturales de la parte contraria y crear un espacio en el que se entiendan mejor y, con el tiempo, sean capaces de reconocer las afinidades que piensas que tienen. Tanto tu familia como tu pareja necesitan respirar hondo, y, antes de que puedas hacer una **comprobación**, conviene quizá que tu pareja relaje un poco el ritmo de la comunicación para que los miembros de la tribu aprendan a interpretarla por lo que es.

MITOS DEL LENGUAJE CORPORAL

A mayor proximidad, mayor violencia

¿Es cierto que la proximidad excesiva puede aumentar las probabilidades de discrepancia e incluso generar una sociedad más violenta? Está muy extendida la creencia de que la alta densidad de población conduce inevitablemente a la violencia. Este mito, que se basa en los estudios realizados con ratas, no es transferible ni a nosotros ni a otros primates. De ser cierto, cabría esperar que Tokio fuera uno de los lugares más violentos del planeta, dada su alta densidad de población, y sin embargo tiene una tasa asombrosamente baja de delitos violentos per cápita. La relación entre los índices de delincuencia y de población parece ser nula en algunos casos, y a nivel estadístico es en general insignificante.[3]

SCAN rápido

S: **dejar en suspenso** la opinión inicial basada en la reacción instintiva que manifiestan tus grupos sociales hacia los forasteros y recién llegados puede ser difícil, ya que con frecuencia estás muy identificado con esos grupos.

C: ¿puedes poner nombre a algunas de las tribus de las que te sientes miembro? ¿Hasta qué punto son los valores en los que se fundamentan esas tribus el **contexto** en el que evalúas a los demás?

A: pregúntate **además** qué presión podría estar ejerciendo el contexto de la tribu familiar sobre la persona recién llegada, tu nueva pareja, que pudiera exacerbar sus tendencias habituales, lo cual a su vez hará que tu tribu tenga más dificultad aún en comprenderlas.

N: la **nueva** opinión, de que todo el mundo se llevará bien, será posible después de haber dedicado tiempo y paciencia a establecer la nueva relación familiar y a descubrir qué problemas podría encontrarse cada una de las partes.

23

¡UNAS VACACIONES DE LOCURA!

Tu esposa, tus hijos y tú habéis decidido sumaros a unas vacaciones de grupo con el resto de vuestros parientes más queridos y sus familias, dado que por cuestiones de trabajo y por vivir lejos unos de otros apenas tenéis ocasión de veros. Os reunís en una casa que han alquilado en un sitio muy bonito y un poco apartado para que podáis relajaros y volver a conectar. Todo el mundo participa, se ríe y hace bromas la primera noche durante la cena. Planeáis actividades que a todos os gusten para las vacaciones, con la idea de ir juntos en grupo a la mayoría de los sitios. Todo el mundo se lleva estupendamente y está convencido de que serán unas vacaciones de locura... al menos por ahora. Habéis pasado un primer día extraordinario, de los siete que vais a estar juntos. ¿Cómo saber si esta situación idílica durará?

Antes de mencionar las señales más obvias de armonía de grupo que nos dicen que los buenos tiempos van a durar y las vacaciones familiares no se irán al garete, veamos primero el **contexto**, pues te sorprenderá hasta qué punto marcará el tono para nuestra indagación: son unas vacaciones familiares en terreno neutral. No estáis de visita en casa de uno de tus parientes; os habéis reunido en un sitio que es nuevo para todos, y esto nivela el terreno de juego y crea el escenario para una posible distribución equitativa del poder, sin que nadie tenga la ventaja que le daría estar en su casa. Estáis además en el contexto de la familia, una tribu a la que todos pertenecéis. ¿Qué podría salir mal?

¡QUE NO LLEGUE LA SANGRE AL RÍO!

Si hubiera una lista de los expertos en lenguaje corporal más distinguidos, la encabezaría sin duda **Allan Pease**. Allan y Barbara Pease son los autores de mayor éxito en el campo del lenguaje corporal y las relaciones. Han escrito dieciocho libros, de los que diez han alcanzado el primer puesto en las listas de ventas, y han impartido seminarios en setenta países. Allan es toda una leyenda por haber enseñado al presidente ruso Vladimir Putin los pormenores del lenguaje corporal. Así que cuando él y Mark se ponen a charlar, imagina lo que pueden contar, después de haber trabajado los dos con líderes del G8. Pero en lugar de alardear de esos encuentros, Allan nos cuenta cómo podemos detectar si los miembros de la familia se llevarán bien en el contexto de la reunión familiar:

> Para algunos, una reunión familiar es un feliz acontecimiento. Muchos otros, en cambio, ven en ella una oportunidad para hacer correr la sangre de la familia, sacar a relucir viejos agravios del pasado y, en algunos casos, explicarte lo que en realidad debías haber hecho con tu vida. En una reunión de viejos amigos, lo normal es que te demuestren cuánto te quieren o te admiran, mientras que

los miembros de la familia posiblemente se recreen en recordarte todas las equivocaciones que has cometido en el pasado.

Quienes se aprecian suelen situarse cerca y reflejarse mutuamente los gestos, expresiones faciales e inflexión de la voz. Quienes no te aprecian ni se respetan tal vez se sitúen también más cerca de lo habitual, pero sus gestos indicarán lo contrario a la proximidad, es decir, emplearán gestos agresivos, como hablar con las palmas de las manos mirando hacia abajo (señal autoritativa), mover las manos al compás de las palabras (para recalcar lo que dicen) y un contacto visual prolongado, como un león que vigila a su presa. Aquellos a quienes tu presencia o tu forma de ser les produzca rechazo podrían cruzar los brazos (barrera/rechazo), asentir con la cabeza más de tres veces (más de tres movimientos de cabeza seguidos te están diciendo en realidad «cállate») y tener un pie o los dos dirigidos hacia la puerta u otra persona, lo cual indica dónde preferirían estar.

Si en tu familia hay algún *ofensor reincidente*, dile de antemano cómo esperas que se comporte contigo y con tus hijos y explícale la clase de amonestación que recibirá si hace una de las suyas. La principal razón por la que la anciana y quisquillosa tía Mabel es tan insolente es que los miembros de la familia siempre se lo han permitido. Ten un gesto de agradecimiento con el ofensor si sigue tus instrucciones a pies juntillas y tiene un comportamiento positivo con los demás. Toca, refleja y sonríe a todo el mundo (mostrando los dientes) y anima así a los demás a hacer lo mismo. Si nada de esto funciona, no vayas a las reuniones de tu familia. En la mayoría de los casos, la lista de nuestros mejores amigos no suele incluir a muchos familiares. Solo porque estemos emparentados con alguien no significa que tengamos ninguna obligación de aguantarle un comportamiento o un lenguaje corporal desagradable, agresivo o distante. Por eso todas las Navidades aprovecho para hacer algún viaje a otro país.

Las señales que os darán la clave de que estas serán las mejores vacaciones en familia de vuestra vida son un lenguaje corporal abierto y cómodo que no demuestre ningún miedo a recibir un ataque, abundantes sonrisas Duchenne en el grupo que os provoquen arrugas en los extremos de los ojos y posiblemente risa. Una proximidad relajada y un lenguaje corporal abierto y positivo compartido por todos son señales claras de que podéis reservar el mismo sitio para las vacaciones del año que viene.

Ahora vamos a aplicar a la situación el método **SCAN**, a **dejar en suspenso cualquier opinión** y a **hacer un estudio más descriptivo** de otras señales importantes que podrían ser una advertencia de que la diversión y los juegos se están volviendo un poco atrevidos y peligrosos: si está a punto de producirse un enfrentamiento, tal vez notes que la gente adopta comportamientos relajantes, como cruzar los brazos o abrazarse el cuerpo. Tocar libera oxitocina y nos hace sentirnos mejor. Si empiezan a caldearse los ánimos, vigila si se produce alguna invasión mutua no autorizada del espacio (territorio) íntimo o personal, en otras palabras, si se pierde el respeto a los límites del otro.

Si ves que alguien tiende a pasar demasiado tiempo oculto tras algún dispositivo electrónico, podría ser señal de que está escondiéndose del grupo o se siente vulnerable. Y si muestra cualquiera de los siguientes signos de agresión, depresión o ira, podría ser señal de que la cosa va en serio: labios comprimidos (desaparecidos), ceño fruncido, gesto de desprecio, gruñido o enseñar los dientes. Recuerda que una señal por sí sola no revela con claridad una emoción. Si notas que alguien está inquieto, que empieza a sudar y hace movimientos espasmódicos o se humedece los labios con la lengua repetidamente porque tiene la boca seca, es posible que tenga miedo, y el entorno puede estar volviéndose psicológica o incluso físicamente peligroso si los asistentes no reciben lo que necesitan o se sienten amenazados de algún modo. Por último, estate al tanto de posibles comportamientos regresivos, de si alguien intenta provocar un conflicto para dar un espectáculo y, por supuesto, si alguien se pone a llorar o se marcha de repente disgustado, son señales de que la algarabía es inminente.

Leer la lista de los posibles comportamientos negativos puede parecerte una advertencia de lo que quizá signifique planear unas estupendas vacaciones en familia, y tal vez decidas que no quieres saber nada de ellas. Pero ¿qué elementos hay **además** por los que puedas seguir teniendo ganas de planearlas? Porque podrías preguntarte: «¿Y por qué no me voy de viaje yo solo?». Desde los principios de la historia humana, hemos sopesado los pros y los contras de estar en un contexto de grupo en lugar de diversificarnos e irnos cada uno por nuestro lado, solo con nuestra pareja y nuestros hijos. La misma necesidad de supervivencia que hace que nuestro cerebro primitivo nos impulse a arreglárnoslas solos hace también que nuestro cerebro límbico nos impulse a ser tribales, a formar parte del grupo. Ambos sistemas cerebrales examinan, cuando estamos bajo presión, los pros y los contras de ser sociales y de ser antisociales, y comparan las ventajas y los inconvenientes de cada una de las posibilidades como si estuvieran preparándose para hacer frente al Armagedón, y no a una excursión al zoológico o a una comida en casa de los abuelos, o en este caso a unas vacaciones en familia.

Estas son algunas figuraciones positivas que se hace el cerebro primitivo cuando se plantea optar por que nos quedemos solos:

- Podré moverme más rápido.
- Necesitaré menos recursos y menor cantidad de cada uno de ellos.
- Pasaré más inadvertido.
- Tendré que hacer frente a menos conflictos.

Entretanto, el sistema límbico piensa en los inconvenientes:

- No tendré a nadie que me cuide.
- Me sentiré solo.
- Será deprimente.
- Me sentiré menos seguro.

El sistema límbico está pensando también en las ventajas de asociarse:

- Podré contar con el apoyo del grupo.
- Tendré más recursos.
- Disfrutaré de más seguridad.
- La vida será más fácil porque tendré que trabajar menos.

Pero, como era de esperar, el cerebro primitivo, que está bajo presión, se da cuenta de la incertidumbre que representa todo eso:

- ¿Puedo confiar en esa gente?
- ¿Es un equipo competente?

Y también, por supuesto, de la cuestión más apremiante:

- ¿Me van a dar de comer?

Lo cierto es que no hay un término medio en este caso: o estás con el grupo o no lo estás. Y estar con el grupo te hace responsable en alguna medida de todos los demás componentes del grupo, que a su vez son responsables de ti. Es una colectividad. A veces nos parece una opción segura, y a veces nos da la impresión de que es muy peligrosa, exactamente igual que la de arreglárnoslas solos.

Sois muchos en esas vacaciones en familia y vais a estar juntos durante varios días, de modo que la dinámica posiblemente fluctuará, irá cambiando. Así que, sea cual sea tu **nueva opinión** en este momento, es posible que cambie también. Vamos a explicarte una técnica verbal para mantener la paz y evitar que nadie pierda los nervios. Muchas de las emociones que más nos cuesta presenciar o experimentar en su forma más intensa, como la ira, el desprecio o la tristeza, no pueden prolongarse demasiado. Provocan una tensión y un desgaste tan extremos en el cuerpo y en la mente porque su función es indicar a los demás un sentimiento lo bastante fuerte como para que el ambiente cambie a mejor, en ese instante. Si tú o algún miembro de tu familia estáis viviendo un momento de emoción intensa, aléjate, o aléjalo, del entorno inmediato durante diez minutos. Lo más probable es que la emoción amaine, por lo que tal vez puedas, o pueda, hablar del problema en lugar de tener una reacción verbal impulsiva a su poder. Quizá entonces seas capaz de **comprobar** si los sentimientos siguen estando presentes y examinarlos, y no dejar que se apoderen de ti.

MITOS DEL LENGUAJE CORPORAL

La oposición entre lo innato y lo adquirido

¿Qué influencia tienen en el lenguaje corporal la cultura y la educación? Hay comportamientos universales que están controlados por el cerebro primitivo, que asimismo controla los comportamientos emocionales y la motivación. También hay comportamientos que están más o menos determinados por la cultura o que son totalmente culturales. Todos comprimimos los labios inconscientemente para mostrar un sentimiento negativo. Todos bloqueamos la percepción ocular, cubriéndonos los ojos con las manos o los dedos, para controlar la entrada de información a través de ellos al igual que comprimimos los labios para controlar la información que sale por la boca. Pero la cultura puede influir en el grado en que manifestamos los comportamientos universales, por ejemplo fruncir la nariz (como si algo tuviera un olor pestilente). En algunas culturas dichos comportamientos son apenas perceptibles, mientras que en otras son exagerados y potencialmente caricaturescos para cualquiera que no forme parte de ese grupo. La cultura puede amplificar en algunas circunstancias los comportamientos instintivos tanto como puede reprimirlos. Y por supuesto, hay gestos exclusivamente culturales, como la señal del puño con el dedo pulgar levantado, predominantemente estadounidense, que no recomendamos hacer en Egipto, donde el gesto tiene un simbolismo fálico.

SCAN rápido

S: **deja en suspenso** la opinión inicial aunque solo sea para darte cuenta de otras señales que la corroboren, o, por el contrario, para ver si detectas señales que en conjunto sean una advertencia de que puede surgir de repente algún conflicto.

C: un **contexto** neutral, como es reunirse en un lugar donde nadie tiene de entrada ningún derecho territorial sobre los demás, crea un ambiente de igualdad y evita posibles comportamientos negativos.

A: pregúntate **además** los pros y los contras de esa gran reunión de grupo si las cosas se ponen difíciles. Los grupos numerosos suelen aportar fuerza y seguridad.

N: tal vez tengas ocasión de formarte una **opinión nueva** a lo largo de la semana en esta situación que irá cambiando.

24

LES ESTOY ABURRIENDO SOBERANAMENTE

Acabas de volver de unas vacaciones de ensueño. Has hecho cosas que siempre habías querido hacer, has aprendido a pedir comida en otro idioma, has nadado entre tiburones e incluso has descubierto algunos aspectos bastante atractivos de ti que no conocías. Ha sido una auténtica aventura y sin duda la recordarás como uno de los mejores momentos de tu vida. Tus amigos han estado siguiendo el viaje en las redes sociales, donde has colgado continuamente cantidad de fotos y vídeos. Estás de vuelta e impaciente por contarles anécdotas, por enseñarles más fotos, ¡por compartir con ellos tu entusiasmo! Sin embargo, en la triunfal reunión de bienvenida con tus amigos en una de las guaridas habituales, mientras tú disfrutas hablando y no cabes en ti de alegría, ellos... no parecen estar demasiado interesados. Aunque te escuchan durante un rato, te miran como si no entendieran nada, asienten mecánicamente con la cabeza y los ves pasear la mirada alrededor mientras hablas. Sigues intentando despertar su interés y les cuentas anécdotas fantásticas una detrás de otra, pero al final tienes la sensación de que no te escuchan. Caes en la cuenta de que les estás aburriendo soberanamente.

Hablas, pero a nadie parece interesarle lo más mínimo lo que cuentas. ¿Cómo es posible? Acabas de vivir una experiencia fabulosa, y estos son tus amigos; lo normal sería que estuvieran impacientes por oírte contar tus aventuras. Por tanto, vale la pena **dejar en suspenso esa opinión** y **hacer un estudio más descriptivo** de lo que de verdad está sucediendo. Vamos a aplicar el proceso **SCAN** para ver qué descubrimos.

¿Cuál es la señal más importante que te hace suponer que tus amigos están mortalmente aburridos? Te miran como si no entendieran lo que dices, asienten mecánicamente y pasean la mirada por el local mientras hablas, lo cual indica que lo que cuentas no tiene ningún efecto en ellos, que se aburren.

¿Es correcta esta suposición? Hay un sinfín de signos corporales que pueden indicar aburrimiento: bostezar, moverse inquieto, romper el contacto visual, una mirada inexpresiva, unos ojos que se entrecierran o miran alrededor, fruncir los labios, dirigir el torso en otra dirección, asentir mecánicamente con la cabeza, responder para no parecer maleducado pero siempre lo mismo, arrastrar los pies adelante y atrás o cruzarlos con fuerza a la altura del tobillo y frotarse los ojos, las orejas o la nariz. Pero, como hemos visto, los gestos suelen tener más de un significado, dependiendo de circunstancias como el contexto y de las demás señales que los acompañen; por ejemplo, frotarse la nariz está relacionado también con sentirse decepcionado, tratar de hacer una evaluación o estar en desacuerdo, según la situación y lo demás que manifieste ese individuo.

Las señales de los amigos en este caso coinciden con algunos signos de aburrimiento, de modo que es posible que estén aburridos, pero antes que nada vamos a examinar el **contexto**. Estáis todos juntos en uno de los lugares de encuentro habituales. Es probable que haya otra gente conocida alrededor, sentada o de pie, que viene y va, y que además haya música y pantallas de vídeo en las que aparecen imágenes deportivas emocionantes u otra programación interesante, todo lo cual son distracciones que compiten contigo por captar su atención. Incluso el actor, conferenciante o animador más cautivadores podrían contarte lo difícil que es conseguir la atención del público cuando hay otros estímulos visuales en la sala, por no hablar ya del ruido de los cubiertos al chocar con el plato o del crujir de las bolsas de patatas fritas.

Además de las distracciones ambientales obvias, ¿has pensado en otras poderosas distracciones que quizá no veas, como el zumbido del teléfono móvil que llevan en el bolsillo, y que hacen todo lo posible por ignorar? Incluso en medio de una conversación importante, verdaderamente decisiva, bastan un zumbido del teléfono móvil o la señal de que hemos recibido un mensaje de texto para apartarnos de la conversación y sumirnos en nuestros propios pensamientos durante unos segundos, o más, dependiendo de lo que se trate: «¿Quién me llama?», «¿Cuántos "me gusta" estará recibiendo la foto que he publicado?», «¿Le he contestado ya a mi ayudante sobre si convendría ponernos en contacto con ese posible cliente tan interesante?».

A algunos nos cuesta más que a otros prestar atención, estar de verdad donde estamos y no dejarnos distraer con facilidad, aunque a la mayoría no nos resulta fácil. Es difícil centrarnos tranquilamente en algo cuando hay tanto que reclama nuestra atención y nuestro tiempo. Además, a esto se suma la gratificación instantánea que nos ofrece la tecnología digital a través del teléfono móvil: no necesitamos vivir indirectamente las aventuras de nadie cuando en nuestros dispositivos móviles podemos experimentar en unos segundos, al menos a nivel visual, y a veces auditivo, aventuras que nos descubren tierras lejanas y hasta otros planetas. Lo cierto en cualquier caso es que la dedicación cada vez mayor a la cultura digital del entretenimiento quizá esté mermándonos la capacidad de prestar atención a un mismo tema de la vida real durante demasiado tiempo.

Esto que decimos está avalado por la ciencia. Los estudios han revelado que desde que se disparó el uso de los móviles en el año 2000, el tiempo medio de atención de los seres humanos ha descendido de doce segundos a ocho (¡tampoco es que antes fuera tan largo, de todos modos!), y que de hecho quienes tienen una vida «más digitalizada» deben hacer un auténtico esfuerzo para permanecer centrados cuando las circunstancias exigen una atención prolongada.[1] No obstante, los estudios muestran también que somos más capaces de realizar múltiples tareas a la vez y que los usuarios más veteranos y asiduos de las redes sociales experimentan con más frecuencia de la habitual momentos fugaces de intensa atención y tienen más facilidad para entresacar aquello que de verdad les interesa.

Volvamos a nuestra escena. Podría ser verdad que, tras prestar unos instantes de atención a tus peripecias, tus amigos tienen la mente ya en algo distinto. Porque eres su amigo y te aprecian, hacen lo posible por demostrarte que te están prestando atención, pero sin duda es posible que empiecen a mostrar signos de impaciencia. Tal vez lo único que ocurre es que, montado como estás en la ola de tu gran viaje, no te das cuenta de cuánto les cuesta estar atentos a nada durante demasiado tiempo, y no debes tomártelo como algo personal. Pero ¿de verdad les estás aburriendo? ¿Eres aburrido?

Pregúntate si **además** de esto hay algo que puedas tomar en consideración. Tus amigos dejan de mirarte a los ojos y miran a lo lejos, lo cual puede entenderse como una señal de indiferencia, de que han desconectado. Y tal vez sea así. Hay un tema de estudio muy interesante que han investigado el neurocientífico Jonathan Smallwood en el Instituto Max Planck de Ciencias Cognitivas y del Cerebro, en Leipzig (Alemania), y Jonathan Schooler, profesor de Psicología en la Universidad de California en Santa Bárbara. Ambos son expertos de primera línea en la «desconexión» mental, o lo que ellos llaman «modo *offline*». Sus estudios muestran que pasamos alrededor del trece por ciento del tiempo «sin conexión», sumidos en nuestros pensamientos y desconectados de lo que acontece a nuestro alrededor. No está mal que sea así, ya que todo parece indicar que ser capaces de desconectar es fundamental para el pensamiento creativo e imaginativo, pues nos da la libertad de dejarnos llevar por la mente allá adonde le plazca sin que nos distraigan los estímulos externos, lo cual aumenta las probabilidades de que se nos ocurran espontáneamente ideas ingeniosas.[2]

También debes tener en cuenta en esta situación que tú has llegado lleno de expectativas; estás entusiasmado con el viaje y acostumbrado a vivir una aventura nueva cada día, así que quizá tengas la energía disparada y, seamos sinceros, no quieres que lo bueno se acabe. Entretanto, por el contrario, es probable que tus amigos hayan seguido con la vida laboral cotidiana, luego tal vez su estado de ánimo no es tan exultante, y, aunque seáis de la misma tribu, puede que no reflejen el lenguaje corporal exaltado que posiblemente exhibas tú en estos instantes.

A la vista de todo esto, puedes formarte la **nueva opinión** de que, si bien cabe la posibilidad de que no te estén escuchando como te gustaría, dado que además ya han visto las fotografías que has publicado en las redes sociales, tal vez no sea que les aburres, sino que están recordando las fotos, o sus propias experiencias, dando un paseo interior por el sendero de la memoria o visualizando experiencias similares. Quizá les sirves de inspiración.

Pero si quieres **comprobar** si tienen algún interés en lo que les cuentas o no les interesa lo más mínimo, cambia el cuerpo de postura e inclínate hacia delante o acércate un poco más a ellos y sonríe. ¿Se hacen espejo de ese acercamiento y aumenta su interés, o se desentienden y se apartan más todavía o miran a otra parte? En este último caso, es posible que estés presenciando algo de lo que no eres consciente; porque, si son amigos tuyos de verdad, deberían sentirse cómodos compartiendo tu espacio personal y estar preparados espontáneamente para reflejar lo que haces. ¿Qué te parece si dejas de contar tus experiencias y les preguntas qué piensan, para ver dónde tienen la cabeza? Comprueba si te contestan algo que tenga relación con lo que les estabas contando, o dicen: «¿Eh?».

MITOS DEL LENGUAJE CORPORAL

«No necesito mirarte para escuchar lo que dices»

Cuántas veces has oído decir: «Te estoy escuchando. Aunque no te mire, te estoy prestando atención». ¿Te están engañando cuando lo dicen, o es posible que alguien te escuche de verdad aunque aparentemente no te preste atención visual? Escuchar el habla cotidiana significa oír y descubrir su significado potencial. Si escuchamos un recital de poesía o de prosa, tenemos la ventaja de que el lenguaje escrito emplea más descriptores, palabras que crean el estado de ánimo y el contexto. No ocurre lo mismo en el habla cotidiana, que utiliza un vocabulario mucho más reducido y una repetición mucho mayor de las mismas palabras. De ahí que nos ayude a dar significado a las palabras verlas dentro de un contexto, y una parte de ese contexto es sin duda no verbal. Por consiguiente, no es muy probable que captes plenamente el significado de lo que alguien intenta decirte si no interiorizas a la vez en cierta medida la comunicación no verbal que rodea el mensaje.

SCAN rápido

S: **dejar en suspenso** la opinión inicial te ayuda a recordar que cualquier señal, como esas aparentes muestras de aburrimiento que ves en esta situación, puede tener múltiples significados dependiendo del contexto.

C: observa el **contexto** para ver si hay otros estímulos que pudieran estar compitiendo contigo por captar la atención de tus oyentes.

A: pregúntate **además** si el comportamiento de los que están frente a ti tiene realmente *algo* que ver contigo. Por muy importante que te parezca tu papel en una situación, a veces no lo es tanto como crees.

N: los pensamientos de los demás viven en su cabeza, y por tanto no puedes estar seguro de lo que nadie piensa, pero puedes formarte una **nueva** opinión: es posible que tus amigos, que ya han visto parte de tu viaje en las redes sociales, muestren una actitud más bien introspectiva porque tu experiencia les ha servido de inspiración para hacer un viaje ellos también.

25

ME HA MENTIDO DESCARADAMENTE

Alguien a quien has conocido hace poco te propone salir a última hora de la tarde a tomar algo. Parece un buen tipo, piensas que podría ser un buen amigo. Aunque no sabes demasiado de él, te han contado que tiene pareja y que las cosas entre ellos van bastante mal. Mientras estáis sentados en un bar, lo ves enfrascarse de repente en intercambiar mensajes de texto con alguien. Te explica que es por un asunto de trabajo. Al cabo de un rato, aparece una persona a la que no conoces y se sienta a vuestra mesa, una colega de trabajo de tu nuevo amigo. Ya no hay más mensajes de texto. Parece que se conocen bien. Mantienen una charla afectuosa, inclinados el uno hacia el otro; se echan largas miradas, y parecen estar los dos un poco atolondrados. No puedes evitar sospechar que hay algo entre ellos, hasta el punto de que tienes la sensación de que sobras.

En un momento dado la colega de trabajo se ausenta durante unos instantes, y aprovechas para preguntarle a tu amigo

si tiene algún tipo de relación sentimental con ella y si tal vez deberías marcharte. Te quedas helado cuando te dice, muy sorprendido y enfadado: «¡Cómo has podido pensar eso de mí!». Le ha puesto furioso que le hayas creído capaz de cometer una infidelidad. Abre de par en par los ojos y empieza a tensar la boca al tiempo que se le dilatan las aletas de la nariz. Parpadea rápida y repetidamente, encoge los hombros y lanza las manos delante de ellos con las palmas extendidas hacia ti. Te parece una reacción sorprendentemente exagerada a algo que parecía tan obvio. Le pides disculpas al instante mientras te rascas la cabeza intentando entender cómo has podido malinterpretar la situación hasta tal punto.
Pasan unas semanas, y alguien te cuenta que tu amigo y su pareja se separan y que él tiene una aventura con la colega que conociste. Te enfadas contigo mismo por no haber confiado más en tu intuición, y te preguntas cómo se las arregló tu amigo para convencerte de la «inocencia» de su comportamiento cuando era obvio que te estaba mintiendo descaradamente.

Todos queremos saber cuándo nos están mintiendo. Sin embargo, suele ser muy difícil de detectar, incluso para los interrogadores policiales.

En general, todos somos capaces de mentir y lo hacemos de un modo bastante convincente. Mentir es una de nuestras principales armas sociales, como lo es decir la verdad. Ambas pueden ayudarnos, y ambas pueden causarnos dolor y causárselo a los demás. Puede que la mentira sea a veces necesaria. Hay mentiras que ayudan a aquel a quien mentimos tanto como nos ayudan a nosotros. Con frecuencia se miente para evitar un conflicto, para no ofender o hacer daño a alguien, para aplacarlo o para elevar su estatus o su autoestima. Y luego hay casos en los que, como en el cuento del traje nuevo del emperador, todo el mundo es cómplice de un engaño para mantener el statu quo. La mayoría de nosotros somos expertos en mentir, pero muy torpes a la hora de detectar una mentira.

Cuando en alguna ocasión hemos descubierto que nos han mentido, nos hemos sentido como poco levemente insultados, y potencialmente muy perjudicados e incluso injuriados. Al mentirnos, el mentiroso se coloca en una posición de ventaja y se apropia del poder, por lo que nos priva de él, y esto lo consigue haciéndonos deliberadamente una descripción alternativa e inexacta del mundo, a sabiendas de que, si nos la creemos, él obtendrá de ello poder, ventaja y beneficios. En estos casos, es posible que a quien nos miente no le importe mucho cómo nos afecte su mentira, y a veces incluso nos colocará a propósito en una posición de desventaja para ascender él. En la situación que nos ocupa, tu amigo no solo te ha engañado sino que además te ha hecho dudar de ti mismo: te ha hecho creer que estabas totalmente equivocado; ha negado de plano tu impresión, te ha mentido, te ha confundido. El mentiroso emplea estas tácticas para desestabilizarnos y deslegitimar nuestra creencia en lo que nos pareció haber visto, a fin de conservar él cierto poder. Apliquemos el proceso **SCAN** a la situación. Te consta que te han mentido, así que es demasiado tarde para **dejar en suspenso la opinión**, pero sí puedes **hacer un estudio más descriptivo** e investigar el incidente y por qué te dejaste convencer.

Piensas que tu amigo te ha estado mintiendo descaradamente. Te ha mentido cuando aparentaba estar siendo totalmente sincero. La razón principal por la que te dejaste engañar en aquel momento y te creíste sus mentiras fue el despliegue súbito de emociones, la mezcla de sorpresa, ira, actitud defensiva y agresividad con que reaccionó a tu pregunta: los ojos de par en par abiertos por la sorpresa, la boca tensa y las aletas de la nariz dilatadas por la ira, al tiempo que las manos suben con un gesto como de querer apartarte. Todos esos gestos perturban por completo el modo en que discurría hasta entonces la conversación así como el tipo de comportamiento que se considera socialmente apropiado, y destacan por tanto y te exigen que les prestes atención. Te ha tendido una emboscada, el desconcierto te ha hecho perder la lucidez y el sentido crítico y te has dejado convencer por sus protestas. En ese instante sacas apresuradamente una conclusión, pero sin evidencia alguna de un lenguaje corporal que le sirva de base. Piensas que le ha sorprendido primero, y enfadado después, lo que ha interpretado como un atrevimiento y una acusación por tu parte, pero en realidad en ningún momento ha habido una expresión plena de ninguna de las dos emociones.

Atendiendo al sistema de codificación facial, un método para describir los movimientos faciales humanos, la sorpresa tiene el siguiente aspecto: la parte externa e interna de las cejas se elevan, el párpado superior se alza ligeramente y la mandíbula cae. De modo que, si bien en la escena que analizamos los ojos se abren en extremo, en lugar de caer la mandíbula la boca se tensa, para reprimir una emoción diferente. Las aletas de la nariz se dilatan, un gesto que suele acompañar a la ira, aunque no la defina por sí solo, y subir las manos es un gesto de bloqueo, que puede ser también un gesto regulador para pedirle a alguien que deje de hablar.

MITOS DEL LENGUAJE CORPORAL

Si alguien desvía la mirada hacia la derecha, significa que miente

¿La dirección en la que miran los ojos delata que alguien está mintiendo? Los estudios revelan que la idea de que mirar hacia la derecha indica que mentimos y mirar hacia la izquierda que estamos diciendo la verdad es falsa. La Universidad de Edimburgo realizó tres estudios para demostrar que no hay una correlación definitiva entre la dirección del movimiento ocular y si el sujeto dice la verdad o miente.[1] No obstante, se puede decir que las señales oculares (los movimientos inconscientes de los ojos) indican, efectivamente, o bien una búsqueda interior o un intento de acceder a determinada información o bien una creación de datos, información y recuerdos.

Y aunque tal vez en el momento no seas capaz de traer a la memoria el sistema de codificación facial, las expresiones faciales de sorpresa y de ira son las mismas a lo largo y ancho del planeta, y por tanto quizá sí sepas reconocerlas cuando las ves. Pero en la escena que analizamos, eres testigo de una compleja y confusa mezcla de gestos súbitos, que no contiene suficientes señales ni de ira ni de sorpresa como para que puedas saber con seguridad si estás ante la una o la otra. En retrospectiva, ahora que has estudiado con más detalle todas las señales, varias de ellas podrían estar asociadas con una sensación de incomodidad, ansiedad, necesidad de protegerse y ocultación, y tal vez en otro contexto te habrían avisado de la falta de sinceridad de esa persona, o al menos de su actitud defensiva para intentar ocultar dicha falta; por ejemplo, el gesto de bloqueo con las manos, el encogimiento de hombros como protección o el parpadeo rápido (la intensificación del parpadeo se cita a menudo como señal posible de que alguien miente, está preocupado o estresado). En el plano verbal, tu amigo elude la pregunta, no la contesta. Le has preguntado si quizá sería mejor que te marcharas, y te ha respondido preguntándote airado cómo se te ha ocurrido pensar que pueda serle infiel a su pareja, una reacción exagerada que le ha permitido desviarse de la pregunta. Lo que crea mayor confusión aún, y te toma por sorpresa, es la vehemencia de la reacción; y su dureza, acompañada del gesto de las manos para apartarte, te hace abandonar tu idea.

Al examinar la situación, vemos que la fuerza de su respuesta te ha arrastrado a un **contexto** marcado por la amenaza de exclusión social. Esperabas que ese individuo pudiera ser un buen amigo, un miembro de tu grupo, alguien con quien tal vez pudieras compartir experiencias importantes, y todo eso de repente se ve amenazado. Para salvar la amistad que esperabas que surgiera entre vosotros, estás dispuesto a creerte su mentira, y en ese momento te conviertes en cómplice de ella. Han de intervenir dos partes para que una mentira surta efecto: la que envía la mentira y la que la recibe. En este caso, tú, el receptor, consientes la mentira para salvar la futura relación. Pero no te castigues por ello, ya que posiblemente el desconcierto que provocó en ti su inesperada demostración de sorpresa y de ira te cambió el estado de ánimo y te hizo más sumiso.

Normalmente, en un contexto social de cordialidad, nadie espera esta clase de táctica de *shock*. Si fueras investigador criminalista, buscarías la ocasión de instigar momentos como este, en los que el lenguaje corporal pudiera alertarte de la gravedad del posible engaño. Como siempre que buscamos los elementos no verbales más importantes, la clave puede ser el cambio súbito, y no necesariamente las acciones concretas en sí.

SEÑALES DE INTERÉS

Por ser tantas las señales no verbales indicadoras de estrés, bloqueo e incomodidad que están asociadas con el acto de mentir, los expertos suelen elegir un área, según sus preferencias, a partir de la cual empezar a indagar para sentar las bases de su análisis. Podría ser, por ejemplo, el área de los microgestos, que quizá relaciones con la serie de televisión *Miénteme*, basada en los extraordinarios estudios de los doctores Paul Ekman y David Matsumoto. En este caso, todo el complejo mundo de la detección de mentiras va tejiéndose con gran inteligencia en torno a un solo concepto no verbal, la microexpresión. En Francia, **Eric Goulard** fue el primer especialista acreditado en el reconocimiento de las microexpresiones tras su formación con el doctor Matsumoto, aclamado psicólogo y experto en lenguaje corporal. Esto es lo que expone sobre los aspectos que más le interesan cuando analiza una situación:

> Al estudiar a los seres humanos, debemos pensar en comportamientos controlados e incontrolados. El deseo de ser sinceros, o, por el contrario, de engañar, mentir o manipular, a veces provoca señales muy interesantes. Suelo estar muy atento a los reflejos automáticos, entre ellos las microexpresiones, pero también a la paralización corporal y los movimientos de lucha o huida, así como a las reacciones de estrés y las interrupciones del contacto visual. Vigilo siempre por si se produce algún gesto direccional. Cuando aparece el movimiento de un hombro solo, es porque el sujeto quiere girarse y salir corriendo. Los pies pueden delatarnos, al igual que otros gestos. Pero lo que más me gusta es cuando se produce una interrupción del contacto visual: el momento en que es tanta la información que ha de organizar el cerebro que este necesita concentrar en ello toda su energía. Hay además otras señales, como la boca seca, que se manifiesta en la necesidad de beber, y la tensión que puede apreciarse en los brazos, el cuello, los hombros, etcétera. Mi preferida es cuando el sujeto dice: «¡Me parece interesantísimo lo que hace usted!», y observo cómo aparecen al mismo tiempo microexpresiones de desprecio en su rostro.

No hace falta decir que, elijas el área de análisis que elijas y enfoques la atención en lo que la enfoques para detectar si alguien miente, no olvides que los mentirosos consumados, o alguien que necesite desesperadamente que una mentira surta efecto, son capaces de ocultar casi cualquier señal de engaño o hacer justo la señal contraria a la que esperaríamos ver. En la situación que analizamos, es fácil pasar por alto el encogimiento de hombros, dirigido a proteger zonas vulnerables del cuerpo, por el gesto de bloqueo con las manos extendidas, que fue lo que captó tu atención. Tal vez pasaste por alto lo que significaba de verdad el parpadeo rápido, que, por contraste con el comportamiento relajado que habías visto en tu amigo antes de hacerle la pregunta, podía ser indicio de tensión. Y es comprensible que no detectaras conscientemente los microgestos de miedo (arquear y fruncir las cejas, elevar los párpados superiores y tensar los inferiores, estirar los labios) que te dejaron paralizado, ya que los enmascaró al instante el agrandamiento de los ojos para fingir sorpresa, y la expresión de los labios estirados y tensos se perdió en el ensanchamiento de la boca.

¿Hay algo, **además**, a lo que hubieras debido prestar atención, algo que no pudiera enmascararse con t anta facilidad? ¿Dónde acaban cayendo los mentirosos y delatándose? Con frecuencia, en la estructura de lo que dicen y la historia que cuentan. Presta atención a si se distancian de los puntos conflictivos al hablar, si dan explicaciones sin ningún fundamento cuando haces hincapié en algún elemento de la narración, si rehúsan contestar alguna pregunta, si cambian de tema o de tono, si protestan por una pregunta, si impiden que pueda profundizarse en algún detalle rodeándolo de información irrelevante, o si son incapaces de relatar lo sucedido ateniéndose a un orden cronológico. Además, podrás detectar una advertencia lingüística cuando te dirijan hacia calificadores sociales externos: «Puedes preguntarle a quien quieras», podrían decir, o tal vez intenten conseguir referencias sobre su carácter haciéndote entrar a ti en escena, manifestando que tú sabes que ellos nunca harían nada semejante o con un argumento probabilístico: «¿Qué probabilidades hay de que alguien como yo actúe así?». Entre las señales de alarma lingüísticas, está evitar que los pongan entre la espada y la pared aquellas preguntas a las que sería lo normal responder «sí» o «no», y buscar otras negativas, como: «Yo nunca hago eso». En nuestra situación, la respuesta «¿cómo has podido pensar eso de mí?» no solo evita la pregunta sino que emplea además una poderosa arma social al sugerir que tu punto de vista no coincide con el suyo y que, por tanto, la relación con él está en peligro, con lo cual introduce el contexto que antes veíamos de una amenaza de exclusión social. Y lo más probable es que sea el deseo de cohesión social lo que te hace retirar tus sospechas y tu buen juicio y acceder a dejarte engañar.

LA FALIBILIDAD DE LOS EXPERTOS

Estos son algunos consejos de nuestro amigo y colega **Scott Rouse**, analista del lenguaje corporal (y cuyos comentarios de lector experimentado han sido una aportación a este libro) que imparte clases a militares y agentes del orden público sobre técnicas de entrevista e interrogatorio:

> Uno va acumulando información y pistas, cuentos de viejas, detalles de películas y comentarios que oye en los programas de televisión, e incluso secretos que revelan los supuestos expertos. Y ¿sabes qué? En su mayor parte, es información incorrecta o incompleta. Ya sé que suena descabellado, pero te lo aseguro, es verdad.
>
> De niño, veía una serie de televisión sobre un espía. Él sabía cuándo alguien le mentía porque al hacerle una pregunta lo veía interrumpir el contacto visual. Y esto podía aplicarse a cualquiera con quien hablara: hombres, mujeres, niños, otros espías, todo el mundo.
>
> Me pasé los últimos años de colegio y todos los años de instituto convencido de que era verdad. Y se lo contaba a mis amigos. De haber sabido que no era así, que no era cierto y que en realidad no tenía más fundamento que el de ser «eso es lo que todo el mundo dice», Kevin Hojenackie no me seguiría aborreciendo hasta el día de hoy.
>
> En primer curso de secundaria me desapareció la chaqueta, y Katrina Brooks me aseguró que el autor del robo era Kevin. Así que me acerqué a él y le pregunté: «Oye, ¿me has quitado la chaqueta?». Me miró y dijo: «No. No he sido yo. ¿Para qué iba a querer

> tu chaqueta? –Luego apartó la mirada y añadió–: Tengo una que mola más que esa».
>
> Fue entonces cuando supe que me la había robado. Lo amenacé, le dije que tenía una hora para devolvérmela, y que si no me la había devuelto para entonces me iba a chivar al director. Pasó la hora y no me la devolvió, así que me chivé.
>
> Poco después, John Shannon me trajo la chaqueta y me contó que mi hermano Mitch y él me la habían quitado porque pensaron que sería divertido. En resumidas cuentas, a Kevin el incidente le había hecho pasar una vergüenza espantosa, porque nunca antes se había visto envuelto en ningún lío. Aunque le pedí perdón, nunca me volvió a hablar.
>
> Pero, un momento... ¿qué hay de aquella señal infalible por la que el espía aquel, como se llamara, sabía cuándo le estaban mintiendo? Aquella fue mi introducción a la verdad y la realidad de lo que sucede cuando se difunde alegremente a los cuatro vientos información incorrecta sobre la comunicación no verbal sin pensárselo dos veces.

En el caso que analizamos, es totalmente innecesario, por supuesto, que te formes una **nueva opinión** y la compruebes. Tu amigo hizo una puesta en escena tan hábil que logró que te dejaras engañar, y estuviste viviendo en el país de la fantasía hasta que descubriste la verdad: que te había mentido. No solemos embarcarnos en actividades sociales con alguien de quien esperemos un comportamiento antisocial. Nos reunimos para socializar, y por tanto, normalmente, a diferencia de quien se dedica profesionalmente a la detección de mentiras, no estamos en guardia para detectar la doblez de nadie. Lo que puedes aprender de todo esto es que, si percibes algo extraño cuando alguien a quien no conoces demasiado se muestra exageradamente sorprendido por algo, incluso aunque aceptes su versión de la realidad, debes ser cauteloso en cuanto a seguir intimando con él y depositar en él tu confianza. Quien quiera engañarte hará un despliegue de señales no verbales, tanto gestuales como estructurales, para manipularte y hacerte su cómplice, a fin de evitar algún peligro o conseguir algo, así que conserva un poco de espacio personal en el que estés a salvo y desde el que puedas observar si hay una versión de la realidad que te parezca más cierta, diga lo que diga esa persona.

SCAN rápido

S: no hay ya ninguna opinión que **dejar en suspenso**. Las mentiras pueden cegarnos a la realidad, arrebatarnos la capacidad de discernir, y no descubrimos la verdad hasta mucho después.

C: el **contexto** en esta situación es la amenaza de exclusión social. Participas de la mentira para evitar que se te expulse o margine y mantener el statu quo.

A: para determinar si alguien te está mintiendo, pregúntate **además** si ves que utilice alguna táctica para distanciarse de los hechos o distraerte de ellos y estate atento a señales lingüísticas de alarma.

N: no tienes la suerte de poder formarte una **nueva** opinión en este momento, salvo la de que este amigo tal vez no te convenga. Podemos aprender a estar atentos a un comportamiento desconcertante que nos deje paralizados y reservar un poco más de tiempo y espacio personal antes de seguir invirtiendo tiempo o confianza en esa relación.

26

PERSONA *NON GRATA*

Llevas un tiempo saliendo con el mismo grupo de gente. Siempre lo pasáis bien cuando estáis juntos, y aunque no os veis a diario, tenéis mucho en común y por lo general te sientes de verdad a gusto con ellos. Sin embargo, estás en una fiesta a la que te han invitado, en casa de uno de ellos, y tienes la sensación de que todos te evitan, de que se apartan cuando estás a punto de empezar a hablar. Parece que no quieren tener ningún tipo de conversación contigo, que te dan la espalda. Empiezas a sentirte un poco inseguro; te preocupa que pueda haber algo de ti que les resulte desagradable. ¿Un olor, quizá? ¿Tienes algo metido entre los dientes? ¿Es posible que la última vez que estuvisteis juntos hicieras el ridículo de alguna manera, sin darte cuenta? Consigues entrar en una conversación que mantienen dos miembros del grupo, pero, mientras hablas, no puedes evitar sentir que, aunque te escuchan en silencio, te miran por encima del hombro. ¡Ves que uno de ellos da un respingo! Y luego, cuando estás a punto de irte, los sorprendes mirándose, y uno de ellos pone los ojos en blanco. Piensas: «Vale, ya entiendo, soy persona *non grata*. ¡No me pueden ni ver!».

¿Cómo es que hasta hace dos días se te aceptaba en el grupo y, de repente, has caído en desgracia..., eres persona *non grata*: ni se te aprecia ni se te acepta, estás de más? Un momento sientes que te quieren, y al momento siguiente tienes la intuición de que no te soportan. ¿Cuáles son en esta descripción las señales más importantes que te han hecho pensar eso? Una mirada por encima del hombro, un respingo, los ojos en blanco. Aunque tal vez tengas ganas de marcharte de la fiesta de inmediato para lamerte las heridas, retírate un momento (lo cual no te será muy difícil, puesto que nadie quiere hablar contigo) y examina la situación aplicando el método **SCAN: deja en suspenso la opinión** y **haz un estudio más descriptivo** de lo que está sucediendo.

Poner los ojos en blanco, una señal disimulada que le ha hecho uno de tus amigos al otro y que has captado con el rabillo del ojo, suele ser una señal de desprecio. Pero en términos de lenguaje corporal, el significado de poner los ojos en blanco va cambiando, es decir, el motivo por el que lo hacemos cambia con la edad. Los niños muy pequeños ponen los ojos en blanco y los apartan de nosotros cuando dejamos de interesarles. Los que son un poco mayores, lo hacen en señal de aburrimiento. En los adolescentes, los estudios nos dicen que poner los ojos en blanco suele ser un gesto deliberado, una de las diversas señales no verbales que dirigen a alguien sobre todo las jóvenes, pero a veces también los jóvenes, para demostrarle agresividad, en ocasiones con la intención de hacer que se sienta excluido.[1, 2] En los adultos, los estudios han asociado el hecho de poner los ojos en blanco con el desprecio, y por tanto puede ser sintomático de que una relación se acaba.[3] Algunos estudios revelan también que en particular las mujeres recurren automáticamente a poner los ojos en blanco en respuesta a un humor ofensivo, humillante o sexista.[4]

Cuando aparece a la par o justo a continuación de otros gestos, poner los ojos en blanco se considera señal de desprecio o enfado, de que estamos hartos, a veces buscando solidaridad, en respuesta al estímulo irritante. Así pues, en conjunto, las señales en este caso son un respingo, es decir, una manifestación de dolor físico en el rostro cuando no existe malestar físico sino psicológico o social; una mirada por encima del hombro, que como decíamos, a menos que alguien quiera comprobar si tiene caspa en la solapa de la chaqueta, es una señal de arrogancia, y poner los ojos en blanco, y se diría que las tres apuntan claramente a un sentimiento de desaprobación, desagrado y desprecio. Eso duele.

Parece ser que no quieren saber nada de ti. Como ya hemos dicho, girar los hombros y el torso en dirección contraria a nuestro interlocutor puede indicar distanciamiento o falta de interés, pero contemplado conjuntamente con las demás señales, en este caso podría indicar desprecio. Tradicionalmente, «dar la espalda a alguien» significa ignorarlo, desairarlo, desatenderlo; muestra una falta de aceptación o de hospitalidad, en este caso a un invitado. Así que si los demás se apartan físicamente de ti además de manifestar el resto del lenguaje corporal que hemos comentado, es muy probable que ya no seas bien recibido.

Vamos a examinar el **contexto**: estás en casa de alguien, en la que ya habías estado anteriormente, y hace un tiempo que sales con este grupo de amigos. Lo normal es que, en parte al menos, tengáis principios, creencias, rituales y costumbres similares; es decir, estás en una fiesta con tu tribu. Como hemos visto en otros capítulos, los miembros de un mismo grupo social, además de tener resonancia límbica y ser mutuamente espejo unos de otros, disponen de reglas, jerarquías y también formas de demostrarse lealtad entre sí para mantener la fuerza y el sentimiento de cooperación del grupo.[5] Y al ver a alguien poner los ojos en blanco a tus espaldas, y al grupo entero hacerte el vacío y aliarse para dejarte abandonado, empiezas a tomar conciencia de que ya no perteneces al grupo.

Pregúntate qué podría estar sucediendo **además**. Lo que no concuerda con todo esto es que te invitaran a la fiesta. Porque eso significa que, a menos que quieran gastarte una broma muy cruel, todo iba bien hasta hace muy poco. Teniendo esto presente, harías bien en **dejar en suspenso la opinión** de que no quieren saber nada de ti, aunque tal vez sí hayas dicho o hecho algo que te haya convertido en persona *non grata*, al menos por el momento. Repasa mentalmente cualquier conversación o interacción física que hayas tenido a lo largo de la velada en los que haya podido ocurrir algo, o algún debate en el que quizá hayas expresado con vehemencia tus puntos de vista políticos o tu ideología y que tal vez haya hecho que se te considere contrario a las ideologías del grupo. Examínate para ver si has podido tener algún tipo de comportamiento antisocial en el contexto del grupo y sus habituales formas de ser. ¿Has bebido demasiado y has dado un espectáculo? ¿Te has burlado en voz alta de un *tweet* de Donald Trump, sin saber que tus amigos se han hecho de repente partidarios suyos? ¿Has fanfarroneado de la formidable potencia del último iPhone estando en compañía de unos incondicionales de Android?

Te será sencillo formarte una **nueva opinión** sobre la situación si eres capaz de recordar cualquier discusión divisiva o fuertemente controvertida que hayas tenido con alguien durante la fiesta, y de la que posiblemente sabe ya toda la sala. Cabe finalmente la posibilidad de que tu tribu te aprecie sinceramente pero tu opinión sobre determinado asunto les parezca inadmisible. Es fácil mezclar las señales referidas a nuestras ideas con las señales sobre la persona que somos. Puedes **comprobar** la veracidad de tu nueva opinión interviniendo relajadamente en otra conversación y hablando de temas totalmente diferentes del que pudo haber causado la polémica, al menos por ahora.

MITOS DEL LENGUAJE CORPORAL

El que no para quieto, algo esconde

El movimiento inquieto de las manos que no responde a ningún motivo aparente puede indicar un desplazamiento de emociones y pensamientos no expresados, desde entusiasmo o aburrimiento hasta frustración o alivio. Puede ser un comportamiento que utilicemos para relajarnos: el movimiento crea un estímulo que nos calma en momentos de ansiedad. O puede que no estarse quieto sea simplemente una forma de cambiar el peso de unas partes del cuerpo a otras para estar más cómodos, después de haber permanecido demasiado tiempo en una postura. De ningún modo puede considerarse un indicador infalible de engaño. Además, si alguien quiere ocultarte algo, ¿no crees que será capaz de tener las manos quietas unos instantes para no delatarse? Si no fuéramos capaces de hacerlo, los jugadores de póquer no podrían marcarse un farol, a los agentes secretos se los descubriría al instante y la mayoría de las relaciones quedarían irreparablemente dañadas para siempre.

SCAN rápido

S: cuando nadie quiere hablar contigo, es la oportunidad ideal para estar un momento a solas, respirar hondo y **dejar en suspenso la opinión** de que tus amigos te aborrecen y quieren que te marches. Piensa en lo que sabes sobre las circunstancias en que suele manifestarse ese lenguaje corporal en concreto, en este caso poner los ojos en blanco.

C: el **contexto** es una fiesta con tus amigos, en la casa de uno de ellos, a la que estabas invitado, y esto significa que tenéis valores y creencias comunes.

A: **además**, pregúntate si en algún momento anterior contrariaste a la tribu. En tal caso, ¿por qué te invitaron?

N: fórmate una **nueva** opinión después de repasar mentalmente las conversaciones que has tenido, y con quién. ¿Es posible que hayas incomodado a alguien que tiene poder social en el grupo y que a continuación ha corrido la voz? ¿Puedes arreglarlo?

27

SOY INVISIBLE

La familia está discutiendo algo importante y nadie te hace ningún caso; están tomando decisiones fundamentales sin contar contigo. No te dejan hablar, te interrumpen, hablan más alto que tú. Nada de lo que dices tiene ningún peso ni influencia, parece que nadie te escucha. Te sientes menospreciada e insignificante, como si ni siquiera estuvieras ahí sentada, como si fueras invisible.

En tu familia, ¿tienes la sensación a veces de no ser nada ni nadie? Vamos a **dejar en suspenso esa opinión** y a **hacer un estudio más descriptivo** de lo que está ocurriendo.

La señal que te hace sentirte menospreciada, insignificante, impotente e invisible es que al parecer nadie te escucha; te interrumpen, elevan la voz hasta que la tuya deja de oírse y actúan como si no estuvieras.

Cuando nos sentimos menospreciados, solemos manifestar un lenguaje corporal de sumisión que nos hace menguar de tamaño y reduce nuestra influencia. Los gestos que exhibe ese lenguaje corporal de sumisión hacen que se nos vea hundidos, a la defensiva, solos e indecisos; en una palabra, impotentes. Adoptar una postura de sumisión transmite el mensaje de que preferimos no tener poder, cedérselo a los demás, de que no queremos tomar las riendas. No solo ocupamos menos espacio e intentamos que no se nos vea, sino que además evitamos hacer ruido: nos apropiamos de la menor cantidad posible de territorio no verbal, ya sea físico, auditivo o temporal.

Es posible que mostremos un lenguaje corporal de sumisión cuando tememos a alguien que tiene poder. O cuando nos da miedo asumir responsabilidades y tener poder. En ocasiones, ocurre cuando admiramos mucho a alguien, o cuando tenemos baja autoestima, una gran inseguridad o simplemente falta de motivación para actuar.

Las posturas de sumisión manifiestan lo contrario de las dominantes, de aquellas que se apropian del espacio, el sonido y el tiempo. Si alguien camina por un sitio con paso decidido y sonoro repetidamente, advertirás su presencia. El caso contrario, el individuo que adopta un lenguaje corporal de sumisión, tendría un aspecto más o menos así: encogido para parecer más pequeño o menos amenazador; la cabeza ligeramente agachada; el pecho hundido; «ojos de cierva», esa mirada inocente de ojos muy abiertos que refleja el «sobresalto» del sistema de paralización, huida, lucha o desmayo, o miedo, y los hombros encorvados como señal de pasividad e incluso tristeza y para defender a la vez la zona del cuello de cualquier posible ataque. Podemos dar la imagen de estar incluso físicamente desequilibrados, como si pudiéramos caernos en cualquier momento.

Las posturas «cruzadas», defensivas, pueden mostrar también sumisión o indecisión. Cuando cruzamos alguna parte del cuerpo, restringimos la capacidad de movimiento, y por tanto, aunque quizá nos sintamos menos vulnerables, posiblemente demos una imagen de pasividad aún mayor.

En el **contexto** de tu familia, parece ser que los demás dominan todo el espacio que hay y a ti te dejan muy poco sitio. Tal vez simplemente estés acatando lo que te viene impuesto, manteniendo el orden establecido, siendo el pececillo de un estanque en el que el pez grande se come al pequeño y representando el papel de escaso prestigio que siempre has representado para mantener equilibrada la dinámica del poder. En este caso, ¿qué impresión te da el resto del estanque? Elevan el tono de voz hasta que la tuya deja de oírse, están y hablan por encima de ti y, por comparación contigo, parecen tener una posición aún más elevada. Te interrumpen, y dominan también las ondas sonoras. Otras señales no verbales de dominación territorial son estirar el cuerpo, inclinarse hacia el interlocutor, gestos expansivos de las manos y el rostro, abrir los brazos, establecer con frecuencia contacto visual con el interlocutor y mantener una mirada directa prolongada, todo lo cual se traduce en dominar una extensión mayor. Independientemente de lo que estén diciendo, los miembros de tu familia son más grandes, más sonoros y se apropian de más tiempo que tú.

Pregúntate qué podría justificar **además** que te sientas dominada y menospreciada. ¿Has pasado más tiempo del habitual pegada al teléfono móvil o a otros dispositivos electrónicos últimamente?

Con frecuencia nos recuerdan que las redes sociales pueden hacer que nos sintamos tristes y solos, al ver la *vida tan fabulosa* que tienen los demás, pero ¿pensamos alguna vez en el efecto físico y psicológico de tener continuamente el dispositivo en la mano y agachar la cabeza para mirar la pantalla? La experta en lenguaje corporal Amy Cuddy dio una charla TED en la que hablaba de la mala postura que muchos tenemos debido al uso de los teléfonos móviles, los iPhone entre ellos, a la que llama «*iPosture*» –y el psicoterapeuta neozelandés Steve August denomina «*iHunch*» [iJoroba]– y la correlación de esa postura con una serie de daños psicológicos y cambios del comportamiento. Tras citar una serie de estudios que asocian la postura encorvada con un descenso de la autoestima y un estado de ánimo más decaído, más miedo y reacciones verbales más negativas a cualquier pregunta, Cuddy contó que sus estudios han revelado que «la posición encorvada que adoptamos cuando utilizamos los teléfonos móviles nos hace ser menos enérgicos, tener menos seguridad en nosotros mismos, lo cual significa ser menos capaces de plantar cara y defendernos cuando la situación lo requiere».[1] Como, por supuesto, no es muy probable que ninguno dejemos de usar el móvil o los demás dispositivos electrónicos en el futuro inmediato, Cuddy nos recomienda que hagamos ciertos ejercicios y estiramientos a fin de contrarrestar el gesto de agachar la cabeza para mirar el iPhone. O que ahorremos para una visita periódica al osteópata.

Aunque puedes formarte una nueva opinión, de que por supuesto no eres en realidad invisible sino que quizá no ocupas suficiente espacio dentro de tu familia, ¿qué puedes hacer para **comprobar** esta teoría y reclamar, o recuperar, un poco del poder que te corresponde? Prueba inmediatamente a ocupar más espacio físico. Antes que nada, siéntate derecha. Si estás sentada a la mesa, echa la silla hacia atrás quince centímetros para ocupar más sitio y mostrar más presencia física a los que están sentados contigo. Pon las manos sobre la mesa para ocupar también ese territorio. Coloca el teléfono móvil sobre la mesa y apártalo un poco de ti para ocupar más territorio todavía, y por otra parte evita echar mano de él para esconderte. Ponte de pie cuando vayas a hablar o a hacer algún comentario de importancia y mira a los demás a los ojos mientras hablas. Todas estas posturas te harán parecer más segura.

Si te preocupa dar una imagen agresiva en lugar de segura, evita ponerte las manos en las caderas o poner ambas manos sobre la mesa e inclinarte hacia delante y acercarte demasiado a los demás.

Los dos son gestos que pueden entenderse fácilmente como una demostración de fuerza de la parte superior del cuerpo, y transmitir por consiguiente una imagen equivocada, de agresividad, con lo que provocarás en tu familia un sentimiento de rechazo o harás que se olviden ya definitivamente de ti. Tal vez tengas más probabilidades de que te atiendan y te escuchen si, para integrarte en el clan, reclamas un poco de espacio con una actitud serena y segura, sin parecer agresiva. La mejor forma de dar un paso es verificar la teoría, ver cómo responden y decidir luego basándote en ello.

MITOS DEL LENGUAJE CORPORAL

El lenguaje corporal provoca cambios hormonales

Posiblemente muchos hayáis escuchado la impresionante charla que dio Amy Cuddy en la conferencia TEDGlobal del 2012 titulada «El lenguaje corporal moldea nuestra identidad». Su charla, que se hizo viral, detalla los resultados de sus investigaciones, en colaboración con Dana Carney y Andy Yap, sobre los efectos de adoptar posturas que son símbolo de poder (expansivas) –«poses de poder»– en lugar de posturas de impotencia (contraídas), y concluye que adoptar una pose de poder influye directamente en los niveles hormonales: provoca un aumento de la testosterona y una disminución del cortisol.

Dada la velocidad a la que evoluciona la ciencia, al cabo de un tiempo se demostró que estos resultados no eran concluyentes. No ha podido demostrarse científicamente que las poses de poder influyan en los niveles hormonales, como pensaron los investigadores en un principio. Lo que sigue siendo evidente para Cuddy, y para millones de personas que han adoptado esas poses de poder, es que el efecto es innegable y transformador. Ella lo llama ahora «efecto psicológico de la postura», y su mayor hallazgo, que muchos otros investigadores del lenguaje corporal pueden confirmar, es trascendental y a la vez muy simple: adoptar posturas expansivas nos hace sentirnos más poderosos. Lo importante no es necesariamente por qué es así, sino que es así, sea por lo que sea.

En una entrevista para TED Science que le hizo el periodista y escritor David Biello en el 2017, Cuddy manifiesta sobre sus estudios del 2012: «A pesar de lo pegadiza que es la idea de adoptar una pose de poder durante dos minutos y de la cantidad de gente a la que hacerlo le ha ayudado, en realidad es simplificar demasiado una idea más trascendental: que nuestro porte, nuestra postura, influye en cómo nos vemos y en la sensación que tenemos de la persona que somos, en cómo nos relacionamos con los demás, lo competentes que somos, etcétera. Tal vez la simplificación exagerada que hice involuntariamente en su día haya dado pie a que, a muchos, el árbol no les haya dejado ver el bosque».[2]

SCAN rápido

S: deja en suspenso la opinión y comprueba lo expansiva que puedes ser al ocupar más espacio. Comprueba también lo que ocurre cuando lo reduces al mínimo. ¿Tienes una sensación distinta? ¿Qué crees que piensan de ti los demás cuando estás en una posición y en la otra?

C: ¿en qué **contexto**, si es que lo hay, acostumbras a dominar el espacio o sientes que reduces al mínimo tu presencia?

A: pregúntate qué elementos del entorno podrían influir **además** en que reduzcas o expandas tu presencia física en el mundo.

N: ¿te gustaría ser más visible normalmente, que se notara más tu presencia? ¿Qué comportamientos **nuevos** necesitas adoptar para ver si lo consigues? ¿Cuándo podrías empezar a mostrarlos?

CUA

PA

RTA

EL MUNDO LABORAL

RTE

No me preocupa nada lo que piensen de mí en el trabajo

–Nadie que sea sincero, ¡jamás!

Tenemos que trabajar, es inevitable. Nuestra civilización se ha construido gracias al trabajo de los que vivieron antes que nosotros, y nos damos cuenta de lo que hemos avanzado cuando pensamos en las primeras herramientas que fueron cruciales para nuestra evolución. ¿Dónde estaríamos sin el hacha de sílex o la aguja de hueso?

Pero si el trabajo es tan sustancial, y nos ha llevado tan lejos, ¿por qué habría de ser una causa tan importante de estrés? A pesar de que a muchos nuestro trabajo nos interesa y nos motiva e incluso establecemos fuertes relaciones en él, cada vez somos más los que necesitamos solicitar un permiso temporal por depresión o por ansiedad, o sencillamente pasar más tiempo haciendo algo que nos dé más satisfacción.

Trabajar es necesario, y puede ser de lo más estimulante y satisfactorio, pero las circunstancias laborales nos hacen enemistarnos a veces con aquellos con quienes tenemos que trabajar codo a codo, con aquellos precisamente con quienes tal vez pasamos la mayor parte de las horas del día. Qué duda cabe de que la mayoría de nosotros contamos con poder intercambiar nuestro trabajo por dinero para poder adquirir lo que realmente necesitamos y queremos, principalmente comida y techo, y también aquello que nos ayude a pasarlo bien, solos, con nuestra familia y con nuestros amigos, es decir, con la gente que más nos importa. Y para que esta secuencia se lleve a cabo con éxito, las relaciones que mantenemos con nuestros colegas de trabajo acaban siendo igual de importantes, y a veces incluso más, que las que tenemos fuera del trabajo. La diferencia es que, aunque quizá consigamos salir indemnes y nuestros amigos y nuestra familia nos perdonen si no conseguimos procurarles lo que necesitan debido a los problemas que podamos tener, tal vez nuestros colegas de trabajo no sean tan comprensivos cuando pasamos por un momento difícil. Pero necesitamos continuamente de su afabilidad, porque de ella depende en parte que nos sea más o menos fácil conseguir ganar el dinero que necesitamos. Y como dedicamos cada vez más tiempo de nuestra vida al trabajo, o al menos a estar a disposición de nuestros colegas y que puedan localizarnos a través de los dispositivos móviles, terminamos pasando una considerable parte de nuestro tiempo en su compañía, y por tanto cómo nos relacionemos en general con ellos influye en el bienestar de todos.

Si somos capaces de predecir los pensamientos, sentimientos e intenciones de nuestros compañeros de trabajo, tanto cuando estamos frente a frente como en una videoconferencia, o cuando nos comunicamos por teléfono o correo electrónico, es posible que logremos establecer mejores relaciones con ellos a la vez que aumentemos la productividad y obtengamos más beneficios. Veamos cómo detectar la verdad, las mentiras y los juegos de poder en el trabajo y cómo conseguir auténtica ventaja en todos los sentidos.

28

BORDÉ LA ENTREVISTA... ¿POR QUÉ NO ME LLAMAN?

Hace poco te presentaste a una entrevista para el trabajo de tus sueños. Desde el momento en que entraste en el edificio, intentando estar centrada y mantener la calma, te sentiste como en casa. No hubieras podido pedir más. Todo el mundo, desde la recepcionista hasta el equipo de recursos humanos y tu jefe potencial, parecía estar encantado de conocerte y te dirigió una sonrisa, muy auténtica, e incluso el director, con el que te cruzaste en el vestíbulo, te dio un cálido apretón de manos. Durante la entrevista, los entrevistadores te miraban a los ojos y parecía que les interesaba de verdad lo que decías; asentían en señal de aprobación, lo cual te permitió relajarte y te dio la confianza suficiente para sorprenderlos con tus conocimientos y tus ideas. Sonreían a menudo; parecía una sonrisa de verdad, y era obvio que te escuchaban con atención porque luego te hicieron cantidad de preguntas. Los viste mirarse entre sí y asentir, aparentemente receptivos a tus ideas, con ganas de que les contaras más. La entrevista fue bastante larga, y te marchaste muy contenta, casi segura de que el trabajo era tuyo. No te cansas de contarles a tus amigos lo estupenda que es la empresa y lo divertida y simpática que es la gente. «¡Se han quedado encantados conmigo!», dices. Pero han pasado unos días y no has recibido ninguna noticia, así que empiezas a ponerte nerviosa y a preguntarte por qué no te llaman. Piensas: «¡Me tienen que llamar! ¡Bordé *la entrevista*!».

La situación os resultará familiar a todos los que habéis salido de una entrevista convencidos de que os iban a llamar y os habéis quedado sorprendidos y desconcertados cuando no ha sido así. Aunque puede ser cierto que la entrevista fuera fabulosa, vamos a aplicar el proceso **SCAN**, a **dejar en suspenso la opinión** de que los entrevistadores dieron señales de estar encantados contigo y a **realizar un estudio más descriptivo** de por qué sacaste esa impresión y de lo que sucedió en la entrevista, para intentar aclarar un poco tu desconcierto.

Las señales más claras que mostraron los entrevistadores de que la entrevista estaba resultándoles satisfactoria fueron las miradas directas y positivas y una sonrisa auténtica, mirarse entre sí y asentir y escucharte. En primer lugar, dices que era una sonrisa «de verdad», auténtica. La sonrisa Duchenne, en la que aparecen arrugas al elevarse los extremos de los ojos, como ya has leído en otros capítulos es una sonrisa de verdadera satisfacción y alegría, que transmite apoyo y ánimo, a diferencia de otros tipos de sonrisa, como algunas medias sonrisas, que pueden disimular el engreimiento de un juicio negativo y un sentido de superioridad, o las sonrisas con los labios estirados y la boca cerrada, que suelen ser sonrisas de cortesía o que esconden algo.

Los entrevistadores de esta escena asienten además, lo cual hemos explicado ya que puede expresar distintas sensaciones, como aburrimiento o, si el movimiento de cabeza es más rápido, un deseo de que dejes de hablar para que quien asiente pueda intervenir en la conversación. No obstante, en ese caso aparecerían también otras señales. Por ejemplo, si los entrevistadores asienten para ocultar el aburrimiento, es posible que además bostecen o intenten ocultar el bostezo, que hagan movimientos inquietos y que paseen la vista por la sala o aparten los ojos, con una mirada inexpresiva. No es el caso, ya que en tu descripción parecen mostrar interés: te miran, asienten y sonríen, todo lo cual parece indicar que cuentas con su apoyo, y utilizan reguladores no verbales para animarte a que sigas hablando. Te escuchan, como indican todas estas señales, y tienen el cuerpo vuelto hacia ti, te miran directamente a los ojos y a menudo da la sensación de que elevan ligeramente la oreja en tu dirección. Hasta aquí, se diría que tienes razón al suponer que su impresión es positiva.

Parece que todas estas señales favorables que recibes en el **contexto** de la entrevista no dejen lugar a dudas sobre el brillante futuro que te espera en esta empresa. A veces, quienes hacen las entrevistas de trabajo quieren aparentar indiferencia o severidad, y adoptan una actitud fría, engreída o sentenciosa para ponerte a prueba y que tengas que esforzarte por ganarte su atención y, consiguientemente, el puesto. Esta clase de intrevistadores suele crear un ambiente de aprensión; quieren provocarte una sensación muy clara de que compites por un puesto de trabajo, para obligarte a hacer malabarismos por conseguirlo; convierten la entrevista en un juego de poder inspirado en el lema «mano dura, motivación segura». En nuestro caso, ocurre todo lo contrario. Los entrevistadores te invitan a que te relajes, sigas hablando y les cuentes tus ideas; te dejan hablar tranquilamente, es decir, crean un ambiente relajado para sacar lo mejor de ti, y tú eres capaz así de mostrar tu personalidad y todo lo que puedes aportar, luego parece que su estrategia ha funcionado. En ese caso, ¿por qué no te han llamado todavía?

Pregúntate si, **además** de esto, hay algo que pueda ayudarte a entender por qué no has recibido una llamada cuando saliste de la entrevista convencida de haberlo hecho muy bien. Es cierto que conseguir un puesto de trabajo en una empresa no es tarea fácil, pero también lo es que las organizaciones suelen pelearse por atraer a los candidatos más cualificados y competentes. Al fin y al cabo, hacen una inversión considerable en su plantilla, de modo que quieren tener los mejores empleados que sea posible, a fin de crear un ambiente laboral sumamente cordial y acogedor... ¿Hasta el punto de que puedan esbozar sonrisas auténticas? Como ya hemos dicho, en contra de lo que generalmente se piensa, cualquiera es capaz de fingir una sonrisa auténtica en según qué circunstancias. Están compitiendo por ti. Una persona con talento está muy solicitada. Claro que también es cierto que tú estás compitiendo con otros candidatos que tengan tus mismas cualidades, y las organizaciones quieren el talento más sobresaliente.

Saliste de la entrevista con la sensación de que la habías bordado, pero también impaciente por contarles a tus amigos lo asombrosa que es la empresa, el buen ambiente que se respiraba. Muchas organizaciones quieren dar una imagen impecable en todos los sentidos, tanto al público como al posible empleado de nivel más elemental. Independientemente de a quién le ofrezcan al final el trabajo, desean que el candidato elegido acepte la oferta de inmediato, no que tenga dudas porque ha recibido otras ofertas de organizaciones más tentadoras. Ten en cuenta también la tendencia a que las organizaciones se vuelquen cada vez más con el consumidor; son muchas las marcas que ponen gran empeño en garantizar que el usuario tiene una experiencia inmejorable en cada interacción. El comportamiento de los entrevistadores es, por consiguiente, expresión de la marca de la empresa tanto como lo son su producto o servicio. Quién sabe si no es todo pura pantomima.

Además, cada día parece estar más clara la relación entre tener una plantilla de trabajadores motivada y el éxito de una empresa. No tenemos más que echar una ojeada a las que año tras año ocupan las primeras posiciones en la lista de Las Mejores Empresas para Trabajar [Great Place to Work] a nivel mundial para ver la íntima correlación que tiene un ambiente laboral satisfactorio con la prosperidad, los beneficios y la permanencia en el trabajo. Como señala el director ejecutivo de esta importante consultora, Michael C. Bush: «El nuevo territorio empresarial, principalmente inexplorado, tiene que ver con desarrollar cada gramo de potencial humano para que las organizaciones puedan alcanzar su pleno potencial [...] Todas las empresas –incluidas Las Mejores Empresas para Trabajar– se enfrentan al reto de crear una cultura excepcional para todos, sean quienes sean o hagan lo que hagan por la empresa».[1] Los estudios muestran que cuanto más incluyente, diversa y excelente es una empresa año tras año, más crecen sus ingresos. Todo esto significa que muchas organizaciones están decididas a lograr ese objetivo y no miden esfuerzos, lo cual incluye, en nuestro caso, incluso que el propio director sea más accesible.

MITOS DEL LENGUAJE CORPORAL

Estrecha siempre la mano con firmeza

La definición de un buen apretón de manos varía dependiendo de la cultura y la situación. Un apretón de manos dura unos segundos, y en esos pocos segundos puedes transmitir una impresión duradera del poder que tienes. Así es como se ejecuta el clásico apretón de manos norteamericano y europeo en el mundo de los negocios: deslizamos la mano a lo largo de la mano contraria hasta que la membrana que hay entre los dedos pulgar e índice se encuentra con la membrana de la mano que estrechamos, y entonces le apretamos los dedos.

Subimos y bajamos las manos enlazadas dos o tres veces y luego soltamos la mano.
Otros países y culturas tienden a estrechar la mano con menos firmeza, como es el caso de China y otros países asiáticos. Cuando una y otra parte no tienen debidamente en cuenta las particularidades culturales o circunstanciales, pueden malinterpretarse fácilmente el interés o el poder que demuestra el apretón de manos, y dar este la impresión equivocada.
Un estudio que realizó en el 2013 el Instituto Weizmann de Ciencia descubrió que cuando nos estrechamos la mano interviene el sentido del olfato. Los investigadores advirtieron que los participantes del estudio no solo se olían inconscientemente las manos, sino que se las olían durante mucho más tiempo después de estrecharle la mano a alguien.[2] Aunque se cree que el gesto de estrecharse la mano tuvo en el pasado la finalidad de comprobar si alguien ocultaba en la mano un arma u otro instrumento, estos hallazgos apuntan también a sus orígenes en la evolución humana: estrecharse la mano pudo haber servido para transmitirse señales olorosas, y esa señalización tal vez siga siendo un componente importante, aunque subliminal, de esta costumbre.

Puedes formarte la **nueva opinión** de que tal vez no eras la persona idónea para el puesto, pero los entrevistadores hicieron tal demostración de afabilidad hacia ti porque formaba parte de los valores de la organización hacer alarde de que la empresa era un lugar optimista, fantástico, acogedor y positivo en el que trabajar. Tienes que aceptar que quizá confundiste su intención de demostrar el excelente ambiente laboral de la compañía con un sentimiento favorable hacia ti, aunque posiblemente estuvieras fabulosa en la entrevista.

No es que la lectura inicial que hiciste de su cordialidad estuviera equivocada, solo equivocaste lo que la motivaba. Es muy probable que se comportaran de forma bastante parecida con todos los demás candidatos. Para **comprobar** la validez de está teoría, indaga un poco; puedes incluso intentar averiguar en Internet si otros candidatos al puesto afirman haber tenido una experiencia similar. Es una empresa alucinante. Todo el mundo muestra su mejor cara, y esto incluye que tú muestres tu optimismo.

Confiamos en que consigas trabajar ahí. Parece que podría ser un buen sitio para trabajar y que encajas en él, pero tienes que mantener la calma hasta que de verdad te digan que sí. Podrías enviarles un correo electrónico para comentar que te encantó conocer a todo el mundo, y de paso ver si consigues que te cuenten la impresión que sacaron de ti en la entrevista; entérate de cuándo tomarán la decisión definitiva y de cuándo te dirán algo.

LA INTELIGENCIA EN LA MANO

Las organizaciones emplean la inteligencia de muchas maneras distintas a la hora de encontrar al mejor candidato para cubrir los puestos más importantes. Nuestro amigo **Jamie Mason Cohen** es un experto analista grafológico que utiliza sus conocimientos para ayudar a las empresas a formar de la mejor manera posible a sus empleados para que desarrollen todo su potencial. Esto es lo que nos dijo sobre el «lenguaje corporal» de la palabra escrita:

> Nuestra letra es una proyección de la mente inconsciente. Es nuestra personalidad puesta sobre el papel. Los grafólogos creemos que se puede saber qué imagen quiere dar al mundo un individuo por el acto inconsciente de firmar con su nombre. Nuestra firma es nuestro sello personal; es la autoridad que proyectamos al mundo. La escritura a mano con letra ligada se denomina en ocasiones «lenguaje corporal detenido» porque el cerebro crea la imagen de lo

que queremos expresar y los dedos cumplen las instrucciones de la mente. Con solo identificar el aspecto de ciertos rasgos de tu letra, podemos conocer al instante la imagen que das a los demás. Hay una serie de pequeños movimientos neuromusculares que son idénticos en todo aquel que tiene ese rasgo de la personalidad. Los micromovimientos son tan minúsculos que solo si están detenidos visualmente se pueden identificar; y la escritura a mano es precisamente un ejemplo de esa detención visual del movimiento.

Las aptitudes sociales se ven en el tamaño y la inclinación. Es probable que alguien tímido y retraído o introvertido tenga una letra pequeña y apretada que se incline hacia la izquierda. Con su escritura, este individuo le indica al mundo que prefiere pasar una noche tranquila en casa que asistir a una fiesta gregaria y bulliciosa. A quienes no lo conocen bien, puede parecerles que es como un caracol que no sale de su caparazón muy a menudo. Los contables, auditores, científicos, ingenieros, programadores informáticos, pilotos de guerra y posiblemente los cirujanos podrían tener una letra pequeña, angulosa e inclinada hacia la izquierda. También es el tipo de letra que se corresponde con un tipo de personalidad que rara vez manifiesta con facilidad sus emociones. Para proyectar una imagen pública más dinámica y carismática, prueba a firmar con letra más grande, en el centro de la página, con una ligera tendencia ascendente. Una firma más vistosa, más atrevida, equivale a la manifestación física de una imagen más extravertida y segura. Les transmite a los demás la impresión de que te consideras un líder y te sientes cómodo siendo el centro de atención o tomando la iniciativa en un nuevo proyecto de trabajo.

La comunicación directa y clara se ve en los bucles de las letras circulares. Una escritura en la que la zona central de las letras no contenga dobles bucles interiores representa integridad. La abundancia de dobles bucles en la escritura indica que ese individuo no siente que puede contarle a cierta gente la verdad sobre algo que esté sucediendo en su vida. Mientras escribes, podrías estar atento, sin juzgarte, a los bucles innecesarios que hagas al escribir letras como la *o*, la *a* y la *d*. Tal vez te ayude a mirar desde una nueva perspectiva los motivos que puedas tener para no contar la verdad en determinada situación.

Una alta autoestima, ambición y objetivos se ven en la altura a la que se traza la barra de la *t*. Una barra alta y trazada con fuerza de izquierda a derecha muestra que el individuo se valora y valora su capacidad de planear con antelación para lograr sus objetivos. Si la barra está trazada con suavidad y se difumina rápidamente, podría ser beneficioso cambiar ese trazo. La próxima vez que estés tomando notas en una reunión, haz conscientemente trazos fuertes, alto y largos en la parte media superior del trazo vertical de la *t* para proyectar entusiasmo y un mayor grado de autoestima. Esto puede generar entusiasmo y ayudarnos a hacer un cambio positivo de perspectiva, al producirse una transformación en las vías neuronales correlacionadas con ese rasgo específico. La barra alta de la *t* refleja también la convicción inconsciente de tener marcados unos límites personales claros y fuertes, de afrontar los cambios sin miedo, y le indica al cerebro que asuma riesgos calculados que puedan ayudarnos a avanzar hacia lo que queremos en la vida.

Una barrera a la confianza, es lo que se ve en las firmas ilegibles: si tu firma es ilegible, puede ser señal de que quieres que se te vea pero no que se te conozca. Proyectas al mundo que eres una persona privada que desea mantener oculta su intimidad. También podría considerarse un obstáculo a la intimidad y a conectar con los demás. Para resolverlo, ten la paciencia de escribir cada letra de tu nombre y tu apellido, a fin de demostrar más apertura, accesibilidad y presencia.

SCAN rápido

S: **deja en suspenso** la opinión sobre lo que pudieran significar la sonrisa y la afabilidad de los entrevistadores para poder investigar si iban dirigidas a ti o eran su modus operandi.

C: averigua cuáles son el **contexto** de la marca de esta empresa y la imagen que quiere dar o a la que aspira.

A: pregúntate qué ansían proyectar **además** esta y otras organizaciones, y si los entrevistadores pudieron reflejarlo en la entrevista.

N: aunque es posible que no consigas este trabajo, probablemente estuviste muy bien en la entrevista, solo que no eras exactamente lo que buscaban. Preguntar qué ha ocurrido en realidad es una buena forma de comprobar una **nueva** opinión.

29

EL TRABAJO QUE HE HECHO LES PARECE UN HORROR

Ha habido cambios en la empresa para la que trabajas que a ti te han supuesto un fastidio y muchas complicaciones. Como el profesional y buen compañero que eres ante todo, has seguido presentando un trabajo igual de excepcional que siempre. Solo que ahora parece que a nadie le gusta lo que haces. En el último proyecto, por ejemplo, has trabajado con diligencia y entusiasmo en la parte que te correspondía para tenerlo terminado a tiempo, y esto mientras te adaptabas a la vez a todos los cambios y te familiarizabas con tus nuevas responsabilidades. Luego, cuando el equipo se reúne en la sala de juntas improvisada para hablar sobre el progreso general del proyecto y tú presentas tu trabajo, ves a tus compañeros dar un respingo y hacer muecas, fruncir el ceño o desplomarse en la silla exhalando con fuerza y frotarse la cara. Uno de ellos incluso se lleva a la cara las manos abiertas y deja escapar un gruñido. «Lo están pasando fatal porque no saben cómo decírmelo –piensas–. Es obvio que el trabajo que he hecho les parece un horror».

Tener la sensación de que no se valora tu trabajo, o de que no da la talla, sobre todo cuando te has dedicado a él en cuerpo y alma, puede enfadarte o deprimirte y es sin duda un duro golpe para tu seguridad y tu autoestima. Pero ¿es verdad que a tus colegas les horroriza tu trabajo? Apliquemos el proceso **SCAN** a la situación. **Dejemos en suspenso esa opinión** y **hagamos un estudio más descriptivo** de lo que está sucediendo.

El horror es un sentimiento muy fuerte; significa que algo nos produce una aversión extrema, y suele ir acompañado de toda una serie de señales no verbales que indican principalmente ira, repulsión y hostilidad. Como has visto en otros capítulos, las de la ira son líneas verticales entre las cejas, cejas fruncidas, párpado inferior tenso, labios tirantes y estrechos, ojos brillantes, aletas de la nariz dilatadas, mandíbula inferior prominente y cabeza inclinada hacia delante para proteger el cuello y el mentón. Las tres zonas faciales deben participar en el gesto. Por otra parte, las señales de repulsión son nariz arrugada, descenso de las comisuras de los labios y labio inferior tenso. Por último, las de hostilidad son un enérgico despliegue de algunos o todos los indicadores de ira y repulsión y, a la vez, una disposición clara a la agresión física, que podría manifestarse en unos puños cerrados, una subida del tono de voz con inflexión descendente, un pisotón para aplastar figuradamente el objeto de la hostilidad o el torso vuelto para apartarse de él, en un intento de evitar eso que se aborrece.

Tus compañeros fruncen el ceño, sin duda uno de los signos de ira y repulsión; sin embargo, como ya hemos explicado, fruncir las cejas y, como consecuencia, el ceño no necesariamente es un gesto de ira si aparece solo. Si al ceño fruncido se suman un respingo y muecas, como la nariz arrugada, los ojos apretados o la boca torcida, en conjunto son señales que se asocian con el dolor, físico o psicológico.

Debemos añadir a esto el acto de desplomarse en la silla y la exhalación profunda, que evocan la imagen de unas velas que de repente se quedaran sin viento e indican una sensación de hundimiento y exasperación. Que se hayan derrumbado y dejado vaciarse los pulmones indica que se han deshinchado, rendidos ante el poder o el dolor, y no que contraataquen enérgicamente con ira u hostilidad. No olvidemos tampoco el gruñido, que es expresión de dolor o una reacción a él. Además de dejarse caer y exhalar, se frotan la cara, un gesto dirigido a procurar alivio. Y llevarse la palma de la mano a la mejilla, que también es un gesto de bloqueo, habla de esconderse, tal vez por miedo o por vergüenza.

Hasta aquí, aunque quizá efectivamente tus colegas estén experimentando una emoción fuerte, el horror no concuerda con la descripción. Pese a haber un par de señales que podrían asociarse con la ira, no van acompañadas de otras señales habituales como para poder deducir plenamente ese sentimiento, ni hay posturas enérgicas de agresividad o lucha, normalmente asociadas con la ira o una aversión muy fuerte.

MITOS DEL LENGUAJE CORPORAL

Una imagen dice más que mil palabras

En el 2015, el presidente de los diccionarios Oxford, Casper Grathwohl, definió el *emoji* como una forma de comunicación cada vez más rica que cruza las barreras idiomáticas, y de hecho, la Palabra del Año de la empresa editorial fue precisamente un *emoji*: el ideograma de la cara que ríe con lágrimas de alegría. «Los *emoji* representan hoy en día un aspecto fundamental de lo que significa vivir en un mundo digital en el que prima la imagen, un mundo que expresa sus emociones y está obsesionado con la inmediatez».[1] Un *emoji*, la pequeña imagen digital o icono que se utiliza para expresar una idea o emoción en los dispositivos de comunicación electrónicos, y su precursor, el emoticono, tienen ambos una función similar en la comunicación mediante mensajes de texto a la de las señales no verbales en la comunicación cara a cara. Actualmente, en cualquier medio de comunicación social digital podemos calificar el significado del texto que enviamos, o incluso reemplazar palabras por gráficos, con una imagen que resume cómo nos sentimos. Pero ¿son capaces de transmitir de verdad esos ideogramas los sentimientos que queremos comunicar? ¿Realmente consiguen hacerle llegar a nuestro interlocutor, esos dibujitos tan divertidos, lo que creemos estar diciéndole con ellos?

Los estudios que han llevado a cabo Hannah Miller y sus colegas de la Universidad de Minnesota, entre otros estudios similares, han comprobado que hay muchas posibilidades de malinterpretar los *emojis*, debido a su cantidad de matices cada vez mayor. Uno de sus principales hallazgos fue que, dado que se representan de forma diferente en las distintas plataformas, pueden hacerse interpretaciones muy diferentes del mismo *emoji*. Miller señala que la Emojipedia, un sitio web que sirve de enciclopedia de *emojis*, incluye diecisiete plataformas, entre ellas Apple, Google, Microsoft, Samsung y LG, lo cual significa que podría haber al menos diecisiete representaciones diferentes del *emoji* correspondiente a un carácter de Unicode dado.[2] Concluye que el uso de los *emojis* entre distintas plataformas puede crear un ambiente propicio para que la comunicación se malinterprete. No solo eso, sino que el estudio descubrió que, incluso cuando se utilizaban en la misma plataforma, los usuarios daban a los mismos *emojis* significados totalmente diferentes. Un ejemplo que cita es el *emoji* de Apple de «cara con amplia sonrisa y ojos sonrientes», en el que algunos de los encuestados veían reflejada una emoción positiva mientras que a otros les parecía más bien negativa. Esto quiere decir que el equivalente digital de la comunicación no verbal tiene las mismas probabilidades de darnos una impresión equivocada que la interacción en persona. ¡Prestar atención y pensar con sentido crítico! es la clave para interpretar correctamente tanto las palabras como las emociones expresadas por medio de *emojis*.

En fin, no es una tontería presenciar una reacción así a tu trabajo. ¿El problema eres tú? ¿Son ellos? ¿Sois tú *y* ellos? Examinemos el **contexto** para ver si nos aclara algo. Te has reunido con tus compañeros de equipo; cada uno os ocupáis de un aspecto distinto del proyecto, de modo que tendréis objetivos comunes. Sin embargo, cualquier vínculo de grupo que tuvierais anteriormente se ha trasplantado a un ambiente nuevo más dinámico, que tal vez signifique unos cambios de fondo muy notables, luego es posible que os sintáis todos como si hubiera pasado un ciclón: nada está ya donde estaba, y el equipo entero intenta hacerse una idea de cómo adecuar el tipo de trabajo que hacíais hasta ahora a las nuevas normas y dirección. En otras palabras, os adentráis en territorio desconocido.

Es más que probable que unas condiciones laborales nuevas causen malestar y confusión a los trabajadores, que deben aprender a conducirse en el nuevo sistema y quizá reestructurar las funciones que desempeñan en él. En la mayoría de las organizaciones se implementan cambios periódicos, motivados por la necesidad de innovación y adaptación a unas realidades que evolucionan y aumentan a la par que cambia la sociedad, es decir, a un ritmo cada vez más rápido. El estrés y la incertidumbre que acompañan a los cambios de una empresa están abundantemente documentados, y si de algo podemos estar seguros es de que un cambio organizativo puede ser muy difícil y provocar a diario una disposición negativa en muchos empleados.[3]

Pregúntate qué está ocurriendo **además**. La descripción que hacíamos comienza hablando de la sensación que esos cambios te han provocado a ti. Estás enfadado y confundido, y no solo eso sino que, al tiempo que te adaptabas a las nuevas circunstancias, has tenido que dedicarte en cuerpo y alma a un proyecto. Formar parte de un equipo, de un departamento o de una sección de la empresa con unos colegas con los que en el pasado has trabajado en armonía tal vez no sea suficiente para que la situación siga siendo la misma después de un gran cambio, por todo lo que supone un nuevo régimen, con nuevas normas, sistemas, encargados y personal y, por consiguiente, nuevas presiones. Pero sientes que ante todo eres un profesional y un buen compañero, lo cual da a entender que sientes solidaridad con tu equipo.

Probablemente no seas el único que se siente así. Pero ¿cómo de manifiesto es tu enfado? ¿Lo exhibes como si te rozara la camisa, todo el tiempo incómodo e irritado, suspirando, frotándote *tú también* la cara y escondiéndote *tú también* detrás de tus manos? ¿Es posible que los demás miembros del grupo estén sencillamente imitando tu lenguaje corporal? ¿Se sienten de hecho igual que tú? Y por último, ¿estáis reunidos en una sala que habéis improvisado y al final de la jornada? Un espacio incómodo, abarrotado, después de un largo día de trabajo puede ser la gota que colma el vaso y hacer que todos, incluido tú, os sintáis y os mostréis exasperados y hundidos.

De manera que la **nueva opinión** es que tus compañeros no aborrecen el trabajo en sí que has presentado, sino que, lo mismo que tú, están exasperados y enfadados. Tal vez todos os hagáis de espejo unos a otros y reflejéis el mismo lenguaje corporal, que pone claramente de manifiesto las dificultades y la angustia que estáis viviendo todos durante esta transición de la compañía. ¿Cómo puedes **comprobar**, de todos modos, que es esto lo que de verdad está ocurriendo, para intentar en ese caso mejorar la situación, no solo por ti, sino también por tus compañeros?

No hay forma de que puedas presentar tu trabajo sino en el marco del cambio que se está produciendo en estos momentos. Sin embargo, procura presentar la próxima tanda de trabajo en un entorno distinto y a otra hora del día, para ver cómo responden los demás. Cuida de que tu lenguaje corporal sea animado y optimista. No puedes controlar el macroambiente, es decir, el cambio que está viviendo la empresa, pero quizá consigas controlar una parte del microambiente, por ejemplo el lugar donde hacer las presentaciones, la hora de presentarlas y tu lenguaje corporal, por encima de todo. Si lo haces y obtienes los mismos resultados, pídeles a tus compañeros que te expliquen concretamente qué elementos de la presentación les causan malestar. Si aun entonces siguen mostrando la misma negatividad, tal vez el problema sea que tu comportamiento en sí es demasiado obstinado, más de lo que pueden soportar tus compañeros en las presentes circunstancias, y quizá debas plantearte hacer tú también una transición y encargarte de un área nueva de la empresa recién remodelada que esté más acorde con tus aptitudes.

SCAN rápido

S: aunque tus compañeros dan muestras claras de negatividad, debes **dejar en suspenso** tu opinión, sobre todo cuando entraña una emoción tan fuerte como la de sentir que aborrecen lo que haces, y evaluar todas las señales.

C: es fácil que los cambios internos de una empresa creen un **contexto** laboral tenso y crispado para todos.

A: pregúntate **además** si eres el único al que ha afectado el cambio. ¿Eres tú? ¿Son ellos? ¿Sois tú y ellos?

N: si te formas la **nueva** opinión de que tu lenguaje corporal podría estar influyendo en los demás, de que quizá estén imitando inconscientemente lo que perciben de ti, prueba a cambiar de comportamiento y descubre si el suyo también cambia.

30

UN AUTÉNTICO MACHO ALFA

Se te ha encargado que designes a un nuevo jefe de ventas para la empresa, y has entrevistado a toda una diversidad de candidatos excelentes. A continuación, se presenta un candidato con mucha menos experiencia que los demás. Es relativamente nuevo en el sector, pero por alguna misteriosa razón, de inmediato el instinto te dice que es justo la persona que buscas, estás convencido de que puedes confiar en que cumplirá con sus obligaciones, será un buen jefe de equipo y venderá, lo cual reportará grandes beneficios a la compañía. Viéndolo ahí sentado, parece que ya estuviera a cargo del departamento. Tiene la mandíbula cuadrada, complexión atlética y un aspecto honrado y de seguridad en sí mismo. Domina el espacio y la conversación. Ocupa más espacio y más tiempo que ninguno de los candidatos anteriores, porque habla más despacio y con más claridad; sus palabras tienen peso y suenan importantes. Demuestra además saber escuchar. Tiene una sonrisa agradable, la mirada directa, una voz sonora, y estrecha la mano con firmeza; no hay duda de que es una persona con temple, que no dejará que nada se interponga en su camino. Sabrá dirigir con decisión al equipo y tratar atentamente a los clientes. Estás seguro de que todos lo respetarán, como te ocurre a ti en estos momentos. Lo que le falta en experiencia en comparación con los demás candidatos, lo compensa sobradamente con sus dotes de líder. Es un auténtico macho alfa. ¿Debes ofrecerle el puesto en este instante, sin necesidad de pensártelo dos veces?

¡Alto ahí! Parémonos un momento y examinemos todo esto con más detalle.

«Líder» es una persona, una entidad o empresa prominente, importante, que destaca, que tiene poder. En el trabajo, suele haber alguien que da la imagen de ser más fuerte que nosotros, y todo el mundo lo mira como si fuera un líder nato, el que consigue un ascenso antes que nadie, el que parece brillar y sabe siempre lo que hay que hacer. No hay duda de que todo esto es muy imponente.

Es hora de aplicar el método **SCAN: dejemos en suspenso la opinión** de que es la persona idónea para el puesto y **hagamos un estudio más descriptivo** de por qué piensas que lo es. A fin de cuentas, es importante que tomes la decisión acertada. Este empleado le va a costar potencialmente a la empresa cientos de miles de dólares, y el candidato que tanto te ha impresionado es el que menos experiencia tiene de todos.

Veamos cuáles son las señales más obvias que te hacen intuir que este enérgico macho alfa es más apto para el puesto que ninguno de los candidatos más cualificados y experimentados. En primer lugar, da numerosas señales de tener un carácter dominante: ocupa más espacio, y por tanto se apropia de más territorio y poder;

domina el tiempo y las ondas sonoras, pues habla con calma, en voz alta y clara, lo que confiere peso e importancia a sus palabras; tiene una complexión atlética y da la mano con firmeza, lo cual demuestra fuerza y autoridad; camina muy erguido y de ese modo parece más alto, por lo que nuevamente domina el espacio y, gracias a su altura, transmite una imagen de poder, que se traduce en seguridad en sí mismo, y, por último, tiene una mirada directa, con la que indica que te ve y te oye y no tiene miedo de que sus ojos se encuentren con los tuyos.

Examinemos ahora otras señales importantes a través de la lente de la psicología evolutiva y social. Podemos encontrar indicios de importancia en detalles tanto «estáticos» como «dinámicos». Un análisis de la obra de varios psicólogos evolutivos llevado a cabo por Eric Hehman y sus colegas muestra que «las señales que se tienen en cuenta para evaluar las capacidades de alguien tienden a ser de carácter relativamente estático y estructural, más que dinámico y maleable».[1] Dicho de otro modo, significa que tendemos a evaluar la capacidad de una persona basándonos en rasgos estáticos, es decir, en aspectos estructurales del rostro: la estructura ósea con la que nacemos y que en general no puede alterarse demasiado, a no ser mediante cirugía. Sin embargo, tendemos a juzgar sus intenciones por indicios dinámicos, o lo que es lo mismo, por cómo se ha desarrollado su musculatura, lo cual indica su modo particular de expresar las emociones; y estas pistas dinámicas técnicamente podrían cambiar si, con el paso del tiempo, la forma de mostrar físicamente las emociones experimentara un cambio sustancial. En el caso que nos ocupa, nuestro macho alfa tiene la mandíbula cuadrada, un rasgo estático inamovible.

El cerebro primitivo tiene una poderosa predisposición a percibir un carácter dominante y autoritario, posiblemente agresivo, en los individuos de mandíbula cuadrada. Lo cierto, y así lo explica Hehman, es que aquellos que presentan o bien un rostro proporcionalmente más ancho que largo, según el índice de evaluación fWHR (*face Width-Height Ratio* o proporción de la anchura y la altura faciales), o bien una estructura ósea que se ensancha a los lados de los pómulos entre el labio superior y la parte inferior de las cejas tienen cuatro veces más probabilidades de que a simple vista se les atribuya una personalidad dominante y agresiva, cuando de hecho podrían ser solo teóricamente más dominantes que la media. En otras palabras, aunque pensemos que son fabulosamente dominantes, lo más probable es que sean solo ligeramente más dominantes que cualquier otra persona.

Un índice elevado de fWHR, es decir, que un rostro sea proporcionalmente más ancho que largo, está asociado con unos niveles altos de testosterona. El indicio estático facial que es la mandíbula cuadrada alerta al cerebro primitivo del alto nivel de testosterona presente en un individuo. A lo largo de nuestra evolución, los seres humanos hemos desarrollado un entendimiento innato de que cuanto más elevado sea el nivel de testosterona, más fuerte, persistente y audaz será quien lo posee, y por tanto la reacción instintiva es ponernos a sus órdenes. Como sintetiza Hehman, los primeros humanos debieron de aprender a evaluar con mucha rapidez las capacidades de otros humanos y la amenaza que podían representar, teniendo en cuenta que la feroz competencia que debió de haber en aquellos primeros grupos de humanos se considera un factor determinante de nuestro desarrollo evolutivo.[2] Si trasladamos esto a la situación que nos ocupa, probablemente tu respuesta instintiva a la mandíbula cuadrada del candidato fuera considerarlo más capaz que los demás y más dispuesto a esforzarse cuanto fuera necesario para ganar la batalla, y por consiguiente le otorgas poder y estatus y decides ayudarlo a poner en práctica sus aptitudes. Tu teoría sobre la profesionalidad a largo plazo de este candidato es una simple respuesta a su poderío físico inmediato.

Las pistas dinámicas que te llegan de este macho alfa te hacen verlo además como un individuo más saludable en general. Tiene un aspecto afable y sonriente, y contigo se muestra cordial y educado, lo cual resta agresividad a su personalidad dominante. Se diría que tiene buenas intenciones contigo, y tú deduces de este comportamiento que sus intenciones profesionales serán igual de buenas. Ahora bien, no debes perder de vista que tu pronóstico de que será un buen profesional es una extensión de tu teoría de que muestra una disposición favorable hacia ti, y probablemente sea asimismo una respuesta al alivio que esto te produce, teniendo en cuenta el poderío que percibes en él. Piensas: «Tiene poder y a mí va a tratarme bien, luego eso es bueno». A partir de aquí, automáticamente todo lo demás que ves en él te parece también bueno. Lo rodeas de un halo de positividad. Incluso es posible que empieces a esforzarte por aplacarlo para que sigan siendo buenas sus intenciones contigo; tal vez por tu propia seguridad física, o tal vez por prolongar la idea que tienes de él. Con frecuencia, una vez que el instinto nos dice que algo es verdad, inconscientemente construimos un mundo que lo sostenga, incluso aunque ese mundo sea desacertado o, como poco, extremadamente arbitrario y caprichoso.

El **contexto** es el marco en el que tienes que tomar una decisión definitiva sobre si es acertada tu conclusión de que esta es la persona idónea para ocupar el puesto, en la que se mezclan, por un lado, todo lo favorable que presenta este aspirante de mandíbula cuadrada y, por otro, tu predisposición a tener instintivamente una respuesta positiva a ese rasgo. El contexto es en este caso la entrevista de trabajo. Tú eres el responsable de contratar al nuevo jefe de ventas para la empresa. Es muy serio; podrías estar jugándote el puesto. Tienes que contratar a alguien que cumpla y, a poder ser, supere las expectativas, que contribuya a la prosperidad general de la empresa, pero también, y esto es muy importante, a alguien que demuestre lo competente que eres en tu trabajo. Esperas encontrar a un triunfador, al líder que sabrá ganarse a los clientes más peliagudos y rematar una venta, y hacer quedar bien a ambas partes. Hace su aparición este individuo con aspecto de macho alfa; te resultan obvias al instante su capacidad, su autoridad y sus buenas intenciones contigo, y tú estás predispuesto a responder favorablemente a esas señales.

Pregúntate si hay algo que debas tener en cuenta **además** que pudiera decidirte a repasar las entrevistas de los demás candidatos excelentes o a dejarte llevar por la intuición y contratar al menos experimentado. Date cuenta de que estás haciendo una predicción de la futura eficiencia de ese «líder nato» basándote en la impresión y la respuesta inmediatas del cerebro primitivo en este instante. Con su alto nivel de testosterona y el gran despliegue de señales no verbales de dominación muy atractivas, el macho alfa ha conseguido dominarte al momento. Por supuesto, es más que posible que a tus colegas les cause una impresión igual de buena que a ti y que sepa ganarse de verdad a los clientes. Sin embargo, debes preguntarte si los rasgos que ves en él indican que seguirá teniendo la misma actitud dominante en futuros negocios de la empresa y ciclos de ventas más largos; y la verdad es que no necesariamente indican que vaya a ser así. A lo largo de cientos de miles de años, han sido individuos que consideraríamos dominantes los que han ejercido un poder decisivo en su momento, a menudo en situaciones de conflicto o transición, como es esta. Ahora bien, nada indica que este individuo en concreto vaya a ser igual de dominante en otras situaciones que se presenten en el futuro. No sabes todavía si será capaz de conservar al cabo del tiempo su credibilidad ante los clientes y de establecer relaciones duraderas con ellos. Recuerda que al decidir de inmediato que es la persona adecuada, lo haces como respuesta de tu lado más primitivo a sus rasgos dominantes en un intento de aplacarlos. El cerebro primitivo no piensa en ese momento en cómo será colaborar con él durante la próxima década. Al cerebro primitivo no le interesa el futuro; solo le importa este instante.

MITOS DEL LENGUAJE CORPORAL

O se tiene o no se tiene

Sean cuales sean nuestras dotes innatas, muchas veces tenemos la sensación de que los demás están mejor dotados, y jamás podremos competir con ellos. Lo bueno es que puedes causar la primera impresión que quieras a quien vea tu currículum o la fotografía de tu perfil profesional en Internet si utilizas con habilidad el ángulo y la lente de la cámara. Danielle Libine, que ha hecho varias aportaciones a este libro, da excelentes consejos sobre cómo hacer una foto que nos muestre lo más favorecidos posible en su libro A Photographer's Guide to Body Language [Orientaciones de una fotógrafa sobre el lenguaje corporal].[3] Por ejemplo, si utilizamos una distancia focal corta al hacer la fotografía, conseguimos que el rostro parezca más delgado, mientras que si la distancia focal es más larga, el rostro parecerá más ancho. Es decir, parecerá que tienes un rostro más lleno si haces la fotografía desde lejos y usas el *zoom* para acercar la imagen que si fotografías tu cara desde muy cerca. Y como hemos visto, la anchura del rostro influirá en la impresión que otros saquen sobre lo competente que eres, incluida la persona que podría contratarte.

Por consiguiente, es importante que consideres la posibilidad de formarte una **nueva opinión** sobre ese macho alfa al darte cuenta de que el estatus y la competencia que le atribuyes están basados en su físico innato, del que has deducido una credibilidad que en realidad no tienes forma de demostrar. No obstante, dada su habilidad para desplegar un lenguaje corporal dominante, podría ser realmente la persona idónea para el puesto. Cómo **comprobarlo**: ha llegado sin duda el momento de que te apliques al máximo. Las conclusiones a las que llegamos basándonos en detalles superficiales no siempre demuestran ser acertadas al cabo del tiempo. El tamaño importa y las proporciones importan, pero no lo bastante como para determinar el comportamiento a medio ni a largo plazo. Supongamos que efectivamente, si contratas a este candidato, hace un trabajo espléndido, pero ¿dónde estará dentro de tres o seis meses, no hablemos ya dentro de dos o cinco años? No puedes dejar que el bulbo raquídeo decida sobre los planes a largo plazo; lo suyo es elegir lo mejor en este momento, no ocuparse de planes de futuro ni de contrataciones estratégicas.

Estudia su currículum. Aunque su ocupación anterior no tuviera relación con el puesto actual, mira con qué frecuencia ha cambiado de trabajo, ya que eso te dará alguna pista sobre su permanencia en distintos entornos laborales. Este es uno de esos casos en que podría resultar muy útil apelar a las referencias y mantener alguna conversación con sus jefes, compañeros de equipo e incluso clientes anteriores. Si de todas estas comprobaciones sale bien parado, puedes dejarte llevar por el instinto, porque no será ya una decisión instintiva.

TRABAJAR CON PERROS

Mark Bowden conoció a **Victoria Stilwell** en la universidad, en Inglaterra. Trabajaron en estrecha colaboración durante tres años, y los dos acabaron escribiendo, dando charlas e impartiendo cursos sobre el comportamiento. Sin embargo, a Victoria, la estrella de la famosa serie de televisión *It's Me or the Dog* [O el perro o yo], se la conoce más por enseñar a los dueños de los perros a entrenar con cariño a sus mascotas. Teniendo en cuenta que los caninos han sido nuestros compañeros desde hace al menos quince mil años, no es de extrañar que a menudo se los vea colaborar con nosotros. En su libro *The Secret Language of Dogs* [El lenguaje secreto de los perros],[4]

Victoria nos cuenta cuáles son las señales más importantes a las que debemos estar atentos en nuestro amigo canino:

> Los perros tienen un lenguaje físico y vocal muy rico, igual de complejo y sutil que el nuestro. Aunque la mayoría entendemos el lenguaje canino más elemental, hay señales y expresiones muy importantes que con frecuencia pasamos por alto o malinterpretamos, lo cual causa fricciones y a veces daña seriamente el frágil vínculo que se establece entre el ser humano y los animales. Entender bien el lenguaje canino y saber comunicarnos de verdad con los perros es fundamental para establecer una relación con ellos, y que puedan aprender y su vínculo con nosotros sea más fuerte.
>
> **Señales de juego:** en el juego de un perro con otro vemos comportamientos enérgicos y repetitivos que tienen distinto significado dependiendo del contexto, pero en general el juego ayuda a los perros a adquirir experiencia y a desarrollar facultades importantes que contribuyen a su buena salud física y mental. El juego es a veces una batalla simulada en la que los perros ensayan actos físicos que podrían necesitar emplear en una circunstancia dada, y un buen juego consiste en ganar la batalla, o perderla «autoincapacitándose». Es un continuo toma y daca –ser capaz de rodar cuando el otro se coloca encima, y luego invertir la situación– para mantener al mismo nivel los papeles de ambos. La «reverencia de juego», cuando el perro se agacha sobre las patas delanteras y deja las de atrás estiradas y la cola en alto, es una invitación a jugar, así como una señal que envía a otro perro o a un humano para indicarle que la siguiente interacción sigue siendo un juego y no una batalla. Durante el juego, los perros suelen montarse también uno a otro. Normalmente no es un acto agresivo (a menos que el que está arriba intente someter al que está debajo y este se resista) sino un buen ensayo de un futuro comportamiento sexual o dominante, y de hecho hace menos probable que los perros den muestras de agresividad.

Señales de apaciguamiento: los perros tienen un rico lenguaje de apaciguamiento, es decir, señales que utilizan consciente e inconscientemente para cambiar el comportamiento de los demás y mantenerse a salvo, ya que el apaciguamiento puede impedir, o al menos hacer menos probable, que se produzca un comportamiento agresivo. Entre esas señales están lamerse el hocico, volver la cabeza, bajar las orejas, lamerse los labios, levantar la pata delantera, bajar la cola, mover la cola, esconder la cola entre las patas, curvar y encorvar el cuerpo, orinar en señal de sumisión y ponerse panza arriba, es decir, darse rápidamente la vuelta y exponer la barriga. Es importante saber que, cuando el perro se pone panza arriba, no está pidiendo que se le acaricie sino señalando el final de la interacción.

Señales de dolor: puede ser complicado aliviar el dolor de un perro. Como los perros no hablan nuestro idioma, a veces es difícil descubrir la causa del dolor o incluso darnos cuenta de que nuestro perro se siente mal, pues las señales pueden ser muy sutiles. En general, si notas cualquier cambio de comportamiento o el perro empieza a hacer movimientos diferentes a los habituales (a los que se suele llamar «protección contra el dolor», ya que alivian la parte del cuerpo dolorida), eso podría ser señal de sufrimiento. No dejarse cepillar, levantarse con dificultad de una postura de descanso, un cambio en la postura corporal o en la forma normal de caminar, lamerse en exceso, cambiar de pelo y los cambios de comportamiento son todos ellos señales que debes tener en cuenta, ya que podrían indicar algún tipo de dolor.

SCAN rápido

S: nos formamos una opinión de los demás basándonos no solo en su aspecto sino también en las pistas que nos dan y los sonidos que emiten. **Dejar en suspenso** tu opinión inicial te da tiempo a mirar detenidamente estos detalles y a examinar además tus predisposiciones y prejuicios.

C: lo que hay en juego en una determinada situación y el estrés resultante de ello pueden crear un **contexto** que influya en la comunicación no verbal y en las impresiones que saquemos de lo que vemos y oímos.

A: pregúntate **además** si el comportamiento que ves en este momento es un indicador de una tendencia duradera.

N: que te formes una **nueva** opinión sobre alguien puede no influir en la opinión que los demás tengan al respecto. Que hayas descubierto elementos que te dan una nueva perspectiva de alguien no significa que los demás la tengan automáticamente también.

31

JAMÁS NOS PONDREMOS DE ACUERDO

Eres uno de los muchos encargados de tu empresa y llegas a una reunión con un encargado de otro departamento que tiene la misma categoría que tú. Vuestros departamentos son totalmente independientes uno de otro y la gestión de cada uno es muy distinta, pero debido a una serie de cambios que se han hecho en la empresa, os reunís por primera vez para planear cómo van a colaborar vuestros respectivos departamentos. Eres tú el que acude a su zona de trabajo, y desde el momento en que te invita a sentarte frente a él en un sofá muy confortable, tienes la impresión de que esta relación laboral va a ser todo menos cómoda. No estás seguro de si lo que ves en su cara es una sonrisa o una mueca, pero sin duda sientes que te mira por encima del hombro, con el mentón en alto y un aire de arrogancia. Le entregas un impreso con tu plan de colaboración; frunce el ceño mirándolo y luego mirándote, y va golpeando con el dedo las propuestas a medida que las lee en voz alta a toda velocidad. Tienes la desagradable sensación de que esta va a ser una relación laboral muy difícil, y de que él y tú jamás vais a estar de acuerdo en nada.

Empezar con buen pie la relación con un colega no siempre es fácil. Antes incluso de poner en marcha el trabajo propiamente dicho, tal vez sea necesario limar asperezas con algunos egos particularmente fuertes, que pueden traducirse en una fiera protección de su territorio y, por tanto, en comportamientos agresivos, arrogantes y despectivos. Pero ¿significa esto que nunca vais a estar de acuerdo en nada? Vamos a examinar la situación con el procedimiento **SCAN**, a **dejar en suspenso esa opinión** y a **llevar a cabo un estudio más descriptivo** de lo que sucede.

Analicemos las señales más importantes que te hacen pensar que esta relación está abocada al fracaso: la reacción que muestra hacia ti el otro encargado es al principio ambigua, no sabes si es una mueca o una sonrisa lo que ves cuando os encontráis; luego, responde a tu trabajo con arrogancia y agresividad, el mentón en alto, mirándote por encima del hombro, frunciendo el ceño y golpeando con el dedo tus propuestas. No es el mejor comienzo para que se establezca una relación laboral armoniosa, de eso no hay duda.

Antes que nada, ¿te sonríe o hace una mueca? Como has leído en otros capítulos, hay muchos tipos de sonrisa. Está la sonrisa Duchenne, de sincero bienestar, en la que se elevan las comisuras de los labios y también las mejillas, y se forman así patas de gallo en el extremo exterior de los ojos. Y hay también sonrisas falsas o de cortesía, por ejemplo lo que se ha dado en llamar «sonrisa bótox», en la que sonríe la boca pero no los ojos. Es la sonrisa que esbozan por lo común quienes se sienten obligados a sonreír para cumplir con las convenciones sociales pero no sienten que sea en realidad una ocasión placentera; es una sonrisa de aspecto forzado, muy poco sincera, o abiertamente desagradable y más parecida a una mueca, como en la situación que estamos analizando. En este caso, es posible que el otro encargado haya querido hacerte un recibimiento cálido y causarte buena impresión, y que esa mueca extraña, forzada, revele simplemente que no le resulta fácil. Se ha visto en muchos estudios que a menudo intentamos sonreír incluso en situaciones clínicas muy dolorosas, y que el esfuerzo por sonreír es aún mayor cuanto mejor conocemos a la persona que nos aplica ese tratamiento tan doloroso. Sonreír en medio del dolor quizá sea un intento instintivo de fortalecer los vínculos sociales y delimitar así la actividad que nos causa ese dolor.[1]

MITOS DEL LENGUAJE CORPORAL

Inclinar la cabeza y moverla arriba y abajo siempre significa «sí»

Como animales sociales que somos, necesitamos sentirnos aceptados por el grupo y también aceptar a los demás, a fin de mantener la cohesión de nuestro grupo. Si bien el gesto de inclinar la cabeza y moverla arriba y abajo puede entenderse como una señal alentadora e indicarle a nuestro interlocutor que estamos de acuerdo con él, también puede ser una señal de apaciguamiento, con la que pretendemos aplacar a alguien, sin que signifique necesariamente que estamos de acuerdo con lo que dice. Además, este movimiento de cabeza puede ser con frecuencia resultado del isopraxismo, la imitación natural del comportamiento del otro. En una situación de grupo, a veces es un movimiento contagioso e inconsciente. Quienes están en lo alto de la jerarquía social se encuentran a veces ante una sala llena de gente que mueve la cabeza arriba y abajo al oírlos exponer sus ideas y dan por descontado que todo el mundo está de acuerdo con ellos, hasta descubrir más tarde que nadie compartía sus ideas o ni tan siquiera las entendía. Y una cabeza totalmente quieta puede significar «no lo entendemos», «no lo aceptamos», «no estamos de acuerdo» o «no nos gusta» exactamente igual que mover la cabeza de lado a lado.

Volvamos a nuestro escenario, en el que el otro encargado hace un despliegue rápido de lo que parece ser un lenguaje corporal de rechazo: el mentón en alto puede indicar desafío, y sin duda resultar amenazador. Cuando elevamos ligeramente el mentón, queda expuesta en la garganta la arteria carótida; además de resultarle a nuestro interlocutor un gesto de provocación, demuestra arrogancia, ya que la elevación del mentón suele ir acompañada de una mirada por encima del hombro. Además, una exhibición más prominente del mentón suele asociarse con la imagen de una mandíbula físicamente más pronunciada, rasgo que puede manifestarse en cualquiera que tenga unos niveles altos de testosterona durante un tiempo prolongado. Esta hormona hace que la mandíbula y los arcos superciliares se vuelvan más prominentes. Y no solo eso, sino que un nivel alto de testosterona se asocia con la audacia. Los seres humanos hemos desarrollado la capacidad de entender esto a un nivel primario; está profundamente arraigado en muchas culturas que ante un mentón en alto o un mentón prominente, debemos tener cuidado. De modo que aunque los niveles de testosterona de esa persona no sean en realidad elevados, tenemos grabada en el cerebro la respuesta a este rasgo físico, y responderemos por tanto con preocupación a un lenguaje corporal que exhiba con agresividad este rasgo. En nuestro caso, percibir la agresividad del otro encargado podría hacerte sentir la necesidad de mantener las distancias todo lo posible o, por el contrario, de prepararte para un altercado.

Aparte de esto, le ves golpear con el dedo tu informe. Apuntar con el dedo dirige la atención hacia personas, lugares, objetos o incluso una personificación de ciertas ideas, indicándole al espectador que dirija la mirada hacia el lugar señalado. Basta pensar en las representaciones artísticas y culturales de ese «dedo apuntador» para darse cuenta de algunos objetivos, y significados inherentes, bastante comunes. Por ejemplo, en el arte de inspiración religiosa, hay numerosos ejemplos del sujeto que apunta hacia lo alto, al cielo o alguna deidad, y muchos países han utilizado en sus carteles de propaganda militar la imagen de ese dedo que apunta con firmeza al espectador y lo señala, instándolo a alistarse al ejército. Apuntar directamente a alguien indica: «¡Eh, tú!» o «¡Te quiero a ti!». También puede expresar implicación o acusación: «¡Ha sido él!». A los testigos que suben al estrado en un tribunal de justicia se les pide que señalen con el dedo al culpable, sin duda un gesto fuertemente acusador que puede influir en el jurado e inclinarlo a declarar culpable al acusado. El gesto de apuntar con el dedo puede entenderse también como indicación de que quien lo hace tiene el poder o hace uso de un arma simbólica, como en nuestro caso. Que el encargado apunte a tu trabajo y golpee luego el papel con el dedo es una señal de violencia simbólica: está apuñalando tus ideas y querría tal vez exterminarlas.

Por tanto, haber hecho un estudio más descriptivo confirma tu impresión de que ese individuo se ha mostrado agresivo contigo, quizá por sentirse amenazado e intentar ponerse a la defensiva. Y tú puedes justificar tu respuesta relativamente primaria a su lenguaje corporal que ha sido sacar de inmediato la triste conclusión de que nunca estaréis de acuerdo en nada.

Sin embargo, el **contexto** de esta reunión es nuevo para ti y tal vez también para él. Normalmente no trabajáis juntos, vuestros departamentos están completamente separados y tú has entrado en el suyo, en su territorio. Debes tener en cuenta que esta es una situación tribal en la que cada una de las partes podría tener fuertes sentimientos inconscientes con respecto a la otra. Ha habido cantidad de grandes empresas que se han fraccionado y compartimentado en grupos que no solo tienen valores y objetivos distintos sino incluso una concepción del mundo diferente. Quizá tú te consideres miembro de una tribu que valora la creatividad, y de pronto te encuentras solo en un grupo que valora únicamente los resultados y el rendimiento cuantificables y desconfía por completo de lo imaginativo. O quizá tú eres un trabajador manual de la zona de producción y formas parte de un grupo que valora a vuestro equipo de trabajo, y también la vida fuera del trabajo, y ahora estás con un encargado de la sección administrativa, en la que tienes entendido que se valoran el progreso individual y la dedicación exclusiva e ilimitada a la empresa a expensas de lo que sea. Y a todo esto se suma que la mente inconsciente se pone en funcionamiento cuando entramos en territorio desconocido: es posible que nos invada un fuerte malestar, que nos sintamos fuera de lugar, en desventaja e incluso amenazados. Muchas veces sabemos que no estamos con nuestra tribu por la extrañeza que nos producen las señales que nos rodean. La diferencia de los iconos que cuelgan de las paredes, de la indumentaria, los diseños, el ritmo y los movimientos corrobora los indicadores verbales de que podríamos no estar entre amigos, y de que nos encontramos frente a alguien que tiene la ventaja de estar en su terreno. Pero ¿son realmente insuperables esas diferencias?

Pregúntate qué puede estar ocurriendo **además**. Entraste en el despacho del otro encargado y te invitó a sentarte en un sofá muy confortable antes del despliegue obvio de agresividad, lo cual podría indicar que de entrada quiso hacer que te sintieras cómodo para la reunión, y ofrecerte por tanto hospitalidad y es posible que un punto de vista positivo sobre cómo poner en marcha la colaboración. Ese sofá tan confortable te coloca en una posición física inferior a la suya; él no está en el sofá, él está en una silla colocada en frente y te mira desde arriba. Tú lo miras desde abajo, de modo que al instante te aventaja en altura y te domina físicamente. Desde tu punto de vista, te mira por encima del hombro y da una imagen dominante. Además, bastará que suba el mentón muy ligeramente para que, desde donde estás sentado, parezca un gesto más ostentoso. También podría ser que la ventaja de altura que tiene sobre ti alimente en él sentimientos de autoridad y superioridad, lo cual exacerbará el desequilibrio de poderes de uno y otro lado. Así pues, cabe la posibilidad de que sea tu orientación en el espacio con respecto a él (enfrente y debajo) lo que te provoque una opinión tan firme sobre su actitud arrogante y antagonista.

Un detalle que debes tener presente es que no dirige su agresividad contra ti, sino contra el trabajo que le has entregado impreso. Y piensa de nuevo en la sonrisa afectada: ¿es posible que intentara ser una sonrisa de complicidad en este momento de cambio, tan difícil para los dos? Teniendo todo esto en cuenta, tu **nueva opinión** podría ser que no está de acuerdo con algunos puntos de tu trabajo o del proceso, pero no que tú le desagrades o demuestre agresividad contra ti. Si lo piensas, fue bastante concreto, al señalar los puntos problemáticos golpeándolos con el dedo uno a uno; posiblemente le gustaría negociar contigo algunos aspectos. Es normal que haya tensiones, cuando el futuro de la empresa depende hasta cierto punto de vuestra cooperación y de que lleguéis a acuerdos provechosos en la reunión. Está bajo presión. Y no lo olvides, tú estás sentado en una posición física desaventajada, que te obliga a mirarlo desde abajo, y en territorio desconocido.

¿Cómo puedes **comprobar** la validez de esta teoría, y tener alguna esperanza de que quizá acabéis poniéndoos de acuerdo? Aunque corres cierto riesgo de invadir su territorio o su espacio personal, quizá lo mejor sea que te levantes del sofá, busques una silla y te sientes a su altura y en un ángulo más adecuado con respecto a él, por ejemplo a cuarenta y cinco grados de donde él está sentado, y no frente a él, como si fueras su adversario, una posición que favorece inevitablemente la confrontación. Una vez que estés físicamente a su misma altura, y no por debajo ni enfrente, puedes dirigir la atención al escrito, mirarlo ahora desde su mismo punto de vista e intentar circunscribir cualquier posible conflicto a las propuestas que hay sobre el papel (es decir, al trabajo) en lugar de que adquiera carácter personal. Si hay conflicto, ahora puedes separarlo de cualquier cuestión de personalidad o fidelidad tribal y remacharlo sobre el papel, con firmeza si hace falta. Estate dispuesto incluso a mostrar un lenguaje no verbal agresivo, pero con el papel, no con tu colega. No tengas reparo en tachar propuestas y empezar de nuevo. Encuentra la manera de compartir las herramientas y el espacio; ofrécele tu bolígrafo para que haga cambios en el texto o escriba sugerencias junto a aquello que crea que puede dar problemas a la hora de trabajar. En otras palabras, si imitas su actitud pero te centras en el trabajo, y no en la personalidad de tu colega ni en el grupo tal vez antagonista al que representa, estás en condiciones de ejercer influencia y de estudiar las propuestas conjuntamente con él. Es lo mejor que puedes hacer en este caso para tener poder de persuasión y que lleguéis juntos a los acuerdos más beneficiosos para ti, para él y para todos los que dependan de vuestras decisiones.

NUNCA MIRAN A LOS OJOS

Nuestro amigo y colega **Eddy Robinson** es un renombrado artista, músico y conferenciante de origen anishinaabe que habla a los habitantes no indígenas de Norteamérica sobre la necesidad de comprender de verdad lo que significa ser indígena para poder llegar a una conciliación. Esto es lo que nos contó acerca del comportamiento no verbal de algunos pueblos indígenas norteamericanos, así como de las convicciones y estereotipos que se han mantenido tradicionalmente sobre los pueblos indígenas y que impiden que haya un mejor entendimiento y comunicación.

> **Si tiene los brazos cruzados, es el jefe**: Hollywood y la Norteamérica corporativa le sacaron muchísimo partido a esta idea, la popularizaron y la convirtieron en una de las imágenes estereotipadas de los indios más conocidas de todos los tiempos. Lo cierto es que esta postura estoica del jefe es totalmente ficticia, e incluso el sistema jerárquico al que alude es ficticio; en todo caso, fue algo que se les impuso a muchas comunidades indígenas de Norteamérica. El liderazgo indígena existía, de eso no hay duda, pero no

necesariamente dentro de un sistema en el que una sola persona dirigía la comunidad.

Los indígenas no miran a los ojos: nuevamente falso. Los pueblos indígenas establecen contacto visual como cualquier otro. La única diferencia que quizá se aprecie es que, al contrario de algunas culturas no indígenas en las que es una práctica común mirarle a alguien a los ojos y aguantarle la mirada mientras se le escucha hablar, en algunas culturas indígenas, por respeto y por prestar atención al significado de lo que se dice, escuchar es un acto holístico: emocional, mental, físico y espiritual; de ahí que pueda no establecerse contacto visual con el que habla mientras se lo escucha atentamente. No es indicador de falta de respeto o indiferencia; en realidad, podría significar todo lo contrario.

De todos modos, puede ser cierto que no se prodigue el contacto visual, como consecuencia directa de los cientos de años de institucionalismo y opresión. Es una realidad que hubo una colonización en Norteamérica; de ahí que, seamos indígenas o no, la mayoría de las veces que vamos a una comunidad indígena, sea por negocios o en un viaje de recreo, es posible que nos reciban con cierta desconfianza. Cuando se llega a una comunidad extremadamente oprimida, las señales de desconfianza pueden resultar más obvias a simple vista.

El doctor Martin Brokenleg, un psicólogo y escritor que ha estudiado el trauma, la resiliencia y la realidad de la juventud de estas comunidades, habla a través de una lente indígena de lo que supone para la juventud indígena reconocer el trauma.[2] Creo que este es un hecho extensible a muchas comunidades que han vivido oprimidas o han soportado en alguna medida la colonización y que puede ayudarnos a entender la comunicación no verbal que podemos recibir de ellas:

La coraza: el primer grado de interacción cuando tratamos con quienes viven en las comunidades indígenas es como en cualquier otro caso un proceso de tanteo. ¿Es de confianza esta persona?

¿Desde qué posición de poder se comunica? ¿Cómo se relacionan con ella los demás? En esta fase, se recogen datos verbales y no verbales decisivos.

Puesta a prueba: una vez que se la ha estudiado con detalle, poco a poco se le hacen pequeñas concesiones, pero con desconfianza. Se la pone a prueba con conversaciones dirigidas a provocarle un arranque de ira u otros comportamientos que se consideren peligrosos. Si la persona los manifiesta, no se confiará en ella.

Predictibilidad: muchas veces no se establece una relación de confianza hasta que el recién llegado haya dado muestras suficientes de merecerla. De ahí que pueda tardar más tiempo en establecerse que en otras comunidades.

SCAN rápido

S: tienes que encontrar la manera de hacer que esta nueva relación laboral sea productiva, así que, por el bien de todos, **deja en suspenso** la opinión de que jamás ocurrirá nada parecido y piensa en qué clase de malestar podría haber detrás de esa mueca extraña.

C: estás en terreno desconocido: un **contexto** extraño y potencialmente poco hospitalario en una parte diferente de la empresa que tiene una forma de trabajar distinta.

A: el otro encargado te ha invitado a que te pongas cómodo. Pregúntate si podría estar tenso por la reunión y el nuevo plan de trabajo. **Además**, date cuenta de la desventaja de estar sentado a una altura más baja que él.

N: la **nueva** opinión que puedes formarte es que todavía hay esperanza: con una mejor disposición de sala de reuniones, un sitio más adecuado donde sentarte y un lenguaje corporal más amistoso. Es muy posible que ni tú ni él seáis el problema, así que céntrate en que consigáis hacer un buen trabajo juntos.

32

COMO UN TÉMPANO DE HIELO

Llegas al trabajo con buenas noticias para la compañía. ¿La reacción de tu jefe? Se queda completamente impasible. Otro día, desgraciadamente tienes que darle malas noticias; él, sin embargo, se queda completamente impasible otra vez. Ahora que lo piensas, has visto a tu jefe contratar y despedir gente exactamente con el mismo grado de emoción: inexistente, cero, nulo. La ausencia de respuesta emocional en su rostro te hace pensar que, pasara lo que pasase en el trabajo, no habría en él ninguna señal, ninguna pista obvia de que estuviera sucediendo algo. De inmediato, empieza a preocuparte tu seguridad laboral. Te das cuenta de que no tienes nada que te indique en qué situación te encuentras ni lo que podría ocurrir a continuación, y esto te está creando ansiedad y te hace sentirte en desventaja, y todo porque tu jefe es como un témpano de hielo.

¿Significa esa falta de expresividad que tu jefe no tiene emociones, que no tiene corazón, que es frío, insensible? Vamos a explorar con el método **SCAN** esta situación, a **dejar en suspenso** cualquier opinión y a **hacer un estudio más descriptivo** de la señal que te ha hecho llegar a esta conclusión. Ese rostro impasible podría describirse como un rostro neutral, relajado, aparentemente inexpresivo, en reposo, con los músculos faciales ni expandidos ni contraídos, aparentemente falto de emoción. No ofrece ninguna información visible sobre cómo se siente tu jefe; no hay en ese rostro una expresión que te dé ninguna pista visual con la que formular una teoría de la mente sobre él, atribuirle un estado mental, inferir lo que podría estar pensando o sintiendo. Como no dispones de una teoría de la mente, de ningún conocimiento sobre qué emoción, positiva o negativa, podría estar sintiendo en ningún momento, das por descontado que es como un témpano de hielo, y, siguiendo el hilo de las connotaciones negativas de esto, que no tiene corazón ni sentimientos. Como no dispones de información visual sobre lo que piensa de ti, sacas automáticamente conclusiones extremadamente negativas sobre él y sus intenciones, y te pones en lo peor.

En este caso, la falta de información sobre lo que siente te afecta poderosamente; te pone nervioso, y empiezas a dramatizar la situación y a pensar que quizá tu trabajo esté en la cuerda floja, y si es así estás perdido, ya que no vas a tener forma de saberlo por ninguna señal no verbal suya. Cuando no dispone de datos suficientes, el cerebro primitivo se inclina automáticamente por la visión más catastrofista. Te sientes impotente, sabiendo que estás a merced de este ser humano aparentemente insensible. Y claro, dada su aparente falta de emoción y, por tanto, su incapacidad para la empatía, ¡cómo podrías tener ninguna seguridad laboral, no digamos ya hablar personalmente con él!

MITOS DEL LENGUAJE CORPORAL

Las personas autistas no sienten empatía

Hay quien piensa que el autismo está reñido con la empatía. De esta idea equivocada se deriva a menudo otra idea igual de equivocada: la de que las personas autistas no tienen sentimientos. Es un terreno plagado de malentendidos, debido a una simple falta de conocimientos. Para confundir aún más las cosas, tampoco se tiene una idea clara de lo que significa la palabra *empatía*.

La empatía es la capacidad para meternos en la piel de otro, por así decirlo, la capacidad de sentir lo que otro siente. Los estudios revelan que quienes presentan algún trastorno del espectro autista pueden tener diferentes grados de dificultad para captar lo que sienten los demás por la observación de su lenguaje corporal y tono de voz. Pero esto no equivale a inferir que quienes presentan un trastorno de este tipo carezcan en modo alguno de sentimientos.[1]

Las teorías modernas sobre el autismo, como la teoría del mundo intenso, sostienen que, en cierto sentido, las personas autistas perciben intensamente los sentimientos de los demás, tan intensamente que puede ser una experiencia abrumadora o incluso dolorosa. Como entre los demás seres humanos del planeta, entre quienes padecen un trastorno del espectro autista habrá distintos grados de empatía, pero la idea de que tener autismo equivale a no tener empatía es sencillamente inexacta.

Los estudios de la expresión facial en las distintas culturas, como los realizados por Paul Ekman, muestran que hay individuos que, independientemente de la cultura y el sexo a que pertenezcan, son capaces de experimentar emociones sin mostrar ninguna expresión facial perceptible de esa emoción; en algunos casos, solo la tecnología nos permite detectar los cambios subvisibles de la actividad facial que indican una respuesta a la emoción. Ekman añade a esto que la ausencia de actividad facial que exprese emoción podría deberse hasta cierto punto, en una diversidad de circunstancias, al modo concreto en que se haya suscitado la emoción, a qué velocidad y en qué contexto.[2]

Basándose en sus hallazgos, otros estudios posteriores, como el realizado por Rana el Kaliouby en su organización Affectiva, revelan notables diferencias en la frecuencia con que expresan sus emociones las personas de distinto sexo, edad y cultura. Utilizando una tecnología computarizada que detecta e interpreta las expresiones faciales humanas, El Kaliouby y su equipo analizaron cientos de miles de vídeos de expresiones faciales y los codificaron con unidades de acción (acciones fundamentales de los músculos o grupos de músculos) del Sistema de Codificación Facial para desarrollar una tecnología capaz de reconocer las emociones. Según los estudios realizados seguidamente, en Estados Unidos las mujeres presentan un cuarenta por ciento más de expresividad facial que los hombres; en el Reino Unido, no hay diferencia de expresividad entre uno y otro sexo, y en todos los casos, el rostro de las personas mayores de cincuenta años expresa la emotividad un veinticinco por ciento más que el de las menores de cincuenta.[3]

Cómo se experimenten y expresen las emociones puede depender en buena medida del **contexto** en el que tiene lugar el estímulo que provoca la emoción. En algunos ambientes laborales, la expresión de emociones fuertes está mal vista o se considera enteramente inaceptable. En la situación que analizamos, toda la interacción con tu jefe tiene lugar en el contexto del ambiente laboral, un contexto que para muchos carece de carga emocional, o incluso del potencial para provocar sentimientos fuertes. A esto se suma que, en muchas sociedades y culturas, es tabú mostrar las emociones en público, no hablemos ya de mostrarlas en el trabajo, y existe el miedo a despertar una fuerte reprobación y a las represalias por hacerlo. Por tanto, que alguien no muestre sus emociones en el trabajo o ni siquiera en público no es una señal inequívoca de que no exteriorice sus emociones en otros contextos, con la familia o los amigos, por ejemplo, o en privado, cuando está consigo mismo; no es señal de que sencillamente no siente nada. Es importante entender que hay una diferencia entre experimentar una emoción y expresarla, y admitir que hay gente que indudablemente experimenta emociones pero las reprime u oculta en determinados contextos.

Tu jefe podría ser un psicópata, si...

La desconexión social del psicópata puede manifestarse, por ejemplo, en su incapacidad para tomar parte en un bostezo colectivo, atendiendo a los resultados de las pruebas realizadas en el Departamento de Psicología y Neurociencia de la Universidad de Baylor.[4] Por lo cual, si estás exponiendo tus propuestas en una sala llena de compañeros de trabajo que bostezan pero tu jefe no se suma, quizá sea un tipo peligroso, quizá haya tomado más café que los demás o quizá sea el único al que le interesa lo que estás diciendo. Podrían ser verdad cualquiera de las tres posibilidades, o las tres.

Pero pregúntate qué podría estar sucediendo **además**. Las diferencias neuronales pueden hacer que algunas personas no experimenten las emociones exactamente igual que otras. Circunstancias de fondo como el estrés postraumático pueden obligarnos a filtrar las emociones porque experimentarlas nos resulte insufrible. Hay quienes han crecido en un ambiente en el que sentir o expresar las emociones resultaba demasiado peligroso y, para sobrevivir, las han reprimido. Alguien a quien se le haya obligado a aprender día tras día que si muestra sus emociones estará en desventaja es fácil imaginar que se asegurará de que nadie las note.

Puedes formarte una **nueva opinión** de tu jefe y pensar que el hecho de que no exteriorice sus emociones no significa necesariamente que no las experimente. Una cara inexpresiva puede provocar en los demás una sensación de incomodidad o de desconfianza, algo que ocurre incluso cuando la persona verbaliza sus emociones pero no da señal visible de experimentarlas. Quienes no demuestran sus emociones pueden tener dificultad para ascender a puestos de liderazgo, en los que es esencial tener don de gentes, o incluso para cambiar de puesto en la empresa donde trabajan o encontrar trabajo en otros ambientes laborales, debido a que pueden dar la imagen de que no son de fiar, y eso es un riesgo. Una vez más, vemos que la creencia popular de que el cuerpo no miente o de que la verdad siempre queda plasmada en nuestro lenguaje corporal sencillamente no es cierta. Aunque la tecnología consiga detectar movimientos de los músculos y en algunas circunstancias cambios hormonales, hay cantidad de circunstancias en las que el cuerpo puede mentirnos y nos mentirá, como en esta situación en que tu jefe no te muestra lo que en realidad alberga en su interior.

El problema es que es muy fácil y tentador dar por descontado que, si no vemos a alguien exteriorizar una emoción, significa que no tiene empatía. Tenemos tendencia los seres humanos a atribuirle a todo un significado basado en nuestras expectativas. En cuanto carecemos de información, interpretamos fácilmente lo que tenemos delante como una muestra indiscutible de insensibilidad y malas intenciones. Sin embargo, si lo piensas un poco, una de las funciones de tu jefe es contratar y despedir gente, y quizá esta sea la actitud más apropiada para cumplir con esas responsabilidades.

¿Cómo puedes **comprobar** si es cierta tu nueva opinión de que tu jefe tiene en realidad sentimientos y empatía con los demás? Es más bien una prueba de tipo social: piensa en si lo has visto en alguna ocasión socializar o participar en algún acto social, animar a que se organizara o alentar en alguien un comportamiento amistoso. ¿Alguna vez ha organizado una gran fiesta navideña para los empleados, o ha llevado al menos unas pastas y unos cafés? Tal vez recuerdes alguna ocasión en que su comportamiento haya demostrado sensibilidad hacia las experiencias emocionales de otros compañeros de trabajo, incluso aunque personalmente no haya exteriorizado que sintiera ninguna emoción. Quizá haya hecho algún comentario positivo sobre la alegría que manifestaba algún empleado, lo que significaría que entiende lo que es la emoción y tiene empatía con los demás. Intenta encontrar palabras emotivas que hayas podido oírle, actos de generosidad, de afabilidad; hay otros indicadores de que alguien es afectuoso y sociable, aparte del de llevar puesta una cara sonriente o una cara triste.

TOCAR O NO TOCAR

Anderson Carvalho es especialista en el lenguaje corporal de la comunicación y la influencia y nuestro experto de confianza en Brasil. Ha creado el mayor congreso de lenguaje corporal organizado hasta la fecha en Internet y es asesor personal de líderes políticos, empresarios, ejecutivos y atletas de Sudamérica. Esto es lo que nos ha contado sobre las principales diferencias del lenguaje corporal que caracteriza el comportamiento social en Sudamérica y en Norteamérica:

> Cuando analizamos las variantes del lenguaje corporal, la mayor diferencia entre América del Norte y del Sur es el contacto físico. En Sudamérica, es una característica muy marcada de las relaciones interpersonales: darse la mano, tocarse el hombro y los abrazos

y los besos en las mejillas entre amigos próximos y familiares. En Norteamérica, en cambio, los abrazos y los besos, incluso entre aquellos que tienen estrechos vínculos sociales y familiares, pueden resultar desconcertantes y causar la impresión de que se están traspasando los límites.

Cuando saludes a una persona sudamericana, hombre o mujer, empieza por darle la mano y mirarla a los ojos. Generalmente, si es del sexo opuesto, espera a ver cómo actúa contigo. Es posible que te dé un abrazo como expresión de simpatía. Si ocurre, debes corresponderle de la misma manera. Si la persona a la que saludas nota que has rechazado su abrazo, puede sentirse rechazada y experimentar por ti cierta antipatía.

Los sudamericanos no hacemos demasiada distinción entre los vínculos profesionales y personales. De todos modos, en una conversación de negocios, evita totalmente el contacto físico, pero mantén un buen contacto visual.

Al final de la reunión, si llevas a alguien hacia la salida, puedes ponerle la mano en el hombro, ya que esto es señal de conducir a alguien. Para la persona a la que conduces, representa un acto de protección, y no de represión y dominio como podría suponer para un norteamericano este estilo de contacto físico.

SCAN rápido

S: cuando no disponemos de información emocional suficiente, es fácil que el instinto nos haga sacar automáticamente conclusiones negativas e incluso catastrofistas. **Dejar en suspenso** la opinión inicial cuando tenemos la impresión de que, de ser cierta, las repercusiones pueden ser catastróficas es auténticamente difícil.

C: el **contexto** puede ser un impedimento para que a alguien le resulte natural, o incluso apropiado, manifestar una emoción ante ti o ante el grupo. Este podría ser el contexto del actual ambiente laboral o el contexto en el que esa persona creció.

A: ¿qué sabes **además** sobre las diferencias neuronales entre individuos que pueda influir en tu modo de entender el lenguaje corporal? ¿A quién puedes preguntar para obtener más detalles e información al respecto?

N: continuamente se hacen **nuevos** descubrimientos sobre el tema de las emociones y su exteriorización. El simple hecho de que no *veas* que alguien tiene un sentimiento no significa que no lo tenga.

33

¡VA A EXPLOTAR!

Estás en la cafetería charlando sobre un asunto de trabajo con un compañero. Lleváis un rato hablando, y en cierto momento te das cuenta de que interviene cada vez menos en la conversación y empieza a fruncir el ceño. Sigues hablando; supones que está concentrado en las cuestiones que vas planteando, y tú a tu vez hablas cada vez con más vehemencia sobre el tema en cuestión. Apartas un instante la mirada mientras te detienes a tomar aliento, y cuando vuelves a girarte hacia él notas que respira más fuerte y más rápido y parece tener la piel caliente, encendida. Además, le ves el ceño más fruncido aún que antes; las aletas de la nariz dilatadas y los ojos brillantes y vidriosos, ligeramente entrecerrados; los labios levemente estirados y apretados. De pronto caes en la cuenta: «Uy, uy, uy, se está enfadando por momentos. ¿Qué he hecho? He debido de decir algo que le ha molestado. Más me vale andarme con ojo, ¡da la impresión de que va a explotar!».

Es una sensación perturbadora, como poco, disgustar inadvertidamente a alguien hasta el punto de provocarle quizá una explosión de cólera. ¿De verdad va a explotar tu colega? Si es así, puede ocurrir muy rápido, pero de momento puedes aplicar el método **SCAN**: **deja en suspenso esa opinión** y **haz un estudio más descriptivo** de lo que ocurre.

Las señales que te han dado la clave son el ceño fruncido, la respiración rápida, los ojos vidriosos, los labios estirados y el aspecto encendido de la piel; veamos por tanto qué las hace tan elocuentes. Fruncir el ceño, como ya hemos comentado, o lo que es lo mismo, las cejas fruncidas e inclinadas hacia el puente de la nariz, puede ser en realidad señal de profunda concentración, pero si va acompañado de signos relacionados con la ira, sin duda puede indicar una tensión iracunda. La respiración rápida es consecuencia de la reacción sistémica del cuerpo a un potencial conflicto físico, en preparación para la lucha: las glándulas suprarrenales secretan adrenalina y cortisol en el torrente sanguíneo, lo cual eleva la tensión arterial, acelera la respiración y el ritmo cardíaco y hace subir la temperatura, y, ¡sorpresa!, tu compañero parece tener la piel caliente. Las aletas de la nariz se dilatan para dar cabida al mayor flujo de oxígeno. También es posible que se enrojezca la piel (esto quizá sea más obvio en pieles claras). Las pupilas se dilatan, se contraen los párpados para proteger los ojos y se enfoca y fija la mirada, que es todo lo que puedes estar viendo en esos ojos vidriosos. El estiramiento y contracción de los labios es una clara señal de que el enfado va en aumento, pero también de que se está reprimiendo una explosión de ira más intensa. Aunque tu compañero pueda estar muy enfadado, no ha explotado todavía. No ha pasado a la acción, no ha iniciado ningún movimiento físico para cambiar las circunstancias, para lanzarse a resolver el conflicto; a la espera del momento oportuno, cierra la boca con fuerza.

MITOS DEL LENGUAJE CORPORAL

«Verlo todo rojo» no es más que una metáfora

Hay quien sí lo ve todo rojo cuando se enfurece. Un estudio realizado en la Universidad del Estado de Dakota del Norte descubrió que quienes sienten agresividad y hostilidad optan por lo general por el color rojo cuando en ese momento se les da la posibilidad de elegir entre diversos colores.[1]

Los antropólogos han documentado la asociación existente entre la ira y la agresividad y el color rojo, y han visto que dicha asociación está presente en todas las culturas.

Los psicólogos evolutivos teorizan sobre la posibilidad de que esta conexión tenga sus orígenes en nuestros antepasados cazadores-recolectores, que asociaban este color con el peligro, y cuando salían en busca de comida debían estar alerta para evitar las plantas venenosas, los insectos peligrosos y otros peligros potenciales.

Un estudio llevado a cabo en la Universidad de Rochester descubrió que la asociación del color rojo con el peligro podría seguir siendo eficaz: podría hacernos responder más rápido y con más energía. El cerebro está programado para darle al cuerpo la orden de huir cuando vemos a alguien ponerse rojo de ira, es decir, recibimos súbitamente un torrente de energía. Andrew Elliot, profesor de Psicología en la Universidad de Rochester, comenta: «El rojo intensifica las reacciones físicas porque lo consideramos una señal de peligro. El ser humano se pone rojo cuando se encoleriza o se prepara para atacar. Todos nos damos cuenta al instante de cuándo alguien se pone rojo, y somos muy conscientes de lo que significa».[2]

Ahora que hemos examinado todas las señales, caben pocas dudas de que tu colega está muy enfadado. Pero tú das casi por hecho que va a perder los papeles, que se va a poner como un loco, que va a explotar. ¿Qué giro da el comportamiento de un individuo cuando la ira sale disparada y lo hace montar en cólera? La cólera es una exacerbación extrema de sentimientos de enojo que se tornan coléricos; vista desde fuera, es un incontrolable despliegue físico de ira y frustración: los rostros se distorsionan incontrolablemente por la rabia, montamos en cólera, el cuerpo se sacude de arriba abajo como poseído o le gritamos a alguien encolerizados. La cólera entraña una cualidad activa, a diferencia del enojo, que es un sentimiento de indignación más contenido. La ira o la cólera puede ser una reacción a lo que hemos percibido como una amenaza y estar a veces asociada con la respuesta de lucha o huida. Además de las señales de enojo que ya hemos descrito, si alguien está a punto de montar en cólera, es posible que apriete los puños para protegerse los dedos y disponer de un instrumento de agresión capaz de causar mayor impacto. Si te fijas, probablemente apreciarás también que parece asentarse con más fuerza y solidez en la parte inferior del cuerpo (con lo que hace descender el centro de gravedad) en preparación para la lucha.

¿Te mira fijamente? ¿Eres el objetivo de su enojo y su hostilidad crecientes? Da igual que sea por algo que has dicho, por cómo lo has dicho o por la situación: si es a ti a quien mira, estás en la línea de fuego y vas a necesitar un plan de acción.

Pero ¿y si no fuera a ti a quien dirige la mirada? Definamos el **contexto**: aparte de ti, ¿hay en la cafetería alguien, o alguna situación, que pudiera estar provocándole una reacción negativa a tu colega de trabajo? ¿Ha cambiado algo en el local desde que habéis empezado a charlar, ha entrado alguien o ha ocurrido algo que lo haya afectado a él más que a ti, algo que haya perturbado el ambiente, una discusión o un comportamiento grosero? Porque cabe la posibilidad de que su creciente enojo se deba a algo que está ocurriendo en el contexto del local, y no tenga absolutamente nada que ver contigo.

Calma canina

Hay a quienes les relaja tener una mascota en el trabajo. En su código de conducta, Google dice: «El afecto hacia nuestros amigos caninos es parte integral de nuestra cultura corporativa». Y en Amazon, alrededor de dos mil empleados han inscrito a los suyos en la central de Seattle para poder llevárselos al trabajo. Tener un perro en el trabajo puede crear una atmósfera más cálida y sociable. Si alguien se siente un poco decaído o estresado, puede pasar un rato con su mascota. Y además, tener que sacar a pasear al perro de vez en cuando puede darles a los trabajadores un motivo para salir a la calle en el descanso y tomar un poco el aire.

Pero los científicos creen que la razón principal de que tengamos una reacción positiva hacia nuestras mascotas es la oxitocina, una hormona entre cuyas funciones está la de aliviar el estrés y estimular las relaciones sociales, la relajación y la confianza. Cuando los humanos y los perros interactuamos, a menudo suben los niveles de oxitocina en nosotros y en ellos. Como ocurre cuando tenemos contacto físico entre nosotros, acariciar el cuerpo del perro con las manos, el contacto visual y el simple juego tienen mucho que ver con este efecto. En la mayoría de las empresas, hacer todo esto entre nosotros probablemente supondría, como es de imaginar, una visita al departamento de recursos humanos, una amonestación o el despido inmediato. Y sin embargo, son interacciones que normalizan el ritmo cardíaco y reducen la ansiedad y las probabilidades de un comportamiento airado.

Ya seas tú o sea el comportamiento de otra persona el catalizador del potencial arrebato de furia de tu compañero, seguir examinando el contexto podría darnos alguna pista sobre las probabilidades que hay de que acabe por explotar. Estás en el trabajo, en la cafetería. Casi con toda seguridad, la mayoría de las empresas, independientemente del sector industrial al que pertenezcan, tendrá algún tipo de código de conducta, tácito o explícito, normas que prohíban terminantemente un estallido violento o agresivo, físico o vocal. Así pues, probablemente sea impensable para ningún empleado montar en cólera; y esto significa que cuando ves a tu compañero reprimir la ira, quizá estés presenciando cómo entra en escena el sentido común. No obstante, dentro del edificio de la empresa, estáis concretamente en la cafetería, un contexto dentro del contexto. Tienes que pensar rápido: ¿sabes de algún precedente o alguna norma social que puedan dar a entender que la cafetería es una zona donde los empleados son libres de desahogarse, perder los papeles, encolerizarse y arremeter contra todo?

Es posible que en esta parte o sección del espacio laboral el colectivo considere aceptable, y hasta normal, expresar la rabia contenida. ¿Sabes si la cafetería es el lugar al que los empleados pueden ir con regularidad a dar rienda suelta a la furia? Si es así, tal vez tu compañero se sienta no solo libre para actuar sino alentado a hacerlo, y tú estés a punto de presenciar la erupción del volcán. Pero si el espacio donde estáis no se considera la sede de la liberación y transmutación de la ira, puedes estar casi seguro de que la fuerza que emana de las normas sociales de la organización bastará para que se abstenga de hacer un despliegue emocional explosivo. En muchas, si no en todas, las empresas, hay un serio riesgo de ser expulsado de la organización por montar en cólera en cualquier parte del recinto laboral e infundir, con ello, miedo a los compañeros de trabajo, hacerlos sentirse amenazados y posiblemente causarles un trauma con consecuencias duraderas.

El problema es que, en algunos casos, no poder dar rienda suelta a sentimientos tan extremos se traduce en un dolor de naturaleza psicológica y fisiológica. Entre las causas de la depresión y el trastorno por estrés postraumático, así como de la hipertensión y las cardiopatías derivadas del estrés, está la ira reprimida. Quizá tu compañero esté sopesando en este momento el riesgo de no dar rienda suelta a su ira y arremeter contra ti, o quien sea, y el riesgo de hacerlo y sufrir las probables consecuencias sociales, profesionales y legales.

Pregúntate si hay algo que necesites considerar **además**. ¿Será capaz o no de controlar sus impulsos? Muchos sufren una seria incapacidad para controlar sus impulsos, en algunos casos patológica. Se han documentado abundantemente numerosos trastornos relacionados con la ira. Un ejemplo de ellos, que está directamente relacionado con el control de los impulsos, es el trastorno explosivo intermitente, en el que la persona no es capaz de resistirse a los impulsos agresivos incluso aunque representen una grave agresión contra otros individuos o la propiedad.[3] El psicólogo forense Stephen A. Diamond, autor de varios artículos y un libro sobre los trastornos relacionados con la ira, los describe en términos generales como «comportamientos patológicos agresivos, violentos o autodestructivos que son síntoma y consecuencia de una ira o rabia crónica reprimida».[4] Estos ataques de rabia pueden ser habituales, pero también pueden aparecer súbita e inesperadamente. En ambos casos, normalmente los desata un insulto, un rechazo o un suceso que hace salir de repente, desbocados, unos sentimientos de ira muy intensos reprimidos en lo más hondo.

En la situación que analizamos, si hace tiempo que trabajas con este compañero y nunca lo habías visto comportarse así, lo más probable es que en esta situación sea capaz de acatar las normas de comportamiento social y mantener la calma. Si por el contrario ha tenido algún comportamiento airado antes de ahora, es posible que lo repita. Sea cual sea el motivo de su ira, a diferencia de lo que ocurre cuando al tirar los dados sale un uno, y eso significa que estadísticamente es más difícil que saquemos otro uno aunque la probabilidad siga siendo la misma, cuando se trata del comportamiento, si alguien ha hecho algo una vez, incluso aunque las consecuencias que sufrió fueran graves, es igual de fácil que vuelva a actuar de la misma manera. Como se suele decir, en lo que al comportamiento se refiere, *una vez marca la pauta*.

Así pues, quizá tu **nueva opinión** sea que, aunque al parecer tu colega está que echa humo, posiblemente no tenga un comportamiento explosivo en el trabajo.

Pero ¿hasta qué punto estás dispuesto a **comprobar** si es acertada? ¿Qué precio vas a pagar por poner a prueba tu nueva opinión si resulta que te has equivocado? ¿Podrás recuperarte de una *prueba de ira* que dé un resultado positivo? Puedes tirar por la calle de en medio y seguir tentando a la suerte un poco más, si quieres, o... dejar de hablar. Respirar hondo. Darle a tu compañero un poco de tiempo y de espacio y asegurarte de que respiras con calma. Es posible que se sume a ese ritmo de respiración tranquilo, que a su vez quizá suavice su ira. Y cuando todo haya terminado (deja pasar unas horas, o incluso unos días), tal vez quieras hablar con él sobre lo que hoy lo ha enfurecido..., o tal vez no.

LOS HUMANOS SON UNOS MALEDUCADOS

Si te llevas el perro al trabajo, asegúrate de que la atmósfera sea lo menos estresante posible para tu amigo canino. Toma nota de cómo imagina nuestra buena amiga y experta en comportamiento canino **Victoria Stilwell** lo que es ser un animal de compañía desde la perspectiva del perro:

> Todos sabemos que los humanos son rudos, desconcertantes e inconstantes. Tienen además expectativas muy elevadas que ni ellos mismos son capaces de cumplir. Esperan que lleguemos a este

mundo programados para sentarnos, quedarnos quietos, y volver a ellos cuando nos lo ordenan incluso aunque nos llamen cuando mejor lo estamos pasando, cuando estamos jugando con otros perros o persiguiendo pelusas. Y si no respondemos, se enfadan y nos gritan lo malos que somos. Aparentemente, no entienden que también los perros decimos: «Espera un segundo».

Tampoco saben nada sobre respetar el espacio. Aunque no te conozcan, se acercan y te tocan. Creen que están siendo cariñosos, y la mayoría lo son, pero es una sensación un poco rara cuando un desconocido se acerca, se agacha, se te queda mirando, te enseña los dientes y alarga su gran pata para darte unos golpecitos en lo alto de la cabeza. Luego, cuando tú les enseñas los dientes, retroceden asustados, y se molestan y se enfadan porque no has sido simpático con ellos. Supuestamente deberías entender que, cuando se acercan así, intentan ser amables.

¡Y los abrazos! ¿A qué viene tanto abrazo? Parece ser que en el lenguaje corporal humano abrazarse es una expresión de afecto, pero lo que no entienden los humanos es que en lenguaje animal significa otra cosa. Rodeamos algo con las patas delanteras solo cuando estamos a punto de luchar; estoy seguro de que, si la gente lo supiera, rápidamente dejarían de abrazarnos. Es cierto que a veces nos gusta que nos abracen aquellos a los que conocemos bien de verdad, pero solo si en ese momento nos sentimos a gusto con esa proximidad.

SCAN rápido

S: ver a alguien dar muestras obvias de ira en el trabajo puede resultar intimidatorio y serlo. ¿En qué momento deja de ser una opción lo suficientemente segura **dejar en suspenso** la opinión inicial? Piensa en cómo le explicarías a un amigo, una pareja o un colega en qué consiste dejar en suspenso la primera impresión y hacer un estudio más descriptivo.

C: ¿hay algún **contexto** en el lugar donde trabajas en el que esté permitido desahogarse libremente?

A: pregunta **además** si tu compañero tiene algún antecedente de comportamiento errático o violento.

N: tal vez sea capaz de controlar sus emociones, pero tras formarte esta **nueva** opinión, dale y date un respiro y déjalo que recupere la serenidad.

34

ESTA REUNIÓN ES UNA PÉRDIDA DE TIEMPO

Se te ha encargado que reúnas a tu equipo para idear juntos estrategias, innovaciones y soluciones a ciertos problemas. El grupo se reúne, llevas las pastas y el café y te preparas para una sesión que promete ser estimulante. Algunos de los presentes tienen por naturaleza más facilidad de palabra que otros, y empiezan a plantear propuestas. Pero tú tienes mucho interés en oír hablar a todos, de modo que cuidas de mantener las conversaciones abiertas para que todo el mundo pueda intervenir. Uno de los miembros del equipo parece estar deseoso de tomar la palabra, parece tener algo importante que decir. Lo ves varias veces arquear las cejas, abrir la boca, erguirse en el asiento e inclinar el torso hacia delante. Pero cuando lo invitas a hablar, se retrae, deja caer las cejas, baja la mirada y dice: «No, no tengo nada que añadir». De repente no estás muy segura de cuál es la dinámica del grupo, de qué dirección han tomado las conversaciones, y en lugar de limitarte a ignorar al miembro silencioso, empieza a inquietarte lo que pueda estar pensando y te preguntas desconcertada qué es lo que no ha dicho y con toda seguridad habría querido decir. Ahora tienes la certeza de que como orientadora no estás aportando nada de provecho a ninguno de los presentes. Tienes la sensación de que se está enrareciendo la atmósfera del grupo entero. ¡Se acabó, vaya fracaso! Todos piensan que esta reunión es una absoluta pérdida de tiempo.

Indudablemente, muchos hemos estado en reuniones que han demostrado ser una absoluta pérdida de tiempo. Pero ¿estás en lo cierto al suponer que todos piensan que *la tuya* lo es? ¿Estás en lo cierto al suponer que la reunión es un fracaso? Vamos a aplicar el método **SCAN** a la situación, a **dejar en suspenso la opinión** de que es un desastre y a **hacer un estudio más descriptivo** de lo que has captado de ese individuo y que te está desatando estos temores.

Varias señales te dan claramente la impresión de que quiere hablar, aportar la energía de su voz: arquea las cejas, abre la boca, se sienta muy erguido y se inclina hacia delante. Arquear las cejas puede tener distintos significados, dependiendo del contexto. El etólogo alemán Irenaus Eibl-Eibesfeldt estudió extensamente lo que significaba este gesto en las distintas culturas, y las suyas y otras investigaciones indican que en muchas (aunque no en todas) se acepta como señal de reconocer a alguien y saludarlo, una señal que compartimos además con otros primates.[1] En nuestra escena, te llama la atención el gesto de arquear las cejas, que va acompañado de una inclinación del cuerpo hacia delante y la boca abierta. Las tres señales juntas pueden entenderse como gestos reguladores, es decir, gestos para mostrar que se está escuchando o para animar al otro a que siga hablando, aunque en nuestro caso indicarían que esa persona espera un poco impaciente su turno para hablar. Una boca que se abre (siempre que no sea un bostezo) podría ser un gesto regulador para indicar que se quiere intervenir en la conversación.

MITOS DEL LENGUAJE CORPORAL

Bostezamos cuando estamos cansados

Bostezar se ha considerado tradicionalmente un indicador de cansancio, pero en realidad las causas del bostezo siguen siendo un misterio incluso después de numerosos estudios científicos. Una teoría es que bostezar deja entrar más oxígeno en los pulmones, pero se ha descartado principalmente tras haber observado los bostezos del feto, ya que en el útero no hay oxígeno. Otro misterio del bostezar es su cualidad contagiosa. Los estudios han revelado que bostezar puede provocar una respuesta contagiosa hasta en un sesenta por ciento de quienes lo presencian. ¡Se contagian incluso los perros![2] Algunos científicos proponen la posibilidad de que quizá bostezar ayudara a nuestros antepasados a coordinar los tiempos de actividad y reposo. Otro experimento reciente sugiere que su finalidad podría ser oxigenar y refrescar el cerebro.

Sin embargo, cuando invitas a ese miembro del equipo a hablar, se recuesta en la silla, deja caer las cejas, baja la mirada y te hace saber verbalmente que en este momento no tiene nada que añadir. ¿Qué más comunican esas señales corporales? Bajar la mirada y dejar caer las cejas podría ser señal de que está ocultando algo o hay algo que desaprueba; tanto mantener las cejas bajas durante un rato como bajar la mirada podrían indicar también que se siente inseguro. Igualmente, bajar la mirada podría ser indicio de un sentimiento de culpa o de sumisión al poder. En conjunto, las señales que ves te transmiten un mensaje contradictorio, o lo que es lo mismo, percibes una incongruencia en los mensajes no verbales: parece que esa persona tenga necesidad de hablar pero luego no lo hace. ¿Dónde está el problema, en ti, en ella, o en ella y en ti?

Normas y reguladores

En este libro, el término *reguladores* describe una serie de expresiones y gestos no verbales que en las distintas situaciones de nuestra vida nos permiten aportar información complementaria y por tanto controlar y entender mejor las conversaciones. Todos empleamos reguladores, en todos los países y culturas, pero sin duda hay variaciones en el uso que hacemos de ellos dependiendo del contexto geográfico y cultural. Los reguladores incluyen muchos aspectos del lenguaje corporal: contacto visual, contacto físico, gestos de las manos, movimientos de cabeza, expresiones faciales y pistas vocales.

Es mucho lo que nos comunican los reguladores en el curso de una conversación: que sigamos hablando, que nos callemos para que otro pueda hablar, que aceleremos el discurso, que lo ralenticemos, que cambiemos de tema o pongamos fin a la conversación ¡e incluso que no estamos escuchando y tenemos la mente en otra parte! Hay reguladores más simbólicos que se derivan de las normas culturales o sociales, y una vez más, su interpretación depende en buena medida del contexto. Por ejemplo, una placa o insignia que lleve alguien en un país como distintivo de su cargo puede indicar tácitamente a los demás cómo deben comportarse en su presencia; puede ser señal, por ejemplo, de que no hablen a menos que se les pregunte o se les dé permiso. Un gesto que a muchos quizá les parezca inofensivo, como alcanzar una caja de pañuelos de papel a alguien que está llorando, en algunos contextos podría ser una señal o advertencia muy clara de que ya basta de llanto, o por el contrario, en otro contexto, una invitación a dar rienda suelta a las emociones.

En el **contexto** que nos ocupa, has invitado a este grupo de compañeros a reunirse contigo para una sesión de *brainstorming* y estimular su creatividad a fin de generar juntos propuestas imaginativas, y no sabes cuál será el resultado final. Aunque a nivel cognitivo tienes claro el procedimiento y te sientes segura y animada, a nivel inconsciente estás al acecho de posibles problemas. A fin de cuentas, estás en territorio inexplorado, sin la menor certeza de lo que va a ocurrir. Esto quiere decir que a la incertidumbre de fondo podría estar sumándose el estrés, ya que probablemente necesites que salga de esta sesión algo que valga la pena presentar. Otros empleados, y la propia empresa, posiblemente cuenten con ello. Que no seamos conscientes de nuestros condicionamientos y circunstancias no significa que no existan. En tu empeño por hacer un buen trabajo como facilitadora, quizá no te des cuenta, o no quieras darte cuenta, de tu clima interior de negatividad: de la ansiedad, el estrés y la incertidumbre que te genera tener que lograr un objetivo. Y aunque la mayor parte del grupo esté creando una atmósfera estimulante y favorable con sus señales positivas, no puedes evitar que el cerebro primitivo dirija toda su atención a la única persona del grupo que emite señales confusas y por tanto negativas.

Pregúntate que estás provocando **además**, al dar prioridad a la información que recibes de esa fuente de datos: estás confundida, te estás poniendo nerviosa y estás creando una «teoría de la mente» del grupo entero, es decir, les estás atribuyendo un determinado estado mental y prediciendo que tendrán una determinada conducta. Esas señales confusas te están haciendo sacar automáticamente conclusiones negativas; eso es lo que hace el cerebro primitivo cuando carece de información: propone por defecto una perspectiva negativa, que es uno de los mecanismos evolutivos de supervivencia. En esta situación, cabría decir también aquello de «no recibe más atención quien la merece, sino quien más grita». Toda tu atención se centra en la única persona que no toma parte. La mayoría se suma a la iniciativa, pero como una minoría no, aplicas las conclusiones sobre el comportamiento de esta a la actividad de todo el grupo. Pregúntate si es justo.

A la vista de que los demás miembros del equipo parecen estar contentos y contribuir con interés, lo justo es que te formes la **nueva opinión** de que la reunión está yendo bien y no es una pérdida de tiempo. Para **comprobar** si estás en lo cierto, basta que dirijas la mirada a la mayoría del grupo: ¿se los ve interesados, motivados, trabajan con energía y confianza? Si es así, déjalos que sigan montados en la ola de la creatividad y seguro que de esta sesión saldrá algo que valga la pena. Si la persona que emite señales contradictorias es un igual entre los miembros del equipo, y no quien en última instancia tiene poder sobre el grupo, o sobre la empresa entera, como coordinadora, tienes que atender a las necesidades del grupo y mantener el rumbo para obtener de la sesión los resultados que deseas. Es muy posible que los pensamientos de esta persona estén en sintonía con los del resto del grupo y esté deseando intervenir, pero los demás proponen ideas con demasiada agilidad y rapidez y a ella no le da tiempo a alcanzarlos, y esto a su vez la hace sentirse insegura por no estar aportando lo suficiente o con suficiente rapidez. Quizá le da miedo hablar. Trata de encontrarle un lugar que entrañe menor riesgo social desde el que contribuir. Puedes intentar descubrir la raíz de su comportamiento hablando con ella fuera del grupo.

¿Son los *emojis* nuestros reguladores digitales?

Cuando en una conversación no contamos con reguladores –esas indicaciones no verbales que ayudan a que fluya el diálogo–, es muy notable la diferencia en cómo se desarrolla la conversación. No sé si has participado en alguna videoconferencia. A menudo hablamos con una variedad de personas que están en lugares distintos, y no las vemos ni tan siquiera las oímos, muchas veces, con suficiente claridad como para apreciar sus indicaciones de cuándo nos toca hablar, o no, o con quién. No nos llegan esas pistas tan útiles de cuál es, por ejemplo, el rango o la categoría de alguien, y es fácil que nuestra voz atropellada ahogue la de una persona importante. Seguro que todos hemos participado en alguna teleconferencia en la que había alguien que no paraba de hablar, y no podíamos decir palabra, o alguien nos interrumpía todo el tiempo o hacía pausas inesperadas y nunca estábamos seguros de si había terminado de hablar o no. Y a veces hay quien no dice absolutamente nada, posiblemente porque no tiene información sobre lo que piensa el resto de la gente que participa en la teleconferencia o quiénes son en ese contexto. Los reguladores, si les prestamos atención, nos indican con exactitud cuál es el momento de estar activos y el momento de estar pasivos en una conversación. Ha de haber cierto equilibrio entre hablar y escuchar para que un diálogo sea armonioso y, en muchos casos, útil, es decir, para que haya una buena comunicación.

¿Cuáles son los equivalentes digitales de los reguladores? Tanto en los mensajes de correo electrónico como en sus predecesores de correo postal, ambos pertenecientes al ámbito de la carta escrita, la puntuación sirve de regulador para indicarle al lector cuál es la parte inicial, media y final de nuestros pensamientos, así como qué queremos recalcar o preguntar y en qué medida. En ambos casos, decidimos cuándo hemos terminado de escribir el mensaje, que seguidamente nos abandona para viajar a través de rutas geográficas o digitales hasta el receptor. Y aunque sin duda todas las cartas escritas se pueden malinterpretar, disponemos de algunos reguladores *sui generis* como son la puntuación y el control de los tiempos de envío y recepción.

El chateo es ya un poco más confuso, ya que se pueden apilar rápidamente unos mensajes encima de otros y ser difícil seguir el hilo de la conversación. Es fácil alterar el orden de la secuencia de pensamientos, pues las líneas de texto aparecen en la pantalla a toda velocidad y mientras respondemos a una idea ya ha llegado la siguiente. La puntuación no es tan sencilla de utilizar como regulador en el mundo rápido e informal de los mensajes de texto. Afortunadamente, podemos crear indicadores no verbales muy claros con los *emojis* y utilizarlos para señalar el final de una unidad de significado y cómo queremos que se interprete. Podemos poner fin a una unidad de significado insertando un icono, por ejemplo una carita sonriente o una caquita arcoíris, para terminar indicando: «Esta es la sensación con la que está escrito el texto; ahí lo tienes». Mirado de este modo, se puede considerar que los *emojis* y los emoticonos son los reguladores de la comunicación computacional.

Sin embargo, los estudios sobre el uso que se hace de ellos revela, y quizá no sea de extrañar, que al igual que el uso y el significado de nuestros gestos o expresiones fáciles varía de una cultura a otra, también lo hacen las representaciones pictóricas de esas emociones que añadimos a los mensajes de texto.[3] Para que los mensajes que enviamos por Internet tengan la mayor claridad posible, debemos tomar en consideración el marco cultural de quien los recibe, como lo haríamos en persona, pues solo así podremos transmitir con emoticonos y *emojis* lo que intentamos comunicar. Debemos tener presente que determinado emoticono o *emoji* que elijamos no siempre significarán para todo el mundo lo mismo que significan para nosotros y nuestra comunidad.[4]

SCAN rápido

S: imagina que estuvieras enseñando a alguien a leer el lenguaje corporal y a utilizar el sistema SCAN para entender lo que significan las señales no verbales y el comportamiento de una persona. ¿Cómo le harías entender la importancia de **dejar en suspenso** la primera impresión? ¿Cómo le explicarías la función que cumplen los reguladores para hacernos saber que alguien quiere participar en una conversación o controlarla?

C: ¿qué has entendido sobre la importancia de situar en **contexto** el lenguaje corporal que observamos en alguien a fin de averiguar lo que piensa realmente? ¿Cómo determina una cultura el contexto en el que deben entenderse sus reguladores?

A: pregúntate **además** cómo podría verse afectado el significado de las conversaciones que mantienes con otros en Internet. ¿Cómo podrías ayudar a alguien a entender la importancia de la comunicación no verbal y lo que supone que las señales no verbales queden en gran medida excluidas de la comunicación a través de Internet?

N: ¿qué podría aportarle a alguien que le explicaras lo que has entendido sobre el lenguaje corporal hasta el momento? ¿Qué ideas **nuevas** tienes ahora que creas que podrían serles de utilidad a otros?

35

SÉ QUE ES UN EQUIPO CAMPEÓN

Has pensado en contratar fuera de la empresa a un equipo de expertos para sacar adelante lo más rápido posible un proyecto complicado. Has visto ya a varios grupos competentes hacer más o menos la misma presentación uno detrás de otro, y de repente entra un grupo que, aunque presenta unas estrategias igual de convincentes que todos los demás, tienes un presentimiento muy fuerte, como pocas veces en tu vida, de que es un equipo triunfador. Lo extraño del caso es que ¡no sabrías decir por qué! No hay nada que puedas detectar en el lenguaje corporal de ninguno de sus componentes que te ayude a entender por qué crees que este equipo es un número uno. Lo único que sabes es que es un convencimiento que te sale de lo más hondo; se trata simplemente de un grupo de individuos muy competentes, pero harías lo que fuera por formar parte de él. «Son alucinantes –piensas–. Si no puedo contratarlos, quiero ser uno de ellos. ¿Dónde firmo? Igual debería ser yo el que hiciera una presentación ante ellos para que me dejen entrar en este equipo campeón».

Hay un lenguaje universal del orgullo, un lenguaje corporal que es el mismo en todos los países, todas las culturas y todos los deportes. Un estudio que ha realizado la Universidad de la Columbia Británica muestra que los atletas de todo el mundo, videntes e invidentes, manifiestan la misma expresión no verbal cuando ganan una carrera, lo cual es particularmente significativo teniendo en cuenta que los atletas ciegos no tienen ninguna referencia visual de cuál es el lenguaje corporal de un ganador. Es todo un clásico: los brazos y las manos extendidos por encima de la cabeza, la boca abierta, el rostro dirigido hacia el cielo y una exclamación de triunfo. Pero en la situación de la que hablamos, ¿cómo puedes saber que ese equipo conseguirá un triunfo de esta clase en un futuro próximo? ¿Qué es lo que te ha transmitido con tanta fuerza esa sensación de poder y de éxito?

Está claro que puedes aplicar el método **SCAN** a la situación y dejar en suspenso en este mismo instante la opinión de que, con toda seguridad, este es el equipo que buscas, pero no puedes **llevar a cabo un estudio más descriptivo** de qué es exactamente lo que te hace estar tan seguro. Podría decirse que la sensación es indiscutiblemente arrolladora, pero sin embargo no eres capaz de detectar ni describir ningún detalle físico que explique lo que te está ocurriendo. Lo único que tienes es una sensación.

Vamos a contarte cuál es la señal fundamental que debes de haber captado inconscientemente: la demostración conjunta de complicidad. Esos individuos están «entretejidos» unos con otros, forman un todo integral, y solo ellos saben cómo lo han conseguido. La energía que emana de ellos nace del sinfín de micromovimientos sutiles, bien abrumadores por la multitud de datos que entrañan o bien muy difíciles de detectar por ser tan idiosincrásicos. Son señales tribales que solo los miembros de ese equipo reconocen a nivel consciente e inconsciente.

¿Por qué necesitan tantos códigos, a veces secretos?

Los compañeros de equipo operan en ambientes o en un **contexto** en el que los factores cambian rápidamente, y necesitan por tanto ser capaces de leerse con exactitud los movimientos unos a otros. Lo que esto significa básicamente es que deben poder comunicarse entre sí a la perfección y con todo detalle mediante un lenguaje no verbal. Sin duda es una necesidad que se remonta a los tiempos en que fuimos cazadores-recolectores y los grupos tenían que cooperar con sigilo y presteza para conseguir comida y eludir el peligro.

MITOS DEL LENGUAJE CORPORAL

Tener las manos a la espalda es señal de poder

Durante mucho tiempo, los asesores de estrategias de comunicación han enseñado a sus clientes que enlazar las manos a la espalda es una señal no verbal de poder. Hablamos de una postura similar a la que adopta habitualmente el príncipe Carlos de Inglaterra y también el príncipe Felipe, su padre, denominada también a veces «postura regia», y que da a entender que el individuo en cuestión pertenece a la realeza y, como tal, no desea ser tocado. Por desgracia, adoptar esta postura no necesariamente significa que vayamos a heredar la posición social de la aristocracia, que normalmente posa de esta manera.

Los estudios muestran que a la mayoría esta postura nos despierta desconfianza. Así que, a menos que de verdad pertenezcas a la realeza, poner las manos a la espalda no te hará parecer superior. En general, cuando no tenemos las manos a la vista, es probable que los demás desconfíen de nosotros porque no ven lo que estamos haciendo o sosteniendo ahí detrás. Por eso mostrar las palmas de las manos es una excelente forma de establecer una buena comunicación: con ello mostramos que no tenemos nada que esconder. Procura por tanto tener esto presente cuando te pongas en posición para la foto de grupo en la oficina: darás una imagen más agradable y de confianza, tuya y del grupo, si enseñas las manos más, no si las enseñas menos.

Hay sutiles gestos momentáneos que suelen usarse a modo de comunicación taquigráfica entre los miembros de un equipo y que transmiten con precisión el mensaje. Arquear las cejas es algo que los humanos hacemos instintivamente cuando queremos llamar la atención de alguien y demostrarle que lo conocemos. Es una señal que dice: «Te reconozco. Formas parte de mi grupo». Inclinar el torso, y hacer así que la región del ombligo, donde está el centro de gravedad, se dirija visiblemente hacia el otro es una señal muy clara de tener un vínculo con él o de querer tenerlo. Los deportistas que quieren establecer proximidad con otro miembro del equipo se aseguran de que no haya barreras entre sus torsos. Esto demuestra el profundo nivel de confianza que tiene en el terreno de juego un equipo de alto rendimiento. El saludo con el mentón es una manera muy sutil de reconocer o de apuntar, sobre todo si se compara con la de levantar la mano y estirar el dedo índice, o extender totalmente el brazo, para indicar una dirección.

Los equipos deportivos utilizan además sus útiles de trabajo para hacerse gestos sutiles. Un jugador de baloncesto moverá la pelota de determinada manera para indicar una jugada a los demás miembros del equipo, o para engañar al equipo contrario sobre la dirección de la jugada. En un grupo de negociadores, uno de ellos utilizará un sutil movimiento de la pluma para indicarle a su compañero que negocie a la baja. Un equipo de construcción tal vez utilice el ritmo de los martillazos para acordar que es hora de soltar las herramientas y hacer un descanso.

Los miembros de un equipo estudian, se entrenan, se esfuerzan, comen, fracasan, triunfan, ríen, lloran, y a veces hasta sangran, juntos. Eso crea extraordinarias oportunidades de estrechar los lazos. Por el poder de la proxémica y la háptica, los compañeros de equipo tienen mucho más contacto físico incluso que los amigos íntimos. Además, mantienen entre sí distancias más cortas; se reúnen muy juntos, se apiñan en un rincón de la sala de reuniones, comen apretujados en un comedor diminuto, viajan e incluso se alojan juntos en espacios muy reducidos. Por supuesto, a esto se suman el contacto y la proximidad corporales durante el juego, sea el que sea. Esta clase de conexión con los demás reduce la sensación de riesgo. Un grupo conectado y motivado puede ser más fuerte que el más fuerte de los individuos. La proximidad y el contacto entre compañeros estimula una mayor secreción de oxitocina en cada uno de ellos, que les da calma en situaciones de estrés. Los equipos que tienen un alto grado de proximidad y contacto físicos y que se mantienen fusionados cuando están bajo presión, y no se derrumban, presentan un índice de éxito más alto.[1]

En cualquier equipo, hay una *uniformidad* (los muchos unidos en una sola forma) en el vestir. Vistos con su uniforme o código de vestimenta, se diría que están cortados por el mismo patrón. Cada uno de ellos se ve reflejado en el aspecto de los demás, que es símbolo de sus valores, creencias, aspiraciones y preocupaciones comunes más íntimos. Quizá lleven un distintivo que muestre cuáles son su rango en la tribu o su especialidad técnica, sus conocimientos o su antigüedad en el equipo, pero en última instancia, independientemente de cuál sea su condición individual, todos son capaces de ponerse en la piel del otro.

El lenguaje corporal de los perdedores

Quienes pierden en una determinada prueba, un torneo o un partido también suelen manifestar una expresión corporal característica. No es una expresión que aprendan por la observación; nace de una programación innata. Los perdedores encogen los hombros, agachan la cabeza, tienen una expresión de tristeza o dolor y aprietan los puños por el sentimiento de derrota. Cuando la adrenalina y el entusiasmo abandonan el cuerpo, el desánimo lo sume en la tristeza y la frustración; es un efecto similar al de un globo que se desinfla al escaparse el aire.

Pregúntate si **además** de todo esto sigue habiendo algo que no consigas explicarte. Posiblemente hayas captado un elemento sustancial, y es que básicamente están unidos en una especie de conspiración: respiran juntos. Si examinaras sus patrones de respuesta, verías que están sincronizados. El grupo es un organismo. En este momento compartís el mismo espacio y te ves arrastrado a respirar con ellos; y dado que muchas partes del cuerpo emiten hormonas que los demás son capaces de absorber, es posible que estés absorbiendo en alto grado las hormonas que flotan en el aire a su alrededor y que se te hayan metido bajo la piel al estrecharles la mano. Su sentido grupal de tolerancia al riesgo provendrá tanto de las experiencias que han influido en ellos a nivel cognitivo como de una combinación de altos niveles de oxitocina y testosterona. Sienten que son un «pelotón» indestructible –no es casualidad que su equivalente en inglés, *posse,* se derive del término que en latín medieval significaba «poder»–, y esa sensación se te está contagiando. Se ha establecido entre vosotros una comunicación no verbal muy poderosa que no eres capaz de ver; en realidad, tan poderosa que no solo habrás empezado a respirar al unísono con ellos, sino que tal vez a nivel químico te sientas confabulado con el grupo. Y por supuesto, ahora quieres que todo esto sea permanente. Su cualidad es bastante adictiva, así que, si no puedes contratarlos, tienes muy claro que te gustaría ponerte su misma insignia y formar parte del grupo, como sea. Y ¿cómo no lo vamos a entender? Es extraordinario formar parte de un equipo fuerte. Te hace sentirte necesitado y protegido. Solo hay un problema: esta tribu forma ya una piña, así que tal vez no te puedas sumar, pero sí hacer negocios con ella.

Una **nueva opinión** es que no puedes formar parte del equipo triunfador pero sí contratarlo para que haga el trabajo. Ahora bien, ¿cómo **comprobar** si es cierta la eficacia que prometen tu instinto y tu idea del equipo, ahora más detallada? Puedes preguntarles cuánto tiempo llevan juntos. Los equipos son caros de costear y mantener, así que, si trabajan juntos desde hace tiempo, o incluso más tiempo que otros equipos o grupos a los que has entrevistado, es casi seguro que tienen algún adhesivo secreto que los mantiene unidos. ¿Qué referencia vas a utilizar para saber si es suficiente tiempo para confiar en ellos? Sin duda, la referencia será distinta según el sector. Pero recuerda que los Beatles sobrevivieron solo ocho años como John, Paul, George y Ringo. ¿Cómo es que fueron un gran equipo y posiblemente el grupo musical más importante de todos los tiempos? «Éramos cuatro hermanos», dijo Ringo. «Solo había cuatro personas que sabían de verdad lo que eran los Beatles», contó Paul.

SCAN rápido

S: **dejar en suspenso** la primera impresión y hacer un estudio más descriptivo puede ser muy difícil cuando no se sabe con exactitud qué describir. Pero *sí puedes* describir con más detalle lo que sientes en cualquier situación; eso es un ejercicio de atención en sí mismo.

C: puedes intentar encontrar un **contexto** de complicidad de equipo, cuando una situación de esta clase te cree una impresión muy fuerte.

A: pregúntate **además** si ese sentimiento tan arrollador puede ser debido a que varias personas estén emitiendo la misma señal al mismo tiempo.

N: ¿cuándo y dónde has sentido que un grupo influía en tu lenguaje corporal o incluso lo dominaba? Al responder a esta pregunta, ¿ves algo que te dé una **nueva** perspectiva o te ayude a entender algo en concreto?

36

¿TE HAS CREÍDO QUE ERES EL JEFE?

Acaban de trasladarte a una sección nueva de la empresa y hasta ahora todo el mundo se ha mostrado cordial y cooperativo. Pero cada vez que hacéis una reunión de grupo, hay uno de tus nuevos compañeros que nada más llegar se sienta muy derecho y estirado y pasea la mirada alrededor de la sala haciéndose notar. Pone separados sobre la mesa el portátil y el teléfono móvil y, para ocupar más espacio todavía, apoya los codos extendidos y entrecruza los dedos. Cada vez que alguien propone una idea, él aprieta los labios y entrecierra los ojos. Continuamente trata de dominar la conversación; interrumpe a quien esté exponiendo una idea y expresa las suyas, y cada vez que alguien empieza a hablar se gira ligeramente y mira hacia abajo o hacia otro lado, evitando el contacto visual con nadie en esos momentos. Y lo peor de todo, al final de la reunión se pone de pie, con las piernas separadas y los puños en las caderas, y hace sus recomendaciones al grupo, señalándonos con el dedo de uno en uno. No puedes evitar mirarlo con una mezcla de enfadado y absoluto desdén, pero te preguntas si te sucede solo a ti. Preguntas a los demás. Hace tiempo que todo el mundo piensa lo mismo de él: «Pero ¿te has creído que eres el jefe?».

Aunque parece estar bastante claro, por la descripción, que este colega tan fastidioso quiere controlar la reunión, tomar el mando y ser el jefe, *el amo*, contemplemos la situación con el método **SCAN** y **dejemos en suspenso esa opinión** para **hacer un estudio más descriptivo** de lo que hace, de cómo lo interpretas tú y de cómo les hace sentirse a los demás. Un detalle importante: lo que expresa su lenguaje corporal ¿es la verdad de la situación? Es decir, ¿consigue tener de verdad este individuo el poder que quiere? ¿Su comportamiento lo convertirá en el jefe, o con él está consiguiendo en realidad que pierdan interés por su persona todos los que tiene alrededor?

El modo en que se comporta este aspirante a jefe muestra claras señales de dominancia y superioridad. Da inicio a la reunión paseando la mirada por la sala e imponiendo un contacto visual demorado y directo a cada uno de los presentes para dejar claro su poder y su estatus, como si quisiera demostrar quién es el que manda. Luego, cuando alguien habla, se gira y aparta la mirada, no establece contacto visual con nadie, para que se note que no escucha a nadie, obviamente una falta de respeto. Expresa además una supremacía de altura sentándose muy erguido, para estar más alto y hacer alarde de poder y superioridad. Se apropia de la superficie de la mesa cuanto le es posible, y para ello no tiene reparo en esparcir sus dispositivos como advirtiendo que es su territorio y que mejor que nadie traspase los límites.

Por si fuera poco, corta a los demás cuando hablan, con lo cual se arroga el derecho a que su voz se oiga más que la de los demás y alardea de su autoridad y superioridad, al infringir la regla social de no interrumpir al que habla. No utiliza solo el lenguaje corporal, para demostrar que no quiere escuchar a nadie, sino que lo acompaña de señales faciales de desprecio hacia las ideas que expresan los demás que hay sentados alrededor de la mesa: junta las manos con los dedos estirados y unidos por las yemas, entrecierra los ojos y aprieta los labios. Juntar las yemas de los dedos estirados es una señal de pretendida inteligencia; entrecerrar los ojos, del cansancio o la irritación que le crea escuchar las ideas de otros y apretar los labios, es decir, retraerlos fuertemente desde todos los lados –que no debe confundirse con apretarlos y estirarlos fruncidos hacia fuera, como para dar un beso, o incluso para apuntar a algo–, indica una evaluación o un juicio negativos de lo que se está diciendo; es un gesto de desaprobación y, en casi todas las culturas, de disconformidad con ello. Al final de la reunión, adopta la «pose de poder» del superhéroe: separa las piernas y apoya los puños en las caderas, como si con eso estuviera todo dicho, como si cada compañero al que apunta con el dedo fuera a empezar a aplaudir su fuerza y su poder. En lugar de eso, como no es de extrañar, la respuesta colectiva a su exhibición es un sentimiento de enfado y desdén absoluto.

¿No le gusta lo que digo o quiere indicarme algo?

El gesto de señalar con el dedo índice, aunque en el mundo occidental se entiende prácticamente siempre, no es universal. De hecho, apuntar con los labios para señalar algo o atraer la atención de alguien hacia ello es un gesto que se utiliza comúnmente en muchas culturas del mundo entero. En el centro y norte de Ontario (Canadá), muchos habitantes indígenas señalan apuntando con los labios. En lengua ojibwa (anishinaabemowin), el término que significa «allí», *iwidi*, pronunciado «eueday», permite incluso que la boca haga el gesto de apuntar cuando se pronuncia. Encontramos más ejemplos y variantes de apuntar con los labios en las sociedades filipinas, así como en algunas partes del sureste asiático, el Caribe, Australia, África y Sudamérica.[1] Así que ten cuidado de no confundir este gesto con el de apretar los labios en señal de desaprobación o el de fruncirlos con afecto.

Todos hemos visto, por supuesto, alguno de estos comportamientos alfa y hemos leído las teorías sobre el liderazgo que simbolizan, es decir, que a quien exhiba estos gestos dominantes se lo reconocerá como líder. ¿Por qué no surte este efecto en la situación que analizamos? El aspirante a líder que vemos en nuestro relato manifiesta sin duda estos comportamientos alfa de «liderazgo» y, sin embargo, la impresión que sacas de él cuando lo ves actuar no es demasiado buena. No te crees la imagen que quiere dar. ¿A qué se debe que en esta situación ese comportamiento alfa de liderazgo se vuelva en su contra?

Examinemos la verdad y las mentiras de la teoría sobre el liderazgo del macho alfa y cómo se manifiestan en el contexto de nuestro relato.

A raíz de ciertos estudios que han alcanzado bastante popularidad, muchos piensan que hay una serie universal de comportamientos que un líder exhibe de modo natural, y que todos podemos emularlos para conseguir una posición de liderazgo. Esta idea del lenguaje corporal alfa proviene de la teoría de la dominancia social basada en un estudio europeo del comportamiento de los lobos en cautividad. En pocas palabras, un estudio de cómo se comportan los lobos salvajes cuando se los somete a vivir en cautividad se convirtió en una teoría sobre el comportamiento de los perros domésticos y, luego, sobre el comportamiento humano. Aunque ninguno de los comportamientos que se vieron en los lobos cautivos puede considerarse científicamente que sea normal en un lobo salvaje (debido a la diferencia entre una y otra situación), aquellos que los científicos asociaron entonces con la dominancia, sin que hubiera ninguna evidencia real de que reflejaran los patrones de comportamiento humano ni tuviera ninguna lógica que fuera así, se utilizaron para teorizar sobre normas muy detalladas que regían el comportamiento humano. Sería equiparable a hacer inferencias sobre la dinámica de liderazgo en una manada de lobos salvajes tras estudiar a seres humanos encarcelados. Es posible que haya alguna correlación accidental, pero la especie, el tipo de sociedad y la situación son radicalmente diferentes, y es de suponer que las teorías y prácticas basadas en dichas inferencias serán por fuerza bastante inexactas.

En la actualidad, tras años de estudios ideados con más sensatez, entendemos que en algunas especies de mamíferos sociales cada miembro del grupo ocupa un lugar en la jerarquía, mientras que en otros hay un líder dominante, o una dominancia compartida, sobre un grupo de subordinados que tienen todos ellos el mismo poder. Los seres humanos somos todavía más complejos: pertenecemos a más de un círculo social. Así, alguien que en el trabajo desempeña el papel de seguidor tal vez sea un líder en un grupo de su interés con el que se reúne cada fin de semana, y tenga además una posición intermedia en cualquiera de sus numerosas tribus virtuales; y el líder del trabajo podría ocupar una posición muy inferior a la suya en este contexto. La dominación social humana es compleja. No hay un modelo único aplicable a todas las circunstancias; el mismo comportamiento que en un contexto te otorga poder y prestigio puede ser el que te desprestigie en otro.

Vamos a situar ahora en **contexto** el comportamiento alfa de nuestro aspirante a jefe: un grupo de compañeros de trabajo en un entorno laboral, donde este tipo de comportamiento dominante no recibe precisamente los vítores de la multitud. Las empresas le dan cada vez más importancia a crear un ambiente laboral armonioso, basado en una sincronización relajada y asertiva, que permita el liderazgo al tiempo que establece un terreno común y alienta la solidaridad y el respeto, y en el poder compartido. Son unos principios que están cada vez más integrados en cualquier organización, e incluso en aquellas de tradición jerárquica y un tanto anticuadas el cambio es inminente. Muchas organizaciones han descubierto que el mejor modo de conseguir un ambiente laboral verdaderamente productivo es establecer una cultura empresarial que represente los ideales de autonomía, igualdad, diversidad, comunidad, colaboración y respeto e inspire a los empleados a participar y a aportar sus mejores ideas y su dedicación para beneficio de toda la organización.[2] Son muchos los estudios que avalan la correlación entre esta descripción de ambiente y cultura laborales y no solo una plantilla más contenta y motivada, sino también un aumento de los beneficios.

Si el contexto es un panorama laboral de este tipo, posiblemente no haya en él mucha cabida para las señales de macho alfa que exhibe nuestro aspirante a líder, los clásicos rasgos de liderazgo que dan muestra de un líder dominante y arrogante que se dedica a dar órdenes en tono agresivo y desprecia a los demás haciendo alarde de que no le importa lo que nadie piense. La esfera política es muy diferente del ambiente laboral de una empresa en lo que respecta a las cualidades que el público espera de un líder. En la política, sobre todo en tiempos de crisis, si una población se siente amenazada o privada de sus derechos, vemos una y otra vez que quizá sea precisamente esta clase de exhibición agresiva de dominancia y poder la que acabe saliendo vencedora y haciéndose con el liderazgo. Pero en nuestra situación, como en muchas empresas modernas, no es frecuente que estemos deseando tener un líder agresivo y avasallador que no valore nuestras ideas o que ni siquiera le apetezca oírlas, que presume de ser más competente e inteligente que nosotros y no se molesta en disimular que, si tuviera la ocasión, nos aplastaría con el zapato sin inmutarse. Lo que buscamos más bien es comunicación, cooperación y trabajo en equipo.

En este contexto, el despliegue de dominancia nos ha provocado un sentimiento de desdén hacia tu compañero. Su forma de comportarse no concuerda con los valores de la comunidad. Aunque este individuo tenga la sensación de estar comunicando todas las señales «correctas» del lenguaje corporal dominante de macho alfa para demostrar sus cualidades de líder, la teoría en que todo ello se sustenta está fundamentada en una mentira, y el lugar en el que trata de utilizar su táctica no ve con buenos ojos esa clase de demostraciones.

¿Qué podrías considerar **además** en esta situación? ¿Qué otras opciones tiene este individuo para demostrar liderazgo? ¿Preferirías que se comportara de otro modo, que ocupara el mínimo espacio posible, que se rindiera y agachara la cabeza, se encogiera de hombros en señal de indiferencia o incertidumbre o se pusiera nervioso y se mordiera las uñas, que tuviera un comportamiento menos dominante y más sumiso? ¿Te inspiraría eso más confianza? No, claro que no. No es o blanco o negro, el comportamiento que se espera de un buen líder moderno; la cuestión es más compleja.

Por tanto tu **nueva opinión** podría ser que, por mucho que tu colega quiera ser el jefe, no tiene ni idea de lo irritante que es su comportamiento, de que con él se está ganando la antipatía de todos sus compañeros y es posible que acabe ganándose también la de la directiva, que habría podido otorgarle poder. No es una vía inteligente para conseguir lo que quiere. Un modo de **comprobar** si este es el caso sería hacerle darse cuenta educadamente del efecto que está teniendo en los demás su estilo de comunicación; podrías, por ejemplo, enviarle un enlace a un artículo de Internet que explique las técnicas de comunicación más eficaces para el trabajo en equipo. Si lo haces y ves que ignora tu sugerencia y persiste en su comportamiento, podríais negaros todos a trabajar con él, para demostrarles a él y a la directiva que no estáis dispuestos a dejaros intimidar ni a someteros a los caprichos de nadie.

SE HACE LO QUE YO DIGO, Y PUNTO

Durante los más quince años que nuestra amiga y colega **Janine Driver** fue agente de la policía federal del Departamento de Justicia se dedicó a diario a la lectura del lenguaje corporal para seguir viva. Ahora es directora del Instituto de Lenguaje Corporal y ha impartido cursos sobre el lenguaje corporal en instituciones y organizaciones como el Departamento de Alcohol, Tabaco, Armas de Fuego y Explosivos (ATF) estadounidense, el FBI, la CIA y la DIA. Aquí habla de tres «actitudes terminantes» que debes evitar si no quieres parecer demasiado mandón, incluso aunque seas el jefe:

> Tal vez seas como yo, o conozcas a alguien como yo, que para transmitir la idea de que «hablo en serio» o de que «se hace lo que yo digo, y punto», intensifico la presión en lugar de reducirla. Puedes preguntarle a mi marido, o a cualquiera de los jefes que tuve cuando trabajé de investigadora para la ATF; todos te dirán que puedo ser un auténtico encanto. Soy una de esas personas que afrontan la presión con más presión; es posible que retraiga los labios con fuerza, cierre el puño bajo la mesa, me incline y le enseñe el puño a la persona que está ahí sentada, o que de repente lance la cabeza hacia delante como diciendo: «¡Eh!, ¿me has oído?». Aunque no grito con palabras, la determinación del lenguaje corporal chilla: «La que manda aquí soy yo», ¡incluso cuando no lo soy!
>
> En un estudio que se publicó en el *Journal of Experimental Social Psychology* en el 2009, los investigadores habían visto que aumentar la presión cerrando el puño incrementa la seguridad en uno mismo. Los sujetos que participaron en el estudio habían respondido a unas preguntas mientras hacían unos el gesto del «*rock*» [la mano extendida con los dedos corazón y anular doblados] y otros el de

las «tijeras» [la mano extendida con los dedos meñique, anular y pulgar doblados] para evaluar su grado de confianza y seguridad. Aunque los hombres que mostraban el puño cerrado afirmaron sentirse más seguros de sí mismos que los que hacían los gestos neutros, los resultados de las mujeres no fueron iguales.

¿A qué se debe la diferencia? Aumentar la presión cerrando el puño activa una sensación de poder y control en ambos sexos, pero es posible que las circunstancias en que cada uno de ellos cierre el puño sean diferentes. Los investigadores concluyen que, para la mayoría de los hombres, la agresión física es un modo de adquirir poder, mientras que para las mujeres es expresión de pérdida de poder, el último recurso.

Como podrás imaginar, cuando cierro el puño, lo lanzo al aire o hago un gesto frontal de ataque, *no* doy la imagen de ser una jefa motivadora ni una líder respetada y admirada. Así que tras años de trabajar para otros, dejé mi puesto gubernamental y creé mi propia empresa, donde la jefa soy yo, al menos la mía. Utilizo los movimientos de presión intensificada para abrirme paso en medio de las dificultades y resistir la presión, para reafirmarme en mi intención, ser fiel a mis creencias y convicciones y reunir valor y determinación para hacer lo que a *mí* me parece oportuno.

SCAN rápido

S: dejar en suspenso cualquier opinión basada en algunas ideas bastante extendidas sobre el comportamiento puede ser una buena manera de descubrir la verdad, a veces mucho más compleja, del lenguaje corporal en una situación dada.

C: piensa en la «idea» que se ha tenido tradicionalmente de un determinado rol, piensa en qué **contexto** presente o pasado funcionó o funciona aún esa idea y examina cómo han cambiado y evolucionado esos roles, así como el comportamiento que se espera de quienes los ejercen.

A: pregúntate qué comportamientos podría adoptar alguien, siendo realista, **además** de los que hemos visto en esta situación. ¿Hasta dónde podría llegar en el extremo opuesto del espectro?

N: ¿es siempre aconsejable verificar una **nueva** opinión? ¿Cuándo vale la pena el riesgo, o bien es más beneficioso para ti y para la comunidad atreverte a transmitir una impresión que te reafirme? ¿Hasta dónde estás dispuesto a llegar?

37

IN FRAGANTI

Alguien ha filtrado a la competencia el elemento secreto de una de las tecnologías experimentales más importantes de tu empresa. Llamas al jefe de equipo a una de las salas de reuniones para averiguar cuál de tus empleados está secretamente en la nómina de la otra empresa, por así decirlo. Quieres encontrar al topo. Haces girar la ruleta y... ¡premio! Aunque asegura que él no tiene nada que ver, está claro que es el culpable. Y aunque no lo has sorprendido in fraganti, mientras lo ves ahí sentado en la sala de reuniones hundido en el asiento y con la cabeza gacha, escondida entre las manos, su lenguaje corporal te dice que en realidad sí lo has atrapado. Ha sido él. Lo sabes. Él lo sabe. Es el principal sospechoso. Has encontrado al culpable. ¿Cómo vas a arrancarle una confesión? ¡El caso está en tus manos! ¡Te toca a ti hacer de interrogador y cerrar el caso!

Escucha, Sherlock, si se pudiera determinar que alguien es culpable con solo leer en Internet unas cuantas explicaciones sobre «cómo interpretar el lenguaje corporal», no necesitaríamos un sistema de justicia penal.

Sin embargo, es cierto que el lenguaje corporal nos crea una impresión sobre si alguien podría ser culpable o no. En realidad, influye en la decisión de un jurado, incluso aunque las pruebas por sí solas dejen pocas dudas sobre la inocencia o culpabilidad del acusado, y en cuál debería ser la pena. Por ejemplo, un artículo de la publicación *Emotion Review* titulado «Remorse and Criminal Justice» [El remordimiento y la justicia penal] señalaba que el hecho de que el acusado mostrara remordimiento era uno de los factores más decisivos a la hora de dictar sentencia, incluso tratándose de la pena capital; señalaba asimismo, no obstante, que hasta el momento nada indica que pueda evaluarse el remordimiento en un tribunal de justicia. En otras palabras, no hay una «escala» numérica de remordimiento. Todos pensamos que sabemos cuándo alguien se avergüenza y se arrepiente, y podemos extraer por tanto la conclusión precipitada de que no volverá a delinquir, pero hay poca evidencia de que el remordimiento esté relacionado con un futuro acatamiento de la ley. De hecho, hay pruebas de que el remordimiento suele estar mezclado con la vergüenza, que sí ha demostrado aumentar la probabilidad de un futuro comportamiento delictivo.[1]

Pero, en nuestra situación, ¿cómo puedes **dejar en suspenso tu opinión** y **llevar a cabo un estudio más descriptivo,** para acercarte más a cuál puede ser la verdad?

Antes que nada, si en los capítulos anteriores has aprendido algo sobre la verdad y las mentiras, confiemos en que sea a no caer en lo que Paul Ekman llama «el error de Otelo». En general, sería de esperar que alguien a quien se esté investigando, y a quien se le haya llevado a una habitación para interrogarlo, se sienta bajo presión si es culpable... e igual de normal que se sienta bajo presión si no lo es. El estrés puede provocar muchos de los siguientes comportamientos o **señales clave**: morderse las uñas, retraer los labios hasta hacerlos desaparecer, entrelazar los pies o, por lo general, tensar el cuerpo; gestos para calmar la tensión o un aumento de los gestos manuales, como frotarse el rostro o la nuca, los brazos, las piernas, retorcerse las manos, incluso abrazarse a uno mismo; movimientos tales como arrastrar los pies adelante y atrás, sacudidas intranquilas, dar pequeños golpes con las yemas de los dedos o con los pies o dirigir el cuerpo entero hacia alguna salida, y, por último, algunos indicadores fisiológicos muy evidentes, como sudoración profusa, respiración rápida, dilatación de las pupilas, gran frecuencia de parpadeo, palidez de la piel, boca seca y, como consecuencia, labios de aspecto reseco y el gesto constante de humedecerlos, deglución refleja, un chasquido al hablar e incluso simplemente una tensión en la tonalidad y cadencia de la voz.

Bien, en nuestro caso no se aprecia nada de esto. ¿Qué es, por tanto, lo que te hace pensar que este individuo es culpable?

Examinemos el sentimiento y el concepto de culpa como telón de fondo; en otras palabras, la propia culpa como **contexto**.

La culpa es la experiencia cognitiva o emocional que se produce cuando tenemos la sensación o nos damos cuenta, acertadamente o no, de que hemos atentado contra nuestros propios estándares de conducta o hemos violado un estándar moral, ya sea personal, social o universal, con el que convenimos. La culpa es un sentimiento común de angustia emocional que surge cuando nuestras acciones o inacciones han causado o podrían causarles a otros daño físico, emocional o del tipo que sea. Ocurre principalmente en contextos interpersonales y se considera una emoción prosocial porque nos ayuda a mantener buenas relaciones con los demás. Es una señal de alarma, que sigue sonándonos en la cabeza hasta que adoptamos la acción adecuada para remediar el mal. Tal vez cada señal aislada sea breve, pero la suma de ellas puede acabar convirtiéndose en una sensación perturbadora de que deberíamos haber actuado de otra manera, y, si es demasiado tarde para repararlo, es posible que la culpe nos atormente. Se suele decir que su expresión externa es la de vergüenza.

La teoría evolutiva de a qué se debe esa expresión de vergüenza es que ayuda a mantener las buenas relaciones y su función podría ser la del altruismo recíproco, por el que una de las partes se muestra temporalmente menos apta a fin de realzar la aptitud del otro u otros, en la confianza de que otros actuarán de un modo similar con ella si se da la ocasión. Por tanto, si nos mostramos avergonzados cuando nuestro comportamiento ha perjudicado a alguien, es menos probable que la comunidad tome represalias. Una demostración de vergüenza transmite la imagen de que estamos arrepentidos, y esto aumenta las perspectivas de supervivencia para todos. Cuando alguien se siente culpable, pensamos que es menos probable que vuelva a actuar del mismo modo, y su demostración de vergüenza intenta conseguir una reducción de la pena que la comunidad le imponga. Mientras la comunidad no imponga penas injustas y esté dispuesta a perdonar al cabo del tiempo, es posible que esta manifestación de vergüenza y la consiguiente respuesta de la comunidad sirvan para restablecer la confianza en ambas partes. Por supuesto, que la pena que la comunidad le impone al culpable sea justa o no, o, más bien, que la parte culpable la considere justa, puede ser un factor determinante de que el delincuente sea reinsertado en la comunidad o, por el contrario, reincida en su comportamiento delictivo. De todos modos, no es de extrañar que los miembros del jurado respondan a una demostración de vergüenza solicitando para el culpable una condena más indulgente; es nuestro instinto social. Así pues, la vergüenza nos ofrece la posibilidad de perdonar y puede contribuir a mantener al grupo social unido.

No cabe duda de que hay multitud de relaciones y de constructos sociales en los que, intencionadamente o no, habrá quienes provoquen en otros un sentimiento de culpa o vergüenza para poder influir en ellos, manipularnos y tenerlos bajo su dominio.

Valerse de la demostración estratégica de cualquiera de entre la panoplia de emociones –tristeza, ira, repulsión o desprecio– puede ser en determinados contextos un abuso de poder, con el que se consigue provocar en el otro una respuesta de vergüenza y, con ella, un extremo dolor psicológico acompañado en algunos casos incluso de autolesiones físicas. A veces se oye a los padres decir «no tengo más que echarle una mirada» cuando les parece que su hijo ha hecho algo mal. Dependiendo del tipo de «mirada» –potencialmente de desaprobación, reproche, desprecio, decepción, sorpresa o todo ello junto– y del contexto en que se dé, puede que ese padre no entienda la profundidad y la fuerza de los sentimientos de culpa que tal vez haya provocado en su hijo, y que muy posiblemente será causa de dolor emocional, o incluso de dolor físico autoinfligido en secreto; y en lo que a las probabilidades de reincidencia de la parte culpable se refiere, quizá, en lugar de atajar el comportamiento no deseado, haya conseguido que el niño lo repita.

¡Dobby malo! ¡Dobby malo!

La culpa y la vergüenza nos pueden llevar a castigarnos. El efecto Dobby –un fenómeno que toma su nombre del elfo de los libros de Harry Potter que acostumbraba a darse de cabezazos– habla de una tendencia psicológica a castigarse por un sentimiento de culpa. Se realizó un estudio en el que varios alumnos, a los que se les había hecho sentirse culpables por haberles quitado a otros alumnos unos boletos de lotería (que valían solo unos dólares), estaban de hecho dispuestos a darse descargas eléctricas en señal de vergüenza y remordimiento.

Y ¿qué vemos **además** en el lenguaje corporal de la vergüenza? Hay ciertos gestos de bloqueo que lo caracterizan; suele decirse que «la vergüenza nos hace agachar la cabeza», y en nuestra escena vemos también que el individuo esconde la cabeza entre las manos. Una señal más sutil de vergüenza es apoyar las yemas de los dedos a los lados de la frente. Otras manifestaciones de bloqueo más extremas son aquellas en las que queremos evitar a la persona que nos hace sentirnos avergonzados. En ocasiones el bloqueo va más allá, por ejemplo, de evitar el contacto visual, bajando los ojos o apartando la mirada, y puede traducirse en acciones tan drásticas como evitar coincidir con ella en el mismo espacio físico; alegar estar enfermos y no ir a trabajar, para no tener que compartir el despacho, o incluso irnos a otra ciudad. Por supuesto, es algo que ocurre también en el espacio virtual: alguien se siente avergonzado y desaparece súbitamente de las redes sociales durante un tiempo. Por lo general, hará falta que alguien de la comunidad de internautas lo atraiga de vuelta a la manada preguntándole si se encuentra bien. Quizá se inicie así un diálogo de vergüenza y perdón para sacarlo del exilio virtual autoimpuesto.

De cualquier modo, hay un elemento muy importante en todo esto: una demostración de vergüenza ¿es siempre señal de haber admitido la culpa? Entendemos que tal vez algunos delincuentes nunca sientan culpa o vergüenza, pero ¿nos sentimos culpables solo si realmente lo somos? ¿Podría ser que, por empatía, sintiéramos la culpa de otro aun no teniendo en realidad nada que ver con el suceso causante de ese sentimiento? ¿Es posible que un individuo o un grupo sientan la culpa de otro individuo o grupo que hayan cometido una transgresión? Claro que es posible. Somos seres sociales, y tenemos por tanto mecanismos que nos permiten sentir lo que otros pueden estar sintiendo aunque no hayamos participado de ningún modo en los actos que han generado esos sentimientos. Empatizamos con la culpa y la vergüenza. A menudo nos avergonzamos por actos de los que nuestros antepasados fueron culpables décadas o siglos antes de que nosotros naciéramos y por los que ellos no mostraron el menor remordimiento.

Algunos somos más propensos que otros a sentirnos culpables. Los más propensos sienten muchas veces que han hecho daño a otros cuando no es así. Si el umbral de culpabilidad es muy bajo, es posible que la alarma de la culpa empiece a sonar cuando no es necesario, y, como consecuencia, acabamos sintiéndonos culpables por el daño que tal vez hayamos causado a otros, cuando con solo indagar un poco se vería que no hemos hecho nada. Muchos creemos percibir reprobación en los demás cuando no la hay. En ocasiones captamos en su comunicación no verbal un indicio o detalle mínimos que nos llevan al convencimiento de que están enfadados con nosotros o de que les inspiramos desdén, lástima o desprecio; esto nos provoca un fuerte sentimiento de culpa, y es posible que mostremos señales de vergüenza. Por la propensión a sentirnos culpables, quizá no solo acabemos asumiendo una culpa que no nos corresponde, sino que nos arriesgamos a cargar con ella a la espalda de continuo. ¿Y el verdadero culpable? ¡Tal vez quede impune!

Lo poderoso que es este sentimiento queda plasmado en la respuesta del cuerpo para luchar contra la fuerza de gravedad, de ahí la expresión *el peso de la culpa*. En un estudio se vio que aquellos que se sienten culpables tienen la sensación de pesar más de lo que pesan en realidad, y realizar cualquier actividad física les supone por consiguiente un esfuerzo considerablemente mayor que a quienes no se sienten culpables.[2]

MITOS DEL LENGUAJE CORPORAL

La mirada huidiza es propia de una mala persona

En general se piensa que si alguien nos esquiva la mirada es porque nos está engañando. Nada podría estar más lejos de la verdad. Aldert Vrij, autor de *Detecting Lies and Deceit:*

Pitfalls and Opportunities [Cómo detectar mentiras y engaños: trampas y oportunidades], se dio cuenta de que quienes tienen por costumbre mentir suelen establecer de hecho mayor contacto visual.[3] ¿Por qué? Porque saben que estamos atentos a si nos esquivan la mirada y quieren estar seguros de que nos creemos la mentira que nos están contando. Alguien que esté diciendo la verdad puede, por el contrario, apartar la mirada porque no tiene la necesidad de convencernos, solo quiere contarnos algo.

Puede haber muchas razones para evitar mirar a alguien a los ojos, tanto personales como culturales. Por ejemplo, tal vez nos cree un sentimiento reconfortante contar un hecho o una experiencia emocional sin mirar a los ojos a nuestro interlocutor, bajándolos o mirando abstraídos a la lejanía. Además, en algunas culturas y grupos sociales se les inculca a los niños que, cuando estén ante la autoridad, deben mostrarle respeto y evitar su mirada. Ahora bien, ¿qué impresión causaría esto en un juicio en el que un miembro del jurado acabara de leer un artículo en Internet sobre «cómo saber cuándo alguien miente» y se hubiera creído a pies juntillas lo de la mirada huidiza?

La realidad es que el engaño puede no parecerse en nada a lo que esperamos ver. Si el embaucador consigue engañarnos, es no tanto porque se comporte abiertamente de un modo que inspire confianza, como porque se gane nuestra confianza ofreciéndonos algo que se dé cuenta de que queremos. La táctica suele ser rebajar su estatus para darnos lo que nos parece una posición de ventaja. Nos proporciona un sentimiento de poder. Así que no esperes que un mentiroso llegue a ti haciendo una demostración de poder; estate más alerta a cómo la interacción con él te infunde un súbito sentimiento de dominio o superioridad. Los mentirosos experimentados se aprovechan de nuestras debilidades en torno al poder, un poder que tal vez no tenemos pero anhelamos tener, y manipulan nuestros sentimientos de soledad e inseguridad o la mala salud que suframos; se aprovechan también de nuestro orgullo o simple ignorancia.

Por tanto, ahora puedes tener la **nueva opinión** de que el simple hecho de que ese individuo mostrara señales de vergüenza no significa que sea en verdad culpable de la acción que estás investigando. Es posible que alguien se *sienta* culpable de un delito y en realidad no lo sea. No solo eso, sino que es posible además que una *víctima* de un delito se sienta culpable, sin ser por supuesto la responsable de lo que le ha ocurrido. ¿Cómo puedes **comprobar** si en verdad es culpable, o no?

¡Muy fácil! Empieza por la expresión latina *onus probandi*: *ei incumbit probatio qui dicit, non qui negat*, es decir, al que afirma, incumbe la carga de la prueba, no al que niega. Este es el principio jurídico que establece que todos somos inocentes mientras no se demuestre lo contrario y que mantiene a salvo de sus propios juicios precipitados a cualquier sociedad que se adhiera a él. Por consiguiente, te corresponde a ti la *carga* de reunir más información y pruebas fehacientes; cuando es tanto lo que está en juego, tienes que ser muy serio y estudiar cada detalle, no puedes dejarte llevar por una corazonada.

LOS INSTINTOS BÁSICOS

Si en un momento dado tuvieras que hacer de interrogador en tu empresa, estos son algunos magníficos consejos que nos brinda **Gregory Hartley**, un respetado colega del mundo del comportamiento y el lenguaje corporal humanos. Su experiencia como interrogador le valió el reconocimiento del Ejército estadounidense. El

Departamento de Defensa, la Fuerza de Operaciones Especiales de Tierra, Mar y Aire de la Armada de Estados Unidos (*Navy SEALS*) y las fuerzas de seguridad federales han confiado en sus conocimientos. En la actualidad presta sus servicios en el mundo empresarial. Esto es lo que nos explicó sobre cómo descubrir la verdad en esta situación:

> Dejé atrás un mundo en el que la verdad se considera en términos absolutos, es procesable y puede significar para alguien la vida o la muerte. La esfera empresarial moderna tiene poco en común con ese mundo. ¿Cómo utilizo ahora los conocimientos que me dio trabajar en los servicios de inteligencia? En el fondo, son mundos idénticos, puesto que en ambos intervienen a partes iguales las tendencias, egos e interacciones humanos en lo que es una mezcla de obligaciones, deberes, instinto de conservación y deseo de recompensa.
>
> En la sala de interrogatorios, hay roles y expectativas que han creado la cultura y los medios de comunicación. En el mundo corporativo moderno, ocurre lo mismo, solo que no se puede utilizar esa atmósfera histriónica de la luz cegadora en la habitación oscura.
>
> Sin embargo, los instintos humanos siguen siendo el elemento clave, así que tenemos que descender al nivel más básico. Por la jerarquía de necesidades humanas que estableció Maslow, sabemos que el ser humano necesita formar parte del grupo y necesita luego estima o reconocimiento. Es uno de estos dos instintos lo que en primera instancia impulsa a alguien a mentir o a tener un comportamiento no precisamente honrado.
>
> Dedica unos minutos a trazar un plan que ponga en peligro la respetabilidad o permanencia de ese individuo en el grupo. Luego puedes probar varias tácticas que en la sala de interrogatorios surtían efecto, por ejemplo:
>
> 1. Pídele más detalles de los que ha aportado o puede aportar.
> 2. Escucha con mucho cuidado lo que dice y presta atención a si en algún momento sus palabras se desvían de un patrón normal.

3. Intenta detectar un aumento de indicadores de lenguaje corporal.
4. Estate alerta a los *puentes verbales* (expresión que acuñó Jack Schafer), expresiones como *y entonces*, y no le permitas ocultar datos de tiempo.
5. Haz preguntas concretas y exige respuestas concretas.

Al final verás que la mayoría de la gente quiere ser sincera y dirá la verdad si cree que con ello saldrá ganando. En la mayor parte de los casos, han llegado a esa situación por un deseo de conseguir estima o de pertenecer al grupo. Haz que tu estrategia les dé esa estima o sentido de pertenencia y te sorprenderá el resultado.

SCAN rápido

S: «inocente hasta que se demuestre lo contrario» es el principio que hace a muchas sociedades **dejar en suspenso** la opinión inicial para intentar asegurarse de que castigan solo a quien de verdad lo merece.

C: el hecho de que alguien se sienta culpable no significa que lo sea. El **contexto** puede ser la lente con la que miras los actos de alguien. En la situación de este capítulo, necesitas dejar en suspenso tu opinión sobre el contexto de la culpa.

A: pregúntate de qué otras lentes contextuales dispones **además**. Inocente hasta que se demuestre lo contrario es una de ellas.

N: una manera arriesgada de verificar una **nueva** opinión puede ser acusar directamente a alguien. Reúne pruebas y preséntaselas a una persona ajena al caso para ver cómo reacciona.

SÍNTESIS

Ahora tienes información más que suficiente para poder evaluar el lenguaje corporal y formarte opiniones más reflexivas y acertadas sobre lo que *de verdad* piensan los demás. De este modo podrás diferenciar con más perspicacia la verdad de las mentiras, no solo en lo que leas y veas en los medios de comunicación sino también en los comportamientos que presencies en persona.

Dispones de un método fácil para detectar y entender las demostraciones de poder, y la respuesta a ellas, en los comportamientos y el lenguaje corporal que veas.

Ahora sabes cómo observar a los demás con más atención, empezando por **dejar en suspenso** la opinión inicial y estudiando luego con más detalle lo que ves, percibes y sientes.

Has comprendido lo importante que es el **contexto** que rodea al lenguaje corporal que ves, y también tener una imagen no verbal más completa que incluya, además de lo que ves, lo que oyes, sientes y palpas, y la dinámica de fondo. Ahora eres capaz de tener en cuenta lo que puede percibirse y lo que no, y cómo encaja todo ello en el tiempo y el espacio. Eres más consciente del papel que desempeñas, tanto de contexto como de filtro de toda esta información no verbal, y por tanto reconoces que tu forma de pensar y el estado de ánimo en que te encuentres definirán en última instancia lo que instintivamente creas que los demás piensan o quieren de ti y tus teorías sobre lo que tienen en mente.

Puedes preguntarte luego qué está ocurriendo **además** en la situación o en torno a ella y qué más podrías o deberías saber. Puedes preguntarle a otro cómo lo ve él. Puedes pedirle su opinión a un experto. E incluso puedes preguntarle cuál es su perspectiva a la persona a la que observas, para entender de verdad la situación desde múltiples puntos de vista.

Y por último, una vez que hayas dedicado unos instantes a filtrar con sentido crítico la información no verbal de una determinada situación, puedes refinar tus opiniones, o cambiarlas por completo y formarte una **nueva** opinión, y ver la posibilidad de que esa idea nueva sea acertada, lo cual podría beneficiar a todo el mundo.

Esta capacidad de pensamiento crítico es, francamente, una aptitud que la mayoría no usamos lo suficiente. Ahora sabes cómo utilizarla para descubrir la verdad y las mentiras de lo que la gente realmente piensa. Empléala con inteligencia. Pero por encima de todo, disfruta de ella.

UN FAROL DE REGALO

Ningún libro sobre lenguaje corporal que se precie estaría completo sin unas palabras sobre las señales del póquer, uno de los aspectos del juego y del lenguaje corporal con los que más se ha fantaseado. Como no podía ser menos, ya que aprender a leer las señales de los demás jugadores aumenta, por un lado, nuestras posibilidades de ganar y, por otro, nos revela un código secreto para saber todo lo que piensan.

Desgraciadamente, por muy seductora que sea la imagen, la realidad es otra: a menos que entiendas el valor de las cartas que tienes en la mano, si ganas será por pura casualidad. Aunque pudieras leerles la mente a los demás jugadores, nada es comparable a conocer el valor de lo que tienes en tu haber.

Pero los demás jugadores intentarán hacerte dudar o, empleando la terminología del póquer, tirarse un farol. Querrán que pienses que tienes menos que ellos o intentarán engañarte y hacerte pensar que tienen más que tú. Querrán o que dobles la apuesta o que arriesgues más de lo que deberías.

Así que, si crees que aún te queda mucho por aprender para poder ganar una partida tras otra, ya sea en un torneo de póquer profesional de apuestas muy altas, en una partida amistosa con tus compañeros o una noche en un casino para impresionar al amor de tu vida, estás en lo cierto. Pero ¿debería eso disuadirte de jugar?

Si esperas hasta saber lo suficiente como para poder hacer una jugada engañosa con toda confianza, no empezarás nunca. O como decía nuestro buen amigo el escritor británico Shaun Prendergast en una nota que nos escribió el día de nuestra boda: «Debemos besar el dado al comenzar. A menos que nos arriesguemos no podemos ganar».

Abraza lo que tienes, y vuela con ello.

MÁS INFORMACIÓN

Sigue aprendiendo sobre el LENGUAJE NO VERBAL en **www.truthanlies.ca.**

Encontrarás vídeos de formación en lenguaje corporal y destreza en las exposiciones en **www.truthplane.com**.

Las interesantísimas conferencias interactivas y los seminarios de formación que imparte Mark Bowden enseñan a públicos de todo el mundo a usar con destreza el lenguaje corporal para destacar, hablar con más confianza y crecer en credibilidad. Si quieres que Mark intervenga en tu próximo evento, imparta un curso formativo en tu localidad o incluso te enseñe a ti personalmente, consulta **www.truthplane.com** y ponte en contacto con **info@truthplane.com.**

AGRADECIMIENTOS

Gracias a nuestros agentes, Carolyn Forde, de Westwood Creative Artists, y Martin Perelmuter, Farah Perelmuter, Bryce Moloney y todo el equipo de Speakers' Spotlight. De HarperCollins, queremos expresar nuestra gratitud a su inestimable director editorial, Jim Gifford, siempre tan maravillosamente alentador y paciente, a su directora ejecutiva Noelle Zitzer y a su editora Patricia MacDonald, así como a Douglas Richmond por proponernos el proyecto. Gracias a todo nuestro equipo de TRUTH-PLANE por la solidez de sus comentarios y observaciones a lo largo de todo el proceso: a los virtuosos Bronwyn Page, Michael Turnbull, Cathryn Naiker, Josephine Aguilar, Rakhee Morzaria; al investigador Rob Kenigsberg, y a los impulsores Danny y Michael. Este libro ha sido posible gracias al afecto constante, el incesante apoyo, amistad, orientación, intercambio de ideas y creatividad que nos han brindado a lo largo de los años todos los miembros de las familias Thomson y Bowden, John Wright, Shaun Prendergast, Jennifer La Trobe, Den, Dina Haeri, Trish y Nick Del Sorbo, Tamara y Kieran Conroy, los hinchas de los Crow Julie Soloway y Brian Facey, Ilana Jackson y Mike Sereny, Michael Leckie (es o tú, o yo o tú y yo), Bruce van Ryn-Bocking por su apreciación del pensamiento crítico y Michael Bungay-Stanier por los cócteles, el título del libro y la fuerza de la pregunta: «Y además, ¿qué?». Gracias por las contribuciones de nuestros amigos, colegas, héroes y algunos de los gigantes del lenguaje y el comportamiento corporales: Anderson Carvalho, Jamie Mason Cohen, Janine Driver, Vanessa van Edwards, el doctor Lillian Glass, Eric Goulard, Gregory Hartley, Danielle Libine, J. Paul Nadeau, Cathryn Naiker, Joe Navarro, Saskia Nelson, Allan Pease, Robert Phipps, Tonya Reiman, Eddy Robinson, Scott Rouse, Alyson Schafer, Victoria Stilwell y Kanan Tandi. Además de ser un experto colaborador, Scott Rouse nos ha ayudado enormemente aportando sus conocimientos de lector experimentado. Gracias por su apoyo a nuestros amigos y seguidores de Facebook, LinkedIn, Twitter, YouTube e Instagram, entre ellos la comunidad de conferenciantes de Speak and Spill, con Scott y Alison Stratten a la cabeza, y la comunidad de escritores creada por Mitch Joel Write and Rant. Gracias, John Foulkes, por tu perspicacia. Nuestra gratitud a los vecinos por pasar a saludarnos. Todo nuestro a amor a nuestro hijo Lex y nuestra hija Stella, porque su cariño, su paciencia y sus palabras de ánimo en todo momento han hecho posible este libro.

NOTAS

Capítulo 1

1. Aaron T. Beck. *Prisioneros del odio: las bases de la ira, la hostilidad y la violencia*. Barcelona: Editorial Paidós, 2003: 58.

Capítulo 5

1. MR «Adore Me Is Setting Out to Disrupt the Lingerie Space with Style... and Data». *Digital Innovation and Transformation: A Course at Harvard Business School*, 22 de noviembre del 2015, https://digit.hbs.org/submission/adore-me-is-setting-out-to-disrupt-the-lingerie-space-with-styleand-data.
2. Melissa Hogenboom. «There Is Something Weird about This Gorilla's Eyes». BBC, 7 de agosto del 2015, www.bbc.com/earth/story/20150808-gorillas-with-human-eyes.
3. Gillian Rhodes. «The Evolutionary Psychology of Facial Beauty». *Annual Review of Psychology* 57 (2006): 199-226, doi:10.1146/annurev.psych.57.102904.190208.
4. Albert T. Mannes. «Shorn Scalps and Perceptions of Male Dominance». *Social Psychological and Personality Science* 4, n.º 2 (2013): 198-205. http://opim.wharton.upenn.edu/DPlab/papers/publishedPapers/Mannes_2012_%20Shorn%20scalps%20and%20perceptions%20of%20male%20dominance.pdf, doi:10.1177/1948550612449490.

Capítulo 6

1. D.T. Hsu *et al.* «Response of the μ-opioid System to Social Rejection and Acceptance». *Molecular Psychiatry*, 18 de noviembre del 2013: 1211-1217, doi:10.1038/mp.2013.96.

2. Gurit E. Birnbaum y Harry T. Reis. «When Does Responsiveness Pique Sexual Interest? Attachment and Sexual Desire in Initial Acquaintanceships». *Personality and Social Psychology Bulletin* 38, n.º 7 (2012): 946-958, doi:10.1177/0146167212441028.
3. Kerstin Uvnas-Moberg. *La oxitocina: la hormona de la calma, el amor y la sanación*. Barcelona: Ediciones Obelisco, 2009.

Capítulo 7

1. Neil A. Harrison et al. «Pupillary Contagion: Central Mechanisms Engaged in Sadness Processing». *Social Cognitive and Affective Neuroscience* 1, n.º 1 (2006): 5-17, doi:10.1093/scan/nsl006.
2. Sarah D. Gunnery, Judith A. Hall y Mollie A. Ruben. «The Deliberate Duchenne Smile: Individual Differences in Expressive Control». *Journal of Nonverbal Behavior* 37, n.º 1 (2013): 29-41, doi:10.1007/s10919-012-0139-4.

Capítulo 8

1. Miss Twenty-Nine. «The Henley Boy». *The 30 Dates Blog*, 8 de julio del 2013, https://30datesblog. com/2013/07/08/the-henley-boy.
2. Edward T. Hall. *La dimensión oculta*. México: Siglo XXI editores, 1986.

Capítulo 9

1. Robert D. Hare. *Manual for the Revised Psychopathy Checklist* [Manual para la lista de evaluación de la psicopatía (revisada)], 2.ª ed. Toronto: Multi-Health Systems, 2003.
2. Joe Navarro y Toni Sciarra Poynter. *Personalidades peligrosas: un criminólogo del FBI muestra cómo identificar a las personas malvadas ocultas entre nosotros*. Barcelona: Ediciones B, 2016.

Capítulo 10

1. Charles Darwin. *El origen del hombre y la selección en relación al sexo*. Barcelona: Trilla y Serra, 1880.
2. Jane Goodall. *The Chimpanzees of Gombe: Patterns of Behavior* [Los chimpancés de Gombe: patrones de comportamiento]. Cambridge, Massachusetts: Belknap Press of Harvard University, 1986, p.130.
3. American Psychiatric Association. *Diagnostic and Statistical Manual of Mental Disorders* [Manual diagnóstico y estadístico de los trastornos mentales], 4.ª ed., 1994 (comúnmente denominado *DSM-IV*).

Capítulo 11

1. Paul Ekman y Wallace V. Friesen. *Facial Action Coding System: A Technique for the Measurement of Facial Movement* [Sistema de codificación de las acciones faciales: técnica para la evaluación del movimiento facial]. Palo Alto, California: Consulting Psychologists Press, 1978.

2. Ekman y Wallace, Facial Action Coding System [Ídem].
3. Albert Mehrabian. «Silent Messages»: A Wealth of Information about Non-verbal Communication (Body Language)». *Personality & Emotion Tests & Software: Psychological Books & Articles of Popular Interest* (2009).
4. Liam Satchell et al. «Evidence of Big Five and Aggressive Personalities in Gait Biomechanics». *Journal of Nonverbal Behavior* 41, n. 1 (2017): 35.

Capítulo 12

1. Albert Mehrabian. *Nonverbal Communication* [La comunicación no verbal]. New Brunswick, Nueva Jersey: Aldine Transaction, 1972, p. 108.

Capítulo 13

1. Paul Ekman. *Cómo detectar mentiras: una guía para utilizar en el trabajo, la política y la pareja*. 2.ª ed. en castellano. Barcelona: Editorial Paidós, 2009, pp. 169-170.

Capítulo 14

1. Nicola Binetti et al. «Pupil Dilation as an Index of Preferred Mutual Gaze Duration». *Royal Society Open Science* (2016), doi:10.1098/rsos.160086.

Capítulo 15

1. Thomas Lewis, Fari Amini y Richard Lannon. *Una teoría general del amor*. Barcelona: Ediciones RBA, 2001, p. 63.
2. Catalina L. Toma, Jeffrey T. Hancock y Nicole B. Ellison. «Separating Fact from Fiction: An Examination of Deceptive Self-Presentation in Online Dating Profiles». *Personality and Social Psychology Bulletin* 34, n.º 8 (2008), doi:10.1177/0146167208318067.
3. Match.com y Chadwick Martin Bailey. «2009-2010 Studies: Recent Trends; Online Dating». Consultado el 11 de septiembre del 2017: http://cp.match.com/cppp/media/CMB_Study.pdf.
4. Eli J. Finkel et al. «Online Dating: A Critical Analysis from the Perspective of Psychological Science». *Psychological Science in the Public Interest*, S13, n.º 1 (2012): 3, doi:10.1177/1529100612436522.

Capítulo 16

1. Ernest A. Haggard y Kenneth S. Isaacs. «Micro-Momentary Facial Expressions as Indicators of Ego Mechanisms in Psychotherapy», en *Methods of Research in Psychotherapy* [Métodos de investigación en psicoterapia]. Nueva York: Appleton-Century-Crofts, 1966, pp. 154-165.
2. Paul Ekman y Wallace V. Friesen. «A New Pan-cultural Facial Expression of Emotion». *Motivation and Emotion* 10, n.º 2 (1986): 159-168, doi:10.1007/ BF00992253.

3. Malcolm Gladwell. *Blink: inteligencia intuitiva*. Madrid: Punto de lectura, 2006, cap. 1, sec. 3.

Capítulo 17

1. Diego Gambetta. *Codes of the Underworld: How Criminals Communicate* [Códigos de los bajos fondos: cómo se comunican entre sí los delincuentes]. Princeton, Nueva Jersey: Princeton University Press, 2009.
2. Paul Ekman. «Emotional and Conversational Nonverbal Signals». *Language, Knowledge, and Representation; Proceedings of the Sixth International Colloquium on Cognitive Science* [Lenguaje, conocimiento y representación: Actas del Sexto Coloquio Internacional de Ciencias Cognitivas] 99 (2004): 40, doi:10.1007/978-1-4020-2783-3_3.
3. Vickiie Oliphant. «What Does Trump's Hand Sign Mean? Conspiracy Theorists Left Stunned over "Secret Signal"». *Express*, modificado por última vez el 20 de enero del 2017, www.express.co.uk/news/world/756924/What-do-Donald-Trump-hand-signals-mean-Illuminati-okay-devil.

Capítulo 18

1. Kenneth Levine, Robert Muenchen y Abby Brooks. «Measuring Transformational and Charismatic Leadership: Why Isn't Charisma Measured?». *Communication Monographs* 77, n.º 4 (2010): 576, doi:10.1080/03637751.2010.499368.
2. Asociación Estadounidense de Psicología. «Recognizing the Signs of Bipolar Disorder», consultado el 11 de septiembre del 2017, www.apa.org/helpcenter/recognizing-bipolar.aspx.

Capítulo 19

1. Wayne Hanley. *The Genesis of Napoleonic Propaganda*, 1796-1799 [La génesis de la propaganda neonapoleónica]. Nueva York: Columbia University Press, 2002. www.gutenberg-e.org/haw01/frames/fhaw04. html.
2. J. Mark Powell. «Mon Dieu! The Real Story Behind Napoleon's Famous Pose» (blog), 4 de septiembre del 2015, www.jmarkpowell.com/mon-dieu-the-real-story-behind-napoleons-famous-pose.
3. Sam Webb. «Red Chalk Self Portrait of Leonardo da Vinci Said to Have Mystical Powers and Hidden from Hitler during World War II Goes on Rare Public Display». *Mail Online*, 31 de octubre del 2014, www.dailymail.co.uk/news/article-2815328/Red-chalk-self-portrait-Leonardo-Da-Vinci-said-mystical-powers-hidden-Hitler-World-War-II-goes-rare-public-display.html.
4. Katie Notopoulos. «"Fingermouthing" Is the New Hot Pose for Selfies». *BuzzFeedNews*, 1 de julio del 2016, www.buzzfeed.com/katienotopoulos/fingermouthing-is-the-new-hot-pose-forselfies?utm_term=.kt2dVdb0Z7#. jiZBJBP50E.

5. Bianca London y Toni Jones. «How to Squinch, Teeg and Smize: The Art of Selfie Posing Put to the Test». *Mail Online*, actualizado por última vez el 27 de noviembre del 2013, www.dailymail.co.uk/femail/article-2514437/How-squinch-teeg-smize-The-art-selfie-posing-test-NeverUnderdressed-com.html; Jennifer Choy. «Here Are the Instagram Poses That Will Get You the Most Likes». *HuffPost*, actualizado por última vez el 22 de abril del 2016, www.huffingtonpost.ca/2016/04/22/instagram-poses_n_9760570.html;Notopoulos. «Fingermouthing».
6. Andrea Arterbery. «Why the Kardashian-Jenner's Hairstyles Are Cultural Appropriation». *Teen Vogue*, 11 de agosto del 2016, www.teenvogue.com/story/kardashian-jenners-cultural-appropriation-hair.
7. Laura Smith-Spark. «Protesters Rally Worldwide in Solidarity with Washington March. *CNN Politics*, 21 de enero del 2017, www.cnn.com/2017/01/21/politics/trump-women-march-on-washington/index.html.
8. Nolan Feeney. «Facebook's New Photo Filter Lets You Show Solidarity with Paris». *Time*, 14 de noviembre del 2015, http://time.com/4113171/paris-attacks-facebook-filter-french-flag-profile-picture.

Capítulo 20

1. Matthew J. Hertenstein et al. «Touch Communicates Distinct Emotions». *Emotion* 6, n.º 3 (2006): 528-533, doi:10.1037/1528-3542.6.3.528.
2. Steven B. Karpman. «The Karpman Drama Triangle». Coaching Supervision Academy, consultado el 11 de septiembre del 2017, http://coachingsupervisionacademy.com/the-karpman-drama-triangle.
3. María José Álvarez et al. «The Effects of Massage Therapy in Hospitalized Preterm Neonates: A Systematic Review». *International Journal of Nursing Studies* 69 (2017): 119-136, doi:10.1016/j.ijnurstu.2017.02.009.

Capítulo 21

1. Juulia T. Suvilehto et al. «Topography of Social Touching Depends on Emotional Bonds between Humans». *Proceedings of the National Academy of Sciences of the United States of America* 112, n.º 45 (2015): 13811-13816, doi:10.1073/pnas.1519231112.
2. Judith Horstman. *The Scientific American Book of Love, Sex and the Brain: The Neuroscience of How, When, Why and Who We Love* [El libro del amor, el sexo y el cerebro de Scientific American: el fundamento neurocientífico de cómo, cuándo, por qué y a quién amamos]. Hoboken, Nueva Jersey: Wiley, 2011.

arski y Robin I.M. Dunbar. «What's in a Kiss? The Effect Kissing on Mate Desirability». *Evolutionary Psychology* 12, doi:10.1177/147470491401200114.

Capítulo 22

1. Ray L. Birdwhistell. *Kinesics and Context* [Cinésica y contexto]. Filadelfia: University of Pennsylvania Press, 1970.
2. Paul Ekman. «Emotional and Conversational Nonverbal Signals. *Language, Knowledge, and Representation: Proceedings of the Sixth International Colloquium on Cognitive Science* 99 (2004): 40, doi:10.1007/978-1-4020-2783-3_3.
3. James J. Nolan. «Establishing the Statistical Relationship between Population Size and UCR Crime Rate: Its Impact and Implications». *Journal of Criminal Justice* 32 (2004): 547-555, doi:10.1016/j.jcrimjus.2004.08.002.

Capítulo 24

1. Leon Watson. «Humans Have Shorter Attention Span Than Goldfish Thanks to Smartphones». *The Telegraph, Science*, 15 de mayo del 2015, www.telegraph.co.uk/science/2016/03/12/humans-have-shorter-attention-span-than-goldfish-thanks-to-smart.
2. Natalie Wolchover. «Why Do We Zone Out?». *Live Science*, 24 de junio del 2011, www.livescience.com/33357-why-we-zone-out.html.

Capítulo 25

1. Richard Wiseman et al. «The Eyes Don't Have It: Lie Detection and Neuro-Linguistic Programming». *PLoS One* 7, n.º 7 (2012): doi:10.1371/journal.pone.0040259.

Capítulo 26

1. Rosalyn Shute, Laurence Owens y Phillip Slee. «You Just Stare at Them and Give Them Daggers': Nonverbal Expressions of Social Aggression in Teenage Girls». *International Journal of Adolescence and Youth* 10, n.º 4 (2012): 353-372, doi:10.1080/02673843.2002.9747911.
2. Adrienne Lafrance. «Why 13-Year-Old Girls Are the Queens of Eye-Rolling. *The Atlantic*, 11 de mayo del 2016, www.theatlantic.com/science/archive/2016/05/puhlease/482154.
3. Ellie Lisitsa. «The Four Horsemen: Contempt». Instituto Gottman, 13 de mayo del 2013, www.gottman.com/blog/the-four-horsemen-contempt.
4. Marianne Lafrance y Julie Woodzicka. «No Laughing Matter: Women's Verbal and Nonverbal Reactions to Sexist Humor, en *Prejudice: The Target's Perspective* [Prejuicios: la perspectiva de la víctima], ed. Janet K. Swim y Charles Stangor. San Diego: Academic Press,1998.

5. Justin H. Park y Florian Van Leeuwen. «Evolutionary Perspectives on Social Identity». *Evolutionary Perspectives on Social Psychology* (2015): 119, doi:10.1007/978-3-319-12697-5_9.

Capítulo 27

1. Amy Cuddy. «Your iPhone Is Ruining Your Posture –and Your Mood». *New York Times*, 12 de diciembre del 2015, www.nytimes.com/2015/12/13/opinion/sunday/your-iphone-is-ruining-your-posture-and-your-mood.html.
2. David Biello. «Inside the Debate about Power Posing: A Q & A with Amy Cuddy». *Ideas.TED.com*, 22 de febrero del 2017, http://ideas.ted.com/inside-the-debate-about-power-posing-a-q-a-with-amy-cuddy.

Capítulo 28

1. Consultora Great Place to Work. «Research for 2017 Fortune 100 Best Companies Reveals Great Places to Work for All Will Be Key to Better Business Performance». Comunicado de prensa, 10 de marzo del 2017, www.greatplacetowork.com/press-releases/845-great-place-to-work-research-for-2017-fortune-100-best-companies-reveals-great-places-to-work-for-all-will-be-key-to-better-business-performance.
2. Idan Frumin et al. «A Social Chemosignaling Function for Human Hand-shaking». *eLife* (2015): doi:10.7554/eLife.05154.

Capítulo 29

1. Katy Steinmetz. «Oxford's 2015 Word of the Year Is This Emoji». *Time*, actualizado el 16 de noviembre del 2015, http://time.com/4114886/oxford-word- of-the-year-2015-emoji.
2. Hannah Miller et al. «"Blissfully Happy" or "Ready to Fight": Varying Interpretations of Emoji». Estudio GroupLens, Universidad de Minnesota (2016), consultado el 11 de septiembre del 2017, www.users.cs.umn.edu/~bhecht/publications/ ICWSM2016_emoji.pdf.
3. Sharlyn Lauby. «How Company Values Protect Culture in Times of Growth». *Great Place to Work* (blog), 1 de febrero del 2017, www.greatplacetowork.com/resources/blog/803-how-company-values-protect-culture-in-times-of-growth.

Capítulo 30

1. Eric Hehman, Jessica K. Flake y Jonathan B. Freeman. «Static and Dynamic Facial Cues Differentially Affect the Consistency of Social Evaluations». *Personality and Social Psychology Bulletin* 41, n.º 8 (2015): 2, doi:10.1177/0146167215591495.
2. Hehman, Flake y Freeman. «Static and Dynamic Facial Cues».

3. Danielle Libine. *A Photographer's Guide to Body Language* [Orientaciones de una fotógrafa sobre el lenguaje corporal]. CreateSpace Independent Publishing Platform, 2015.
4. Victoria Stilwell. *The Secret Language of Dogs: Unlocking the Canine Mind for a Happier Pet* [El lenguaje secreto de los perros: descifremos la mente canina para tener un animal de compañía más feliz]. Berkeley, California: Ten Speed Press, 2016.

Capítulo 31

1. Miriam Kunz, Kenneth Prkachin y Stefan Lautenbacher. «Smiling in Pain: Explorations of Its Social Motives». *Pain Research and Treatment* (2013), doi:10.1155/2013/128093.
2. Martin Brokenleg et al. *Reclaiming Youth at Risk: Our Hope for the Future* [Recuperar a la juventud que está en situación de riesgo es nuestra esperanza para el futuro]. Bloomington, Indiana: Servicios Nacionales de Educación, 1996

Capítulo 32

1. Adam Smith. «The Empathy Imbalance Hypothesis of Autism: A Theoretical Approach to Cognitive and Emotional Empathy in Autistic Development». *Psychological Record* 59, n.º 2 (2009): 273-294, consultado el 11 de septiembre del 2017, http://opensiuc.lib.siu.edu/tpr/vol59/iss3/9.
2. Paul Ekman. «Facial Expression and Emotion». *American Psychologist* 48, n.º 4 (1993): 384-392, doi:10.1037/0003-066X.48.4.384.
3. Jerry Adler. «Smile, Frown, Grimace and Grin –Your Facial Expression Is the Next Frontier in Big Data». Smithsonian.com, diciembre del 2015, www.smithsonianmag.com/innovation/rana-el-kaliouby-ingenuity-awards technology180957204.
4. Brian K. Rundle, Vanessa R. Vaughn y Matthew S. Stanford. «Contagious Yawning and Psychopathy». *Personality and Individual Differences* 86 (2015): 33-37, doi:10.1016/j.paid.2015.05.025.

Capítulo 33

1. Adam K. Fetterman, Michael D. Robinson y Robert D. Gordon. «Anger as Seeing Red: Perceptual Sources of Evidence». *Social Psychological and Personality Science* 2, n.º 3 (2010): 311-316, doi:10.1177/1948550610390051; Adam K. Fetterman, Tianwei Liu y Michael D. Robinson. «Extending Color Psychology to the Personality Realm: Interpersonal Hostility Varies by Red Preferences and Perceptual Biases». *Journal of Personality* 83, n.º 1 (2015): 106-116, doi:10.1111/jopy.12087.

2. «Color Red Increases the Speed and Strength of Reactions». Universidad de Rochester, Estados Unidos, 2 de junio del 2011, http://rochester.edu/news/show.php?id=3856.
3. «Diseases and Conditions: Intermittent Explosive Disorder». Clínica Mayo, 25 de agosto del 2015, www.mayoclinic.org/diseases-conditions/intermittent-explosive-disorder/basics/definition/CON-20024309?p=1.
4. Stephen A. Diamond. «Anger Disorder: What It Is and What We Can Do about It». *Psychology Today*, 3 de abril del 2009, www.psychologytoday.com/blog/evil-deeds/200904/anger-disorder-what-it-is-and-what-we-can-do-about-it.

Capítulo 34

1. Irenaus Eibl-Eibesfeldt. *Biología del comportamiento humano: etología humana*. Madrid: Alianza Editorial, 1993.
2. Ramiro M. Joly-Mascheroni, Atsushi Senju y Alex J. Shepherd. «Dogs Catch Human Yawns». *Biology Letters* 4, n.º 5 (2008): doi:10.1098/rsbl.2008.0333.
3. Derks Daantje, Arjan E. R. Bos y Jasper von Grumbkow. «Emoticons in Computer-Mediated Communication: Social Motives and Social Context». *CyberPsychology & Behavior* 11, n.º 1 (2008): 99-101, doi:10.1089/cpb.2007.9926.
4. Jaram Park et al. «Emoticon Style: Interpreting Differences in Emoticons Across Cultures». *Proceedings of the Seventh International AAAI Conference on Weblogs and Social Media* [Actas de la Séptima Conferencia Internacional AAAI sobre los Weblogs y las redes sociales], consultado el 11 de septiembre del 2017, www.aaai.org/ocs/index.php/ICWSM/ICWSM13/paper/viewFile/6132/6386.

Capítulo 35

1. Michael W. Kraus, Cassy Huang y Dacher Keltner. «Tactile Communication, Cooperation, and Performance: An Ethological Study of the NBA». Universidad de California, Berkeley, consultado el 11 de septiembre del 2017, http://socrates.berkeley.edu/~keltner/publications/kraus.huang.keltner.2010.pdf.

Capítulo 36

1. Kensy Cooperrider, Rafael Núñez y James Slotta. «The Protean Pointing Gesture: Variation in a Building Block of Human Communication». *Proceedings of the Cognitive Science Society* 36 (2014), http://escholarship.org/uc/ item/6sd477h8.
2. Sharlyn Lauby. «How Company Values Protect Culture in Times of Growth». *Great Place to Work* (blog), 1 de febrero del 2017, www.

greatplacetowork.com/resources/blog/803-how-company-values-protect-culture-in-times-of-growth.

Capítulo 37

1. Susan A. Bandes. «Remorse and Criminal Justice». *Emotion Review* 8, n.º 1 (2015): 14-19, doi:10.1177/1754073915601222.
2. Guy Winch. «Feeling Guilt Increases Our Subjective Body Weight». *Psychology Today*, 4 de octubre del 2013, www.psychologytoday.com/blog/the-squeaky-wheel/201310/feeling-guilt-increases-our-subjective-body-weight.
3. Aldert Vrij. *Detecting Lies and Deceit: Pitfalls and Opportunities* [Cómo detectar mentiras y engaños: trampas y oportunidades]. Chichester: Wiley, 2008.